문제로 풀어보는
알고리즘

문제로 풀어보는 알고리즘 : 프로그래밍 트레이닝 Q&A

초판 1쇄 발행 2012년 8월 5일 **8쇄 발행** 2018년 11월 20일 **지은이** 황인욱·김용혁 **펴낸이** 한기성 **펴낸곳** 인사이트 **편집** 김승호·조은별 **제작·관리** 박미경 **표지출력** 소다미디어 **용지** 월드페이퍼 **인쇄** 현문인쇄 **후가공** 이지앤비 **제본** 자현제책 **등록번호** 제10-2313호 **등록일자** 2002년 2월 19일 **주소** 서울시 마포구 잔다리로 119 석우빌딩 3층 **전화** 02-322-5143 **팩스** 02-3143-5579 **블로그** http://blog.insightbook.co.kr **이메일** insight@insightbook.co.kr **ISBN** 978-89-6626-046-1 책값은 뒤표지에 있습니다. 잘못 만들어진 책은 바꾸어 드립니다. 이 도서의 국립중앙도서관 출판예정도서목록(CIP)은 서지정보유통지원시스템 홈페이지(http://seoji.nl.go.kr)와 국가자료공동목록시스템(http://www.nl.go.kr/kolisnet)에서 이용하실 수 있습니다. (CIP제어번호: CIP2012003370)

Copyright ⓒ 2012 황인욱·김용혁, 인사이트

이 책 내용의 일부 또는 전부를 재사용하려면 반드시 저작권자와 인사이트 출판사 양측의 서면에 의한 동의를 얻어야 합니다.

프로그래밍 트레이닝 Q&A

문제로 풀어보는
알고리즘

황인욱 · 김용혁 지음

차례

지은이의 글 ··· 14
책을 읽기 전에 ··· 15

00 시작하기 ─────────────────────── 19
0.1 최대와 최소 ·· 20
0.2 두 변수의 값 바꾸기 ··· 23
0.3 배열 회전 ··· 25
0.4 은행 대기번호 관리 ··· 26
0.5 연결리스트 ·· 32
0.6 추가 문제 ··· 36
0.7 일부 풀이 ··· 38

01 재귀적 프로그래밍 ───────────────── 41
1.1 팩토리얼 계산하기 ··· 42
1.2 연결리스트 출력하기 ·· 46
1.3 이항계수 ··· 49
1.4 피보나치 수열 ·· 53
1.5 금액 맞추기 ··· 58
1.6 수분할 ·· 62
1.7 그레이 코드 ··· 68
1.8 추가 문제 ··· 74
1.9 일부 풀이 ··· 77

02 동적 프로그래밍 ───────────────── 81
2.1 출근길 ·· 82
2.2 출근길 2 ··· 84
2.3 출근길은 즐거워 ··· 90

2.4 부분집합의 합 · 96
2.5 최대 이익 투자 · 100
2.6 최대 연속부분수열의 합 · 104
2.7 추가 문제 · 113
2.8 일부 풀이 · 117

03 나열하기 — 119

3.1 경우의 수 · 120
3.2 부분집합 · 124
3.3 도둑의 고민 · 127
3.4 조합과 중복조합 · 132
3.5 연회장 나누기 · 137
3.6 중복순열 · 140
3.7 순열 · 142
3.8 모든 괄호쌍 · 144
3.9 추가 문제 · 148
3.10 일부 풀이 · 152

04 퍼즐 — 159

4.1 체스판 덮기 · 160
4.2 복면산 · 163
4.3 자기 자신을 나타내는 수열 · 168
4.4 아인슈타인 퍼즐 · 173
4.5 8퍼즐 · 181
4.6 추가 문제 · 189
4.7 일부 풀이 · 194

05 게임 — 199

- 5.1 동전 놓기 · 201
- 5.2 동전 가져가기 · 202
- 5.3 이길 수 있을까 · 204
- 5.4 님 게임 분석 · 209
- 5.5 케일즈 · 219
- 5.6 합리적인 선택 · 227
- 5.7 추가 문제 · 233
- 5.8 일부 풀이 · 238

06 정렬과 비교 — 241

- 6.1 토너먼트 · 242
- 6.2 최소 횟수 비교 · 244
- 6.3 삽입 정렬 · 248
- 6.4 퀵 정렬 · 253
- 6.5 퀵 정렬 개선 · 262
- 6.6 과반수 원소 · 265
- 6.7 더욱 빠르게 정렬하기 · 270
- 6.8 탐색 · 277
- 6.9 추가 문제 · 280
- 6.10 일부 풀이 · 284

07 계산하기 — 289

- 7.1 행렬 계산 · 290
- 7.2 거듭제곱 · 295
- 7.3 분수 · 300
- 7.4 부동 소수점 계산의 오차 · 304
- 7.5 십진수 연산 라이브러리 · 306
- 7.6 제곱근 구하기 · 315
- 7.7 추가 문제 · 317
- 7.8 일부 풀이 · 322

08 확률 — 329

- 8.1 편지 배달 · 330

8.2 한가한 서버 찾기 ·········· 332
8.3 랜덤 함수 ·········· 335
8.4 가중치가 있는 랜덤 함수 ·········· 337
8.5 기대 값 시뮬레이션 ·········· 340
8.6 몬티홀 문제 ·········· 346
8.7 몬테카를로 방법으로 원주율 구하기 ·········· 351
8.8 블랙잭 딜러 ·········· 353
8.9 추가 문제 ·········· 357
8.10 일부 풀이 ·········· 361

09 표본추출 — 367

9.1 제비뽑기 ·········· 369
9.2 표본추출 ·········· 372
9.3 순열 뽑기 ·········· 376
9.4 패킷 골라 ·········· 382
9.5 점 고르기 ·········· 386
9.6 점 고르기 2 ·········· 389
9.7 추가 문제 ·········· 393
9.8 일부 풀이 ·········· 396

참고문헌 — 399

한글서적 ·········· 399
번역서 ·········· 399
원서 ·········· 400
학술논문, 기사 ·········· 402
웹 페이지 ·········· 403

찾아보기 ·········· 405

문제 차례

0.1 최대와 최소···20
    Q. 최대 값과 최소 값을 구하는 함수···20
    Q. 배열의 최대 값을 구하는 함수··20
0.2 두 변수의 값 바꾸기··23
    Q. 포인터를 이용하여 값을 바꾸는 함수··23
    Q. 배열의 두 원소 바꾸기··24
0.3 배열 회전···25
    Q. right_rotate() 함수 작성하기··25
0.4 은행 대기번호 관리··26
    Q. 배열로 큐 작성하기···26
    Q. 원형 큐 작성···29
0.5 연결리스트···32
    Q. 연결리스트로 큐 작성하기···33
0.6 추가 문제···36

1.1 팩토리얼 계산하기··42
    Q. n! 계산하기··42
    Q. 식 1-2를 이용하여 n!을 재귀적으로 구하는 함수를 작성하라···········43
1.2 연결리스트 출력하기···46
    Q. 재귀 호출을 이용하여 리스트 출력하기······································47
    Q. 연결리스트를 역순으로 출력하기··47
1.3 이항계수···49
    Q. 이항계수란?··49
    Q. 재귀적으로 $_nC_r$을 계산하기···49
    Q. 중복 계산 없애기··51
1.4 피보나치 수열··53
    Q. 피보나치 수 구하기···53
1.5 금액 맞추기··58
    Q. 재귀적으로 작성하기··59
1.6 수분할··62
    Q. 5 수분할은 모두 몇 가지인가?···62
    Q. 좀더 일반적인 수분할···62
    Q. 수분할 개수 세는 프로그램 작성하기··63
    Q. 중복 계산 없애기··65

　　　　Q. ≡ 순서를 생각하는 수분할 ································· 66
1.7 그레이 코드 ·· 68
　　　　Q. ≡ 그레이 코드 출력 ······································· 70
1.8 추가 문제 ·· 74

2.1 출근길 ··· 82
　　　　Q. ≡ 출근길의 수 ··· 82
2.2 출근길 2 ··· 84
　　　　Q. ≡ 출근길의 수 ··· 85
　　　　Q. ≡ 출근길 수를 세는 프로그램 작성하기 ················ 85
　　　　Q. ≡ 큰 지도에서 실행하기 ································· 87
　　　　Q. ≡ 빠르게 계산하기 ······································· 87
2.3 출근길은 즐거워 ·· 90
　　　　Q. ≡ 프로그램 작성하기 ···································· 90
　　　　Q. ≡ 동적 프로그래밍 적용 ································· 92
　　　　Q. ≡ 경로 출력하기 ··· 92
2.4 부분집합의 합 ·· 96
　　　　Q. ≡ 프로그램 작성하기 ···································· 96
2.5 최대 이익 투자 ·· 100
　　　　Q. ≡ 프로그램으로 풀기 ···································· 100
2.6 최대 연속부분수열의 합 ·· 104
　　　　Q. ≡ 프로그램 작성하기 ···································· 104
　　　　Q. ≡ 다잘해 씨의 의견 ······································ 106
　　　　Q. ≡ M_n을 재귀적으로 나타내기란 쉽지 않다. M'_n을 다음과 같이 정의하자. ··· 107
　　　　Q. ≡ M_n 나타내기 ·· 108
　　　　Q. ≡ 재귀 함수 작성 ·· 109
　　　　Q. ≡ 동적 프로그래밍 적용 ································· 110
　　　　Q. ≡ 재귀 호출 없애기 ······································ 111
2.7 추가 문제 ·· 113

3.1 경우의 수 ·· 120
　　　　Q. ≡ 기본 훈련 ·· 120
3.2 부분집합 ··· 124
　　　　Q. ≡ 부분집합 출력하기 ···································· 124
3.3 도둑의 고민 ·· 127
　　　　Q. ≡ 모든 부분집합 살펴보기 ······························ 127
3.4 조합과 중복조합 ·· 132
　　　　Q. ≡ 조합 출력하기 ··· 132
　　　　Q. ≡ 이진수로 나타내기 ···································· 134

- Q. 중복조합 출력하기 ··· 135
- 3.5 연회장 나누기 ··· 137
  - Q. 프로그래머들의 파티 ··· 137
- 3.6 중복순열 ··· 140
  - Q. 중복순열 출력하기 ··· 140
- 3.7 순열 ··· 142
  - Q. 순열 출력하기 ··· 142
- 3.8 모든 괄호쌍 ··· 144
  - Q. 올바른 괄호쌍 출력하기 ··· 144
- 3.9 추가 문제 ··· 148

- 4.1 체스판 덮기 ··· 160
  - Q. 체스판 덮기 ··· 160
  - Q. 체스판 덮기 2 ··· 161
- 4.2 복면산 ··· 163
  - Q. SEND + MORE = MONEY ··· 163
  - Q. 프로그래밍으로 복면산 풀기 ··· 164
- 4.3 자기 자신을 나타내는 수열 ··· 168
  - Q. 자기 자신을 나타내는 수열을 찾는 프로그램 작성하기 ··· 168
  - Q. 가지치기 ··· 170
- 4.4 아인슈타인 퍼즐 ··· 173
  - Q. 종이와 연필을 이용하여 풀기 ··· 174
  - Q. 프로그래밍으로 풀기 ··· 176
- 4.5 8퍼즐 ··· 181
  - Q. 8퍼즐 맞추기 ··· 181
  - Q. 프로그래밍으로 맞추기 ··· 182
- 4.6 추가 문제 ··· 189

- 5.1 동전 놓기 ··· 201
  - Q. 동전 놓기에서 이기는 법 ··· 201
- 5.2 동전 가져가기 ··· 202
  - Q. 동전 가져가기에서 이기는 법 ··· 202
  - Q. 두 개의 접시에서 가져가기 ··· 202
- 5.3 이길 수 있을까 ··· 204
  - Q. 치밀해 부장의 제안 분석 ··· 204
- 5.4 님 게임 분석 ··· 209
  - Q. 잘몰라 대리의 복수 ··· 209
  - Q. 빠르게 수정하기 ··· 211
  - Q. 님 게임을 하는 프로그램 작성하기 ··· 212

5.5 케일즈 · 219
    Q. 이기는 전략 · 220
    Q. 게임하는 프로그램 작성하기 · 220
    Q. 메모이제이션 공간 절약 · 225
5.6 합리적인 선택 · 227
    Q. 100만 원 나누기 · 227
    Q. 역방향 추론 · 227
    Q. 해적의 규칙 · 230
    Q. 세 명의 해적이 1,000개의 금화를 발견했다. 첫 번째 해적은 어떻게 분배하자고 제안했을까? · 230
    Q. 다섯 명의 해적이 금화 1,000개를 발견했다. 첫 번째 해적은 어떻게 제안했을까? · 231
5.7 추가 문제 · 233

6.1 토너먼트 · 242
    Q. 토너먼트 경기수 · 242
6.2 최소 횟수 비교 · 244
    Q. 최대 레코드 찾기 · 244
    Q. 최대 최소 동시에 찾기 · 244
    Q. 비교 횟수 · 247
6.3 삽입 정렬 · 248
    Q. 삽입 함수 작성 · 250
    Q. 삽입 정렬 작성 · 250
6.4 퀵 정렬 · 253
    Q. 분할 함수 작성 · 254
    Q. 퀵 정렬 작성 · 258
    Q. 부분 정렬 · 260
6.5 퀵 정렬 개선 · 262
    Q. 퀵 정렬이 느릴 때 · 262
    Q. 분할 함수 개선 · 262
6.6 과반수 원소 · 265
    Q. 과반수 원소 구하기 · 265
    Q. 과반수 원소 빠르게 구하기 · 267
6.7 더욱 빠르게 정렬하기 · 270
    Q. 영어 점수 정렬하기 · 270
    Q. 계수정렬 · 271
6.8 탐색 · 277
    Q. 이진 탐색 · 277
    Q. 비교 횟수 · 278

  Q. 🗏 삼진 탐색··· 279
 6.9 추가 문제·· 280

7.1 행렬 계산··· 290
  Q. 🗏 행렬 계산··· 290
  Q. 🗏 행렬을 계산하는 프로그램·· 290
7.2 거듭제곱·· 295
  Q. 🗏 실수 거듭제곱·· 295
  Q. 🗏 곱셈 줄이기·· 295
  Q. 🗏 재귀 호출 없애기··· 296
  Q. 🗏 행렬 거듭제곱·· 297
7.3 분수·· 300
  Q. 🗏 분수 덧셈·· 300
  Q. 🗏 분수를 실수로 출력하기··· 300
  Q. 🗏 순환소수 출력·· 302
7.4 부동 소수점 계산의 오차··· 304
  Q. 🗏 실수 더하기의 오차·· 304
7.5 십진수 연산 라이브러리·· 306
  Q. 🗏 -5는 어떻게 표현해야 할까?··· 307
  Q. 🗏 입출력 함수··· 307
  Q. 🗏 크기 비교·· 308
  Q. 🗏 덧셈과 뺄셈··· 310
  Q. 🗏 곱셈 함수·· 312
7.6 제곱근 구하기··· 315
  Q. 🗏 단순하게 $\sqrt{2}$ 구하기··· 315
7.7 추가 문제·· 317

8.1 편지 배달·· 330
  Q. 🗏 기하분포의 기대 값·· 330
8.2 한가한 서버 찾기··· 332
  Q. 🗏 새로운 질의 서버 정책 분석하기··· 333
8.3 랜덤 함수·· 335
  Q. 🗏 정수를 뽑는 랜덤 함수·· 335
  Q. 🗏 엄밀해 씨의 문제 제기··· 336
8.4 가중치가 있는 랜덤 함수··· 337
  Q. 🗏 다른 확률로 값을 반환하는 랜덤 함수·· 337
  Q. 🗏 실수를 서로 다른 확률로 반환하는 랜덤 함수·· 338
8.5 기대 값 시뮬레이션·· 340
  Q. 🗏 두 점 사이의 거리··· 340

Q. 퀵 정렬 분할 분석	342
Q. 원으로 덮기	344

8.6 몬티홀 문제 ··· 346

Q. 선택 바꾸기	346
Q. 다른 상황	347
Q. 프로그래밍해보기	348

8.7 몬테카를로 방법으로 원주율 구하기 ··· 351

Q. 프로그래밍으로 원주율 구하기	351

8.8 블랙잭 딜러 ··· 353

Q. 딜러의 숫자 예상	353

8.9 추가 문제 ··· 357

9.1 세비뽑기 ··· 369

Q. 제비뽑기는 공평한가?	369
Q. 여러 명인 경우	369
Q. 번호 부르기	370
Q. 주사위 던지기	370
Q. 주사위 던지는 횟수	371

9.2 표본추출 ··· 372

Q. 제비뽑기 프로그램	372
Q. 호출 횟수	374

9.3 순열 뽑기 ··· 376

Q. 재빨리 씨의 방법	377
Q. rand_perm2()에서 rand_int() 함수는 몇 번쯤 호출될까?	379
Q. 빠르게 순열 뽑기	379
Q. 섞기	380

9.4 패킷 골라 ··· 382

Q. 패킷 고르기	382

9.5 점 고르기 ··· 386

Q. 원둘레 위의 점 고르기	386

9.6 점 고르기 2 ··· 389

Q. 이 두 함수는 올바른가? 이유를 설명하라.	389
Q. 올바르게 수정하기	391

9.7 추가 문제 ··· 393

지은이의 글

『문제로 풀어보는 알고리즘』은 정리하기 쉬운 순서 대신에 발견한 순서에 가깝게 알고리즘을 소개하는 책입니다. 오랫동안 정리한 자료를 바탕으로, 문제 해결 능력을 향상시키려는 프로그래머들에게 도움이 되고 싶어 책을 쓰기 시작했습니다. 즐거운 마음으로 집어들 수 있는 책을 쓰고자, 묻고 답하는 형식 속에 되도록 구체적이고 읽기 쉽게 설명하면서, 퍼즐과 게임 얘기를 적절히 섞어 두었습니다.

이 책의 절반은 필자들이 석사과정(황인욱)과 박사 후 연구원(김용혁)으로 학교에 같이 있었던 2006년에 쓰여졌으며, 나머지 절반은 황인욱에게 시간적 여유가 있었던 2009년의 몇 달 동안 쓰여졌습니다. 이 외의 기간에도 문장과 그림을 이해하기 쉽게 고치고, 참고문헌을 찾고, 문제의 순서를 바꾸는 작은 변화가 틈틈이 이루어졌습니다.

저희들이 회사에서 일하거나, 연구와 행정업무를 병행하는 신임교수로 일하면서 원고에 집중할 수 있는 연속된 시간을 많이 얻지 못했습니다. 그래서 문제의 난이도, 설명의 속도, 논리의 촘촘함, 참고문헌의 범위가 책의 부분마다 조금씩 다를 수 있습니다. 불편함을 느끼는 독자께 이해를 구합니다. 또 수식과 그림, 코드가 많아, 여러 번 검토 끝에도 혹시 실수가 남아있지 않을까 걱정됩니다.

부족한 책에 이름이 들어가서 누가 되지 않을까 걱정되지만, 많은 도움을 주신 분들께 감사의 인사를 드립니다.

출판 전 원고를 읽고, 전체적인 구성부터 문장 하나까지 살펴보고 조언을 해 주신 김진(서울대학교 대학원), 김현덕(UIUC 대학원), 박제권(다락닷컴), 서세훈(SAP Korea R&D center), 이진석(S-Core), 정동욱(서울대학교 대학원), 하용호(KTH) 님께 감사드립니다. 책에 사용된 그림을 보기 좋고, 이해하기 쉽게 다듬어 주신 엄혜윤(오션망고코리아) 님의 수고 덕분에 책의 전달력이 훨씬 높아졌습니다. 인사이트 출판사의 김승호 님과 한기성 사장님의 조언과 너그러움 덕분에 책이 무사히 출판될 수 있었습니다. 마지막으로, 많은 가르침과 자극을 주시는 서울대학교 문병로 교수님께도 감사드립니다.

2012년 봄
황인욱, 김용혁

책을 읽기 전에

Q. 어떤 책인가?

A. 이 책은 프로그래밍에 필요한 아이디어를 묻고 답하는 형식으로 다룬다. 문제를 설명하고, 독자와 함께 질문에 대한 답을 찾고, 답이 맞는지 생각해본다. 재미있고 유용한 아이디어를 즐기면서, 어떤 방법이 옳은지, 더 좋은 방법은 없는지 생각하는 습관을 갖도록 하는 것이 이 책의 목적이다.

이 책에서 다루는 내용의 상당 부분은 알고리즘 교과서에서 다루는 주제들이다. 많은 프로그래머들이 알고리즘을 공부하려고 하지만, 엄밀하고 복잡한 식으로 시작하는 두꺼운 교과서 앞에서 흥미를 잃는 것을 자주 보았다. 이 책은 구체적이고 쉬운 예부터 시작하여 프로그램의 효율성과 정확성을 평가하고, 허점을 찾을 수 있는 능력을 키워줄 것이다.

Q. 다른 책과의 차이점은 무엇인가?

A. 당구를 배울 때는 맨 처음 큐를 잡는 법을 익히며, 그 다음에는 공을 원하는 곳으로 보내는 법을 배운다. 쉬운 배치에서 점수를 내는 법부터 시작해서 좀더 어려운 상황에서 점수를 내는 법을 익히게 된다. 중간에 기초가 부족하다고 느껴지면 쉬운 배치를 다시 연습하기도 한다. 이런 과정을 반복하면 즐길 수 있는 부분이 점점 늘어난다.

알고리즘은 당구와 다른 방법으로 배운다. 수학으로 쓰여진 알고리즘 책은 가장 일반적인 문제를 먼저 정의하고 해법을 보여준 다음, 구체적인 예들은 지나가듯 보여준다. 당구를 처음 배우는 사람에게 3쿠션 시스템을 가르친 다음, 몇 가지 배치를 놓고 쳐보면서 확인하고 끝내는 것과 같다. 가르치는 사람은 깔끔하고 명쾌하게 설명 할 수 있지만, 배우는 사람은 흥미를 잃기 쉽다.

이 책은 묻고 답하는 형식으로 구체적인 상황에 독자를 마주하게 한다. 때로는 독자가 잘못된 방법이나, 효율적이지 않은 방법으로 풀도록 기다린 후, 어떤 문제가 있는지를 지적하기도 한다. 책을 읽다가 물음표를 보면 반드시 읽기를 멈추고 충분한 시간을 들여서 생각하자. 이렇게 책을 즐기다 보면 새로운 상황을 만났을 때 스스로 아이디어를 떠올리고, 그 아이디어를 분석·평가할 수 있는 힘이 생길 것이다.

Q. 어떻게 읽어야 할까?
A. 이 책을 읽을 때 가장 중요한 사항은 문제를 잘 이해하고 충분한 시간을 두고 생각하는 것이다. 문제를 기억해두고, 시간이 날 때마다 생각해보아도 좋다.

중간에 나오는 아이콘의 의미는 다음과 같다.

🔍 : 알아두면 좋지만 꼭 필요하지는 않은 설명을 추가했다.

❓ : 앞에서 다룬 내용과 관련하여 혼자서 생각해 볼 만한 문제. 풀이가 있는 경우도 있다.

🔒 : 각 장의 마지막에는 추가 문제가 있다. 각 장에서 설명한 내용을 보충하거나 좀 더 심화된 문제를 다룬다. 장 앞부분의 질문을 다 이해하지 못했으면 일단 넘어가도 좋다.

Q. 누가 대상 독자인가?
A. 필자들은 다음 세 가지 조건을 만족하는 독자를 생각하고 책을 썼다.

1. 기본적인 자료구조(배열, 큐, 스택, 연결리스트)에 대해 알고 있다.
2. 하나 이상의 프로그래밍 언어(C, C++, 자바 등)로 프로그램을 작성할 수 있다.
3. 고등학교 수준의 수학을 이해할 수 있다.

또한 다음과 같은 사람들이 책을 많이 볼 것으로 예상했다.

· 컴퓨터 관련 학과에서 공부하는 대학생, 대학원생
· 현업에서 일하고 있으면서 알고리즘을 잘 알고 싶어하는 프로그래머
· IT 회사의 기술 면접을 준비하는 소프트웨어 엔지니어
· 프로그래밍에 관심을 가지고 있는, 정보올림피아드를 준비하는 중, 고교생

Q. 문제의 수준은 어떤가?
A. 이 책에는 다양한 수준의 문제가 섞여 있다. 문제 앞에 붙어 있는 난이도 표시를 참고하라.

☰ : 간단한 문제. 이 문제를 풀지 못하면 프로그래밍 언어와 간단한 자료구조 공부를 병행하면서 책을 읽어나가는 것이 좋다.
☰ : 수 분 정도에 답을 얻을 수 있는 문제.
☰ : 오랜 시간 생각을 하고 풀어야 하는 문제. 답이 떠오르지 않으면 몇 시간 정도는 고민해보자.
☰ : 알고리즘에 대해 잘 알고 있으면서, 오랜 시간 생각해야 풀 수 있는 문제. 풀지 못해도 책의 전체적인 내용을 이해하는 데에는 어려움이 없다.

Q. 어떤 프로그래밍 언어를 사용하는가?
A. 의사 코드(pseudo code)보다는 직접 타이핑해서 실행해 볼 수 있는 프로그래밍 언어로 아이디어를 전달하려고 했다. 자바(Java)나 파이썬(Python)과 같은 고급 언어는 사람이 생각하는 바를 더 쉽게 나타낼 수 있지만, 때로는 프로그램의 세부적인 동작이 가려질 수 있어 제외하였다.

고민 끝에 필자들은 책의 코드를 모두 C 언어로 작성하면서도 C 언어의 특성이 강하게 드러나는 문법들은 가능한 사용하지 않으려 노력했다. 어떤 언어로든 프로그래밍을 해 본 사람이라면 이 책의 코드가 의미하는 바를 쉽게 알 수 있고 자신이 알고 있는 프로그래밍 언어로 옮길 수도 있을 것이다.

예제 코드에는 입력 데이터에 대한 검사와 같은 방어 프로그래밍 코드가 빠져 있다. 이는 설명하고자 하는 아이디어를 간단명료하게 전달하기 위한 것이며, 실제 프로그램을 작성할 때는 꼭 넣어야 할 것이다.

Q. 소스코드의 컴파일, 실행 환경은?
A. 책에 나와 있는 코드는 이식성을 고려하여 작성하려고 노력했기 때문에 대부분의 컴퓨터, 운영체제, 컴파일러에서 실행 가능하다. 각 코드의 실행 시간은 실행 환경에 따라 달라질 수 있다. 필자는 인텔 쿼드 코어에서 리눅스, gcc로 프로그램을 작성하고 실행했다.

Q. 어떤 순서로 읽어야 할까?

A. 각 장을 읽는 순서는 다음 그림을 참고하라. 실선 화살표는 강한 선후관계, 점선 화살표는 약한 선후관계를 나타낸다.

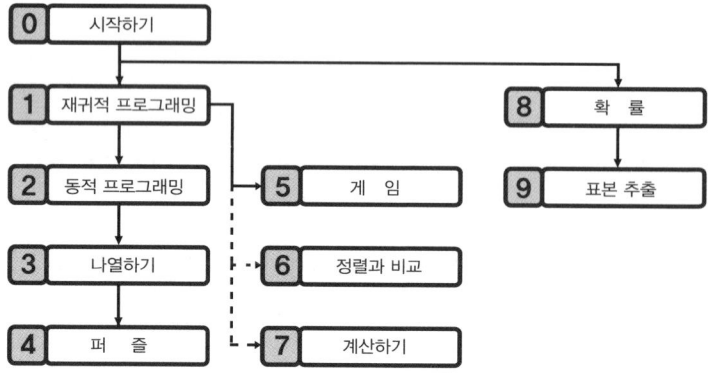

00 시작하기

여기에서는 C 언어와 자료구조에 대한 기본적인 내용을 살펴본다. 여러 개의 숫자 중에서 최대·최소 값을 구하는 방법, 두 변수의 값을 바꾸는 방법, 큐(queue)와 연결리스트(linked list) 자료구조를 효율적으로 구현하는 방법을 다룬다. 여기 나온 함수들은 책의 뒷부분에서 여러 번 재사용할 것이다.

   C 언어의 문법을 다룬 책으로 『Teach Yourself C』, 『Practical C Programming』 등이 있다. 『The C Programming Language』는 C 언어 분야의 고전인데, 프로그래밍 기초가 부족한 초보자가 읽기는 어려우며, 번역서에는 오타가 좀 있다. C 언어에 익숙한 사람은 《C Programming FAQs》를 읽으면서 C 언어에 대해 궁금했던 점들을 알 수 있을 것이다.

   기본적인 자료구조나 알고리즘은 『쉽게 배우는 알고리즘』, 『뇌를 자극하는 알고리즘』, 『C로 배우는 쉬운 자료구조』, 『Introduction to Algorithms』, 『Fundamentals of Data Structures in C』 등을 참고하라.

> 아내가 프로그래머 남편에게 심부름을 시키며 말했다.
> "우유 하나 사와. 아, 계란 있으면 여섯 개 사와."
> 남편은 잠시 후, 우유를 여섯 개 사왔다.
> 아내가 물었다. "왜 우유를 여섯 개나 사왔어!"
> 남편이 말했다. "계란이 있길래 여섯 개 사왔지."
> —인터넷 유머

0.1 최대와 최소

Q. 최대 값과 최소 값을 구하는 함수

간단한 문제부터 시작하자. 두 개의 정수(int 형)를 인자로 받아서 둘 중 큰 값을 반환하는 함수 max()와 둘 중 작은 값을 반환하는 함수 min()을 작성해보자.

A. 코드 0-1과 같이 작성할 수 있다.

[코드 0-1]
```c
int min(int x, int y)
{
    if (x < y)
        return x;

    return y;
}
int max(int x, int y)
{
    if (x > y)
        return x;

    return y;
}
```

생각해보기 세 개의 정수(int 형)를 인자로 받아서 그 중 최대 값을 구하는 함수를 작성하라.

Q. 배열의 최대 값을 구하는 함수

정수 배열에서 가장 큰 값을 반환하는 함수 max_arr()을 작성해보자. 배열과 배열의 크기를 인자로 받는다.

A. 코드 0-2처럼 작성할 수 있다. 배열의 길이는 1 이상이어야 한다. C 언어에서는 배열에 길이를 나타내는 속성(length 멤버 변수와 같은)이 없기 때문에 배열의 길이를 함수 인자로 받아야 한다는 사실에 유의하자. 보통 문자열이나 배열의 크기는 부호없는 정수로 정의된 size_t를 사용하는데, 이 책에서는 쉬운 코드를 위해 int형을 사용했다.

[코드 0-2]
```c
int max_arr(int arr[], int arr_len)
{
    int maxa, i;

    maxa = arr[0];
    for (i = 1; i < arr_len; i++)
        if (arr[i] > maxa)
            maxa = arr[i];

    return maxa;
}
```

> **Note**
>
> max() 함수를 매크로(macro) 함수로 작성할 수도 있다. 코드 0-3에서는 삼항연산자를 사용하여 max()를 매크로 함수로 정의했다(삼항연산자에 대한 설명은 C 언어 책을 참고하라).

[코드 0-3]
```c
#define max(x, y) ((x)>(y)?(x):(y))
#define min(x, y) ((x)<(y)?(x):(y))
```

매크로 함수는 보통 함수와는 다르게 컴파일을 하기 전에 코드 자체를 바꾼다. 예를 들어서 코드 0-3에서 max(3, 2)는 ((3)>(2) ? (3):(2))로 바뀌어 컴파일된다. 이렇게 코드가 바뀌는 과정에서 실수할 가능성이 많다. 예를 들어서 다음과 같이 바깥 괄호를 빠뜨리고 매크로 함수 max()를 정의했다고 하자.

```c
#define max(x, y) (x)>(y) ? (x):(y)
```

이때, 코드 "2*max(3, 2)"는 "2*(3)>(2) ? (3):(2)"로 바뀌고, 이는 "6>2 ? 3:2"이기 때문에 "2*max(3, 2)"의 결과 값은 3이 된다. 대부분의 경우에는 바꾸기 전의 코드만 보기 때문에, 찾기 어려운 버그가 생기게 된다.

눈에 보이는 것과 다르게 매크로 함수의 인자는 여러 번 평가되어 예상치 못한 효과가 발생한다. 다음 코드를 보자.

```
int i, j;
i = 4;
j = max(3, i++);
```

max()가 보통 함수라면 이 세 줄이 실행된 후, i=5, j=4겠지만, 코드 0-3의 매크로 함수라면 세 번째 줄이 j=((3)>(i++) ? (3): (i++))로 바뀌어 i=6, j=5가 된다. 의도한 결과가 아니라면, 역시 찾기 힘든 버그가 될 것이다.

매우 느려지는 경우도 있다. 다음 함수 max_arr2()는 배열의 최대 값을 반환하는 함수를 재귀적으로 작성한 것이다(재귀적 프로그래밍은 1장에서 다룬다).

[코드 0-4]
```
int max_arr2(int arr[], int arr_len)
{
    if (arr_len == 1)
        return arr[0];
    else
        return max(arr[arr_len - 1], max_arr2(arr, arr_len - 1));
}
```

max_arr2()는 문제가 없는 재귀함수다. 그런데 max()가 코드 0-3의 매크로 함수이고, 인자 배열이 단조감소하는 수열이라면 문제가 생긴다. 예를 들어 배열 a[]가 [1000, 999, ... , 1]이면 max_arr2(a, 1000)은 매우 오래 걸린다. 코드 0-4를 작성해서 실행해보고, 왜 그런지 이유를 설명해보자.

매크로 함수를 사용하면 함수를 호출하는 시간(매우 짧은 시간이지만)이 없다는 점은 좋으나 자칫 잘못하면 찾아내기 힘든 버그가 생긴다. 매크로 함수를 사용해야 하는 특별한 이유가 없다면 보통의 함수로 코드를 작성하자.

『Code Complete』는 이런 프로그래밍 스타일의 문제부터 프로젝트 관리까지 다루고 있는 책이므로 읽어보면 큰 도움이 될 것이다.

0.2 두 변수의 값 바꾸기

Q. 포인터를 이용하여 값을 바꾸는 함수

프로그램을 작성하다 보면 두 변수의 값을 바꾸어야 할 일이 많으므로, 이 일을 해주는 함수를 따로 만들어 두면 편하다. 코드 0-5의 wrong_swap() 함수는 두 변수의 값을 바꾸지 못하게 잘못 작성한 함수다.

```
[코드 0-5]
#include <stdio.h>

void wrong_swap(int a, int b)
{
    int temp;

    temp = a;
    a = b;
    b = temp;
}

int main()
{
    int x = 1, y = 2;
    wrong_swap(x, y);
    printf("%d %d\n", x, y);
    return 0;
}
```

wrong_swap() 함수는, 인자로 변수의 값을 전달받아 자신의 변수 a, b에 저장한다. 그리고 내부에서 서로의 값을 교환한다. 이때, 교환되는 값은 wrong_swap() 함수 내부의 값이다. 따라서 wrong_swap(x, y) 호출 후에도 변수 x, y의 값은 바뀌지 않는다. 변수의 포인터를 인자로 받아야 한다. 정수형(int) 변수 두 개의 값을 바꾸는 swap() 함수를 작성하라.

A. 코드 0-6의 swap() 함수는 두 변수의 주소(포인터)를 받아, 이 주소가 가리키는 값을 서로 바꾼다. main() 함수에서는 swap(&x, &y)와 같이 호출한다.

[코드 0-6]
```c
void swap(int *a, int *b)
{
    int temp;

    temp = *a;
    *a = *b;
    *b = temp;
}
```

> **Note**
>
> 코드 0-5는 printf() 함수의 헤더 파일을 코드에 포함하는 "#include ⟨stdio.h⟩"로 시작한다. 앞으로는 반복되는 "#include ⟨stdio.h⟩", "#include ⟨stdlib.h⟩" 부분을 제외하고 코드를 보여줄 것이다. 라이브러리 함수를 사용할 때, 어떤 헤더 파일을 포함해야 하는지는 리눅스 매뉴얼 페이지나 여러 C 언어 매뉴얼을 참고하자.

Q. 배열의 두 원소 바꾸기

배열과 배열의 두 원소의 위치를 인자로 받아서 값을 바꾸는 swap_arr() 함수를 작성하라.

A. 배열의 경우에는 코드 0-7과 같이 작성하면 배열의 i번째 원소와 j번째 원소를 바꾸는 함수가 된다. C 언어에서 인자로 배열을 받을 때는, 배열의 값이 전달되는 대신 배열의 주소가 전달되기 때문이다. C 언어의 포인터에 대한 자세한 내용은 C 언어 책을 참고하라. 이 책에서는 C 언어의 포인터를 가능한 이용하지 않으면서 프로그램을 작성할 것이다.

[코드 0-7]
```c
void swap_arr(int arr[], int i, int j)
{
    int temp;

    temp = arr[i];
    arr[i] = arr[j];
    arr[j] = temp;
}
```

0.3 배열 회전

배열 arr[ ]과 위치 s, t가 있을 때, arr[s], arr[s+1], ... , arr[t-1]을 오른쪽으로 한 칸씩 이동하고, arr[t]는 arr[s]로 복사하는 것을 1만큼 오른쪽으로 회전시켰다고 한다.

예를 들어서 s=2, t=6이면 길이가 8인 아래 배열은 그림 0-1과 같이 바뀐다. 길이가 n인 배열의 위치는 0, 1, 2, ... , n-1이다.

[그림 0-1]

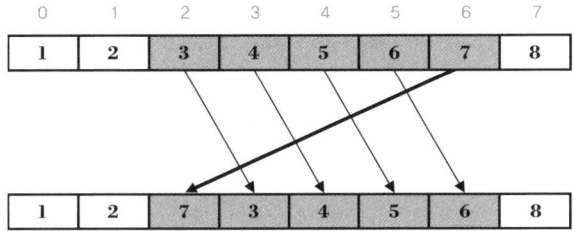

Q. ≡ right_rotate() 함수 작성하기

배열의 일부를 오른쪽으로 1만큼 회전시키는 right_rotate() 함수를 작성하라.

A. 다음과 같이 작성한다.

```
[코드 0-8]
void right_rotate(int arr[], int s, int t)
{
    int i, last;

    last = arr[t];
    for (i = t; i > s; i--)
        arr[i] = arr[i - 1];
    arr[s] = last;
}
```

- 풀이가 있는 생각해보기 ≡ 배열을 1만큼 왼쪽으로 회전시키는 left_rotate() 함수를 작성하라.
- 생각해보기 ≡ k를 인자로 받아서 k만큼 오른쪽으로 회전시키는 함수를 작성하라. k만큼 오른쪽으로 회전하는 것은 1만큼 오른쪽으로 회전하는 것을 k번 반복하면 되지만 이 방법은 느리다. 더 빠르게 결과를 얻도록 작성해보자.

0.4 은행 대기번호 관리

사람들이 차례를 기다리며 서있는 줄을 생각해보자. 앞에서부터 한 명씩 빠져나가 업무를 처리하는 줄을 큐(queue)라고 한다. 은행에서 번호표를 받으면 큐에 들어가는 것으로 볼 수 있고, 대기하던 고객이 자신의 번호가 불려져 창구에서 일을 처리하는 것은 큐에서 빠져나오는 것으로 볼 수 있다.

즉, 큐는 먼저 들어간 데이터가 먼저 나오는 자료구조를 말한다. 반대로 스택(stack)은 먼저 들어간 데이터가 가장 나중에 나오는 자료구조다. 여기서는 큐 자료구조를 구현해보자.

Q. 배열로 큐 작성하기

은행에서 대기번호를 관리하는 프로그램을 작성해보자.

이 프로그램은 대기번호(자연수)가 입력되면 큐에 저장한다. 0이 입력되면 큐에서 가장 오래 기다린 대기번호를 꺼내어 출력한다(창구에서 일을 처리한다). 0보다 작은 수가 입력되면 프로그램을 종료한다. 0을 입력했을 때 큐가 비었으면 "queue empty!"를 출력하고 배열이 가득 차서 더 넣을 수가 없을 때는 "queue full!"을 출력한다.

크기가 8인 배열을 써서 대기번호 관리 프로그램을 작성하라.

```
[실행 예]

input number: 1        1을 큐에 넣음
input number: 2        2를 큐에 넣음
input number: 3        3을 큐에 넣음
input number: 4        4를 큐에 넣음
input number: 5        5를 큐에 넣음
input number: 0        큐에서 번호 하나를 꺼냄
[1]                    가장 오래 기다린 번호 1이 나옴
input number: 0        큐에서 번호 하나를 꺼냄
[2]                    가장 오래 기다린 번호 2가 나옴
input number: 0        큐에서 번호 하나를 꺼냄
[3]                    가장 오래 기다린 번호 3이 나옴
input number: 6        ...
input number: 7
input number: 8
input number: 9
input number: 10
input number: 0
```

```
[4]
input number: 0
[5]
input number: 0
[6]
input number: 0
[7]
input number: 0
[8]
input number: 0
[9]
input number: 0
[10]
input number: 0
queue empty!
input number: -1
```
프로그램 종료.

A. 배열에 대기번호를 연속해서 저장하자. 배열에서 맨 처음 대기번호가 있는 위치를 가리키기 위해 변수 head를 사용하고, 맨 뒤의 대기번호가 있는 위치를 가리키기 위해 변수 tail을 사용한다.

실제 배열과 head, tail이 어떻게 변하는지 그림 0-2를 보자. 처음에는 head=0, tail=-1이다. 대기번호 1, 2, 3이 차례로 들어오면 배열과, tail, head는 (a)처럼 바뀐다. 새로운 대기번호 4가 들어오면 tail을 1증가시키고, 증가한 위치에 4를 쓴다(b). 대기번호를 하나 꺼내야 하면 head 위치에서 원소를 꺼내고, head를 1증가시킨다(c).

[그림 0-2]

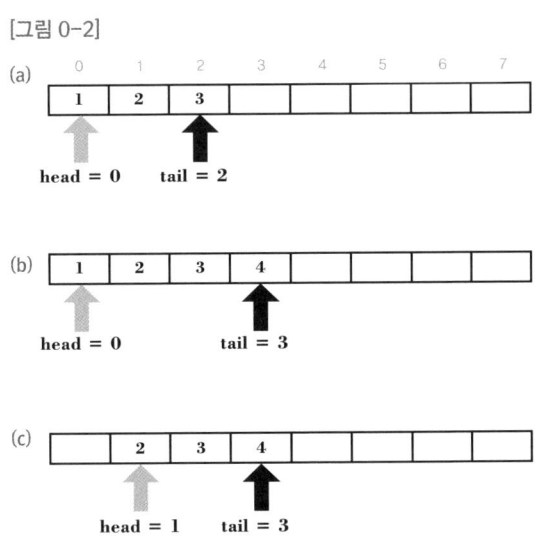

코드 0-9의 enqueue() 함수와 dequeue() 함수는 앞에서 설명한 방식으로 배열에 원소를 넣고 뺀다. 변수 queue_size는 배열에 있는 대기번호의 개수를 나타낸다.

[코드 0-9]

```c
#define QUEUE_CAPACITY 8        // 큐에 사용되는 배열의 크기

int queue[QUEUE_CAPACITY];
int head = 0;
int tail = -1;
int queue_size = 0;

void enqueue(int n)
{
    if (queue_size == QUEUE_CAPACITY) {
        printf("queue full!\n");
        return;
    }

    tail++;
    queue_size++;
    queue[tail] = n;
}

int dequeue()
{
    int r;
    if (queue_size == 0) {
        printf("queue empty!\n");
        return 0;
    }

    r = queue[head];
    head++;
    queue_size--;
    return r;
}

int main()
{
    int number, r;

    do {
        printf("input number: ");
        scanf("%d", &number);

        if (number > 0) {
            enqueue(number);
```

```
            }
            else if (number == 0) {
                r = dequeue();
                printf("[%d]\n", r);
            }
        } while (number >= 0);
        return 0;
    }
```

Q. ≡ 원형 큐 작성

코드 0-9는 사실, 문제가 있다. 대기번호 1, 2, 3, 4, 5를 큐에 넣고, 두 개의 번호를 빼고, 다시 대기번호 6, 7, 8, 9를 넣는 경우를 생각해보자. 먼저 대기번호 1, 2, 3, 4, 5를 큐에 넣으면 큐의 상태는 그림 0-3a와 같다. 두 개의 대기번호를 뺐을 때, 큐의 상태는 (b)이며, 대기번호 6, 7, 8을 넣으면 배열에는 여섯 개의 원소뿐이지만, tail이 배열의 마지막을 가리킨다(c). 배열의 앞쪽에 빈자리가 있어도 사용하지 못하는 상황이다.

[그림 0-3]

(a)
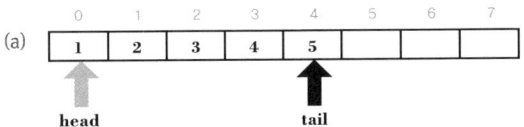

(b)
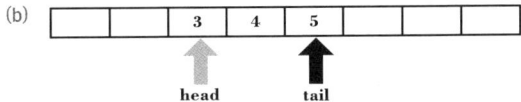

(c)
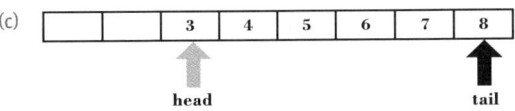

이 문제를 어떻게 해결할 수 있을까? 한 가지 가능한 방법은 원소 하나를 꺼낼 때 (dequeue() 함수)마다, 배열의 모든 원소를 한 칸씩 앞으로 움직이는 것이다('0.3 배열 회전'의 생각해보기에서 만든 left_rotate() 함수를 이용하면 된다). 이렇게 하면, 배열의 앞쪽이 항상 채워져 있어, 큐의 크기보다 원소의 개수가 적다면 항상 큐에 원소를 넣을

수 있다. 하지만 큐에서 원소를 뺄 때마다, 배열의 원소를 모두 한 칸씩 앞으로 이동시
키면 시간이 많이 걸린다. 특히 배열의 크기가 크다면 더욱 그렇다.
 더 좋은 방법이 없을까?

> **Note**
>
> C 언어에서는 배열의 인덱스 검사가 엄격하지 않기 때문에 운이 좋으면 배열 바깥에
> 값을 써도 프로그램이 잘 수행된다. 물론 이런 버그는 찾기 힘들며 큰 문제를 일으킨
> 다. 자바에서는 "Index out of bound exception"이 발생할 것이다.

A. 배열의 끝까지 번호를 저장하고 나서, 다시 배열의 앞쪽부터 번호를 저장하면 된
다. 배열을 처음과 끝이 이어져 있는 원형으로 생각하자(그림 0-4a). 이를 원형 큐
(circular queue)라고 부른다. 앞에서와 마찬가지로 head와 tail은 첫 원소와 끝 원소
를 가리키는데, tail이 head보다 작을 수도 있다.
 빈 원형 큐에 대기번호 1, 2, 3, 4, 5를 넣으면 (b)와 같이 되며, 세 개의 대기번호를
꺼내면 (c)와 같다. 다시, 다섯 개의 원소를 넣으면 (d)와 같이 된다.

[그림 0-4]

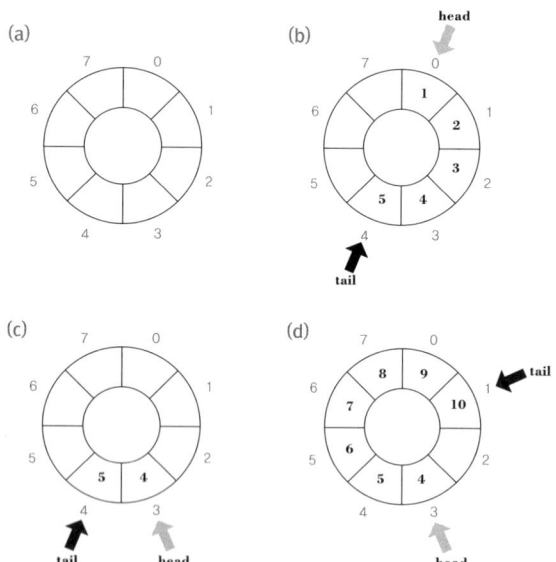

설명이 복잡하지만, 실제로는 코드 0-9의 enqueue() 함수와 dequeue() 함수를 한

줄씩만 수정하면 된다.

[코드 0-10]
```c
void enqueue(int n)
{
    if (queue_size == QUEUE_CAPACITY) {
        printf("queue full!\n");
        return;
    }

    tail = (tail + 1) % QUEUE_CAPACITY;
    queue_size++;
    queue[tail] = n;
}

int dequeue()
{
    int r;
    if (queue_size == 0) {
        printf("queue empty!\n");
        return 0;
    }

    r = queue[head];
    head = (head + 1) % QUEUE_CAPACITY;
    queue_size--;
    return r;
}
```

> **Note**
>
> 여기서는 head, tail 등 큐를 나타내는 변수를 모두 전역변수로 선언해서 사용하고 있는데 이는 코드를 간명하게 작성하여 설명을 쉽게 하기 위해서다. 실제로 프로그램을 작성할 때는 추상화된 데이터 형을 선언하고 그 안에 값들이 들어가야 관리하기 쉬운 코드가 될 것이다.
>
> 또, 이 책에서는 int 형을 기본적인 데이터 타입으로 다룬다.

❓ **생각해보기** ≡ 배열을 이용하여 스택을 작성하라.

❓ **풀이가 있는 생각해보기** ≡ 일반적인 데이터 타입을 다룰 수 있도록 큐를 수정하라.

0.5 연결리스트

은행에서 대기번호를 저장하는 문제를 다시 생각해보자. 앞에서는 1차원 배열에 번호를 저장하도록 구현했다. 이 방법은 처음 선언하는 배열의 크기에 따라 입력할 수 있는 번호의 개수가 제한된다는 심각한 문제가 있다. 미리 너무 큰 배열을 잡으면 다른 중요한 은행 업무 프로그램들이 사용할 메모리가 부족하다. 그렇다고 배열을 너무 작게 잡으면 고객이 많이 몰리는 날에는 문제가 생긴다.

이를 해결하기 위해 연결리스트(linked list) 자료구조를 써보자. 연결리스트는 노드(node)가 데이터를 담은 채로 연결되어 있는 자료구조다. 데이터와 포인터를 갖고 있는 노드들이 연결되어 있는데, 노드의 포인터는 다음 노드를 가리킨다. 대기번호를 담을 연결리스트의 노드는 그림 0-5a처럼 생겼다. 노드는 대기하고 있는 번호와 뒷번호를 가진 노드를 가리키는 포인터로 이루어져 있다. 이렇게 메모리 곳곳에 할당된 노드들이 이어져 연결리스트가 된다(b).

[그림 0-5]

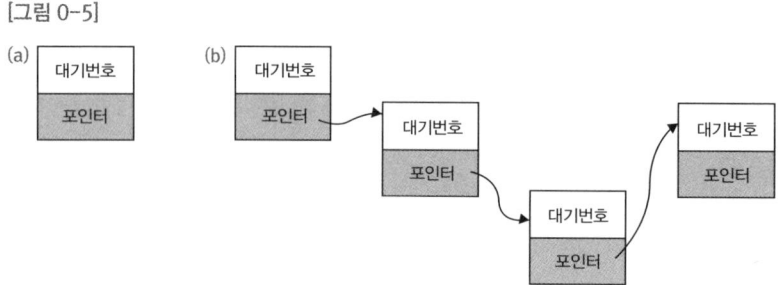

그림 0-6은 대기번호 1, 2, 3, 4가 들어가 있는 연결리스트다. head는 첫 노드, tail은 마지막 노드를 가리킨다. 마지막 노드의 포인터는 아무 것도 가리키지 않는다는 의미로 NULL 값을 가진다.

[그림 0-6]

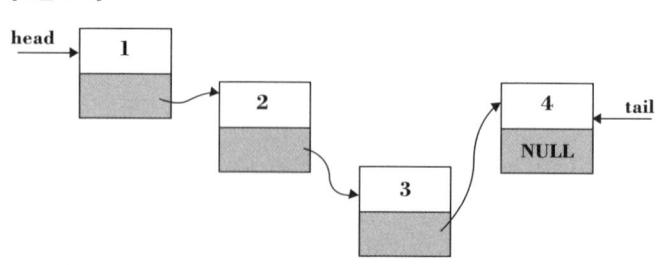

연결리스트는 배열과는 다르게 중간에 노드를 삽입하거나 제거할 때, 원소를 밀어내거나 이동할 필요가 없다. 그러나 리스트에서 임의의 위치에 있는("n번째") 원소를 찾는 과정이 오래 걸린다.

연결리스트도 이중 연결리스트(doubly linked list), 이중 원형 연결리스트 등이 있는데, 여기서는 각 노드가 자기 뒤의 노드만 알고 있는 단일 연결리스트(singly linked list)만 다룬다.

Q. ≡ 연결리스트로 큐 작성하기

연결리스트를 이용하여 대기번호 관리 프로그램을 구현하라.

A. 먼저 노드를 정의하고 있는 코드 0-11을 보자. 그림 0-5a와 같은 노드를 나타내는 자료형 node_t는 C 언어의 구조체를 이용하여 정의하자. typedef 키워드를 이용하여 node_t를 정의하면, 이후에는 struct 키워드를 쓰지 않고도 "node_t x;"와 같이 노드 변수를 선언할 수 있다. 앞으로 이와 같은 정의가 계속 나올 것이다.

```
[코드 0-11]
struct _node {
    int key;
    struct _node *next;
} node_t;

typedef struct _node node_t;
```

연결리스트의 맨 끝에 새로운 노드를 추가하는 함수와, 연결리스트의 맨 앞에 있는 노드를 제거하면서 대기번호를 반환하는 함수는 각각 코드 0-12의 insert_node(), delete_node() 함수처럼 작성할 수 있다.

```
[코드 0-12]
node_t *head = NULL, *tail = NULL;

void insert_node(int n)
{
    node_t *new_node = (node_t *) malloc(sizeof(node_t));

    new_node->key = n;
```

```
        new_node->next = NULL;
    if (head == NULL) {
        head = new_node;
        tail = new_node;
    } else {
        tail->next = new_node;
        tail = new_node;
    }
}

int delete_node()
{
    node_t *node;
    int r;

    if (head == NULL)
        return -1;

    node = head;
    head = head->next;
    if (head == NULL)
        tail = NULL;

    r = node->key;
    free(node);
    return r;
}
```

insert_node()는 리스트의 마지막에 새로운 노드를 추가하는 함수다. 새로운 노드를 할당해서 대기번호를 입력하고, 마지막 노드의 포인터와 tail이 새로운 노드를 가리키게 한다. 그림 0-7은 그림 0-6에서 insert_node(5)를 실행했을 때 연결리스트의 변화를 나타낸 것이다.

[그림 0-7]

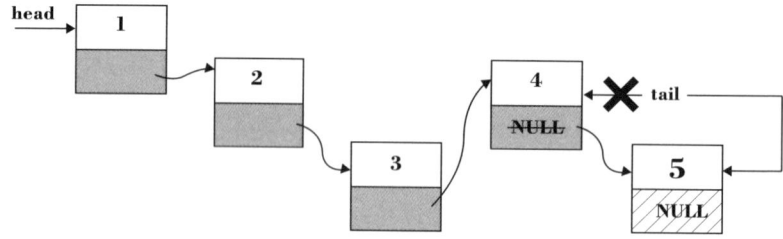

delete_node() 함수는 연결리스트의 첫 번째 노드의 값을 반환하는 함수다. head가 두 번째 노드를 가리키게 하고, 첫 번째 노드의 대기번호를 반환한다. 그림 0-6에서 delete_node()를 호출하면 1이 반환되고, 연결리스트는 그림 0-8처럼 바뀐다.

[그림 0-8]

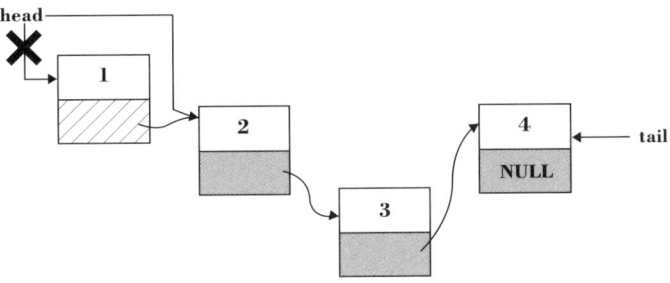

enqueue() 함수와 dequeue() 함수를 작성할 때, 큐가 비어 있거나 비게 되는 경우를 잘 생각해서 처리하지 않으면 오류가 발생한다. 코드 0-12을 참고하라. 코드 0-9의 main() 함수에서 enqueue(), dequeue() 함수를 insert_node(), delete_node() 함수로 바꾸어서 프로그램을 실행해 보자.

> **Note**
>
> malloc() 함수는 C 언어에서 특정한 크기의 메모리 공간을 동적으로 할당하는 함수다. C++나 자바에서 new 연산자로 객체를 생성하는 것과 비슷하다. 자세한 내용은 "메모리 동적 할당"을 찾아보라.

- **생각해보기** 이 프로그램은 대기번호를 몇 개까지 받을 수 있을까? 추정해보고 프로그램을 작성하여 확인해 보자.
- **생각해보기** 연결리스트를 이용하여 양쪽 끝에서 원소의 삽입과 삭제가 일어날 수 있는 deque(double ended queue)를 작성하라. k번째 위치에 대기번호를 끼워넣는 새치기 함수도 작성해보자.

🔒 0.6 추가 문제

0.a ≡ int형 배열의 원소를 모두 출력하는 print_arr() 함수를 작성하라. 배열과 배열의 길이를 인자로 받는다.

0.b ≡ int형 배열의 모든 원소의 값이 k이면 1, 아니면 0을 반환하는 all_is() 함수를 작성하라. 배열과 배열의 길이, 그리고 정수 k를 인자로 받는다.

0.c ≡ int형 정수를 입력받은 후 이진수로 변환하여 1의 개수를 세는 프로그램을 작성하라. 예를 들어서 정수 1000은 이진수로 1111101000이므로 6을 출력한다.
다양한 비트 연산 테크닉은 『Hacker's Delight』에 잘 나와있다.

0.d ≡ 연결리스트를 이용하여 스택 자료구조를 구현해보자.

0.e ≡ 스택 두 개를 이용하여 큐를 만드는 방법은 무엇일까? 큐에 원소를 넣고 (enqueue), 빼는(dequeue) 동작은 가능한 효율적이어야 한다.

0.f ≡ 코드 0-13의 실행 결과는 무엇인가?

```
[코드 0-13]
#define N 10

int main()
{
    int i, j, k, x = 0;
    for (i = 0; i < N; i++)
        for (j = i; j < N; j++)
            for (k = j; k < N; k++)
                x++;
    printf("%d\n", x);
    return 0;
}
```

0.g ≡ 10진수 정수를 입력받아서 이진수로 바꾸어 출력하는 프로그램을 작성하라.

0.h 길이가 n인 정수 배열 a[]와 위치 p가 주어진다. 이때 $0 \leq i \leq p \leq j < n$이면서 a[i] + a[i+1] + ⋯ + a[j]를 최대로 하는 i, j를 구하는 프로그램을 작성하라. 즉, 어떤 위치를 포함하는 배열의 부분 중에서 합이 가장 큰 것을 고르는 프로그램이다.

0.i 이 책은 0장부터 시작한다. 대부분의 프로그래밍 언어에서 배열의 인덱스는 0부터 시작한다. 개체에 번호를 붙일 때, 0부터 세는 것과 1부터 세는 것의 장점은 각각 무엇인가?

0.j C, C++, C#, 자바 등 프로그래밍 언어에 따라 클래스(class)와 구조체(struct)가 둘 다 있기도 하고, 하나만 있기도 하다. 클래스와 구조체의 차이가 무엇인지 알아보자.

🔓 0.7 일부 풀이

Q. 0.3 생각해보기

A. right_rotate() 함수와 유사하게 작성할 수 있다.

```
[코드 0-14]
void left_rotate(int arr[], int s, int t)
{
    int i, first;

    first = arr[s];
    for (i = s; i < t; i++)
        arr[i] = arr[i + 1];
    arr[t] = first;
}
```

Q. 0.4 생각해보기

A. C 언어에서는 일반적인 데이터 타입을 다룰 수 있는 방법이 없기 때문에, 모든 데이터 형의 포인터를 저장할 수 있는 void*를 사용하여 데이터의 위치를 인자로 받는 방법을 많이 쓴다. void*는 다른 포인터 타입의 값에 대입하거나 대입될 때, 자동으로 형 변환이 일어난다. 코드 0-15는 void*로 인자를 받도록 코드 0-10을 수정한 것이다. '4.5 8 퍼즐' 문제에서 퍼즐의 상태를 저장할 때 이 코드를 다시 사용한다.

아무것도 포함하지 않는 리스트를 구현하여 여러 가지 데이터 구조에서 노드를 포함하여 사용하는 방식도 가능하며, 실제로 리눅스 커널에서 사용하는 일반적인 이중 연결리스트가 이렇게 구현되어 있다. 자세한 내용은 『리눅스 커널의 이해』 4장을 참고하라.

```
[코드 0-15]
void* queue[QUEUE_CAPACITY];
int head = 0;
int tail = -1;
int queue_size = 0;

void enqueuep(void* p)
{
    if (queue_size == QUEUE_CAPACITY) {
        printf("queue full!\n");
```

```
            return;
        }

        tail = (tail + 1) % QUEUE_CAPACITY;
        queue_size++;
        queue[tail] = p;
}

void* dequeuep()
{
    void* r;
    if (queue_size == 0) {
        printf("queue empty!\n");
        return NULL;
    }
    r = queue[head];
    head = (head + 1) % QUEUE_CAPACITY;
    queue_size--;
    return r;
}
```

Q. 추가 문제 0.a

A. 코드 0-16처럼 작성할 수 있다. print_arr() 함수는 계속해서 사용할 것이다.

[코드 0-16]
```
void print_arr(int arr[], int arr_len)
{
    int i;

    for (i = 0; i < arr_len; i++)
        printf("%d ", arr[i]);
    printf("\n");
}
```

Q. 추가 문제 0.b

A. 코드 0-17처럼 작성할 수 있다.

[코드 0-17]
```
int all_is(int arr[], int arr_len, int k)
{
    int i;
```

```
    for (i = 0; i < arr_len; i++)
        if (arr[i] != k)
            return 0;

    return 1;
}
```

Q. 추가 문제 0.i

A. 《Why numbering should start at zero》가 읽어볼 만한 자료다.

여러 개의 원소가 있을 때, 0부터 세면 각 원소의 번호는 그 번호 앞에 있는 원소들의 개수를 나타내며, 1부터 세면 그 번호까지의 원소들의 개수를 나타낸다.

층 사이에 20개의 계단이 있는 건물이 있다고 하자. 건물이 0층부터 시작하면, 4층까지의 계단은 80개다. k층까지의 계단 수는 k×20으로 쉽게 계산할 수 있다. 마찬가지로 크기가 4바이트인 클래스의 배열이 메모리 주소 2000번지에서 시작한다고 하자. 배열의 15번 원소는 2000+15×4=2060번지에서 시작한다. 배열의 k번 원소의 주소는 2000+k×4로 쉽게 계산할 수 있다.

01 재귀적 프로그래밍

트리(tree)의 모든 노드를 방문하는 것부터, 복잡한 최적화 문제까지 컴퓨터 과학에는 재귀적으로 쉽고 간결하게 풀 수 있는 문제가 많다. 재귀적 프로그래밍은 문제를 간단하게 해결할 수 있는 좋은 방법이지만, 잘못 작성하면 부분 문제를 중복해서 계산하여 프로그램의 성능이 형편없이 떨어진다. 팩토리얼, 피보나치 수열을 구하는 문제에서 시작하여 다양한 문제에 재귀적 프로그래밍을 적용해보자. 그러면서 재귀적으로 프로그램을 작성할 때 주의할 점을 살펴본다.

    기본적이지만 중요한 내용이므로 재귀적 프로그래밍을 잘 알고 있는 독자도 천천히 읽어보길 바란다.

> GNU는 "GNU's Not UNIX!"를 의미하는 재귀 약자다.
>
> -www.gnu.org

1.1 팩토리얼 계산하기

n!은 1부터 n까지의 자연수를 모두 곱한 것이다. 예를 들어, 3!=1×2×3=6이고 6!=1×2×3×4×5×6=720이다. 경우의 수를 계산하거나 알고리즘의 성능을 분석할 때 n!을 다뤄야 할 일이 많다.

n!은 다음과 같이 정의할 수 있다.

[식 1-1]
n!=1×2×⋯×n

Q. ≡ n! 계산하기
식 1-1에 따라 n!을 계산하여 반환하는 함수를 작성하라.

A. 코드 1-1처럼 반복문을 이용해서 작성할 수 있다. factorial() 함수는 루프를 돌면서 2부터 n까지의 수를 차례로 곱한다.

```
[코드 1-1]
int factorial(int n)
{
    int r, i;

    r = 1;
    for (i = 2; i <= n; i++)
        r *= i;
    return r;
}
```

❓ 생각해보기 ≡ factorial() 함수는 n의 값이 커지면 잘못된 결과를 반환한다. 왜 그럴까? 어떤 범위의 n에 대해 올바른 결과를 출력하는가?

n!을 다음과 같이 정의할 수도 있다.

[식 1-2]
1!=1

n>1이면, n!=n×(n-1)!

식 1-1과 식 1-2의 의미는 같지만, 식 1-2는 n!을 (n-1)!을 이용해서 표현하고 있다는 점이 다르다. 자기 자신을 이용하여 재귀적으로 표현하는 방법이다. 식 1-2를 이용하여 4!을 다음과 같이 풀어 쓸 수 있다.

```
4!=4×3!
  =4×(3×2!)
  =4×(3×(2×1!))
  =4×3×2×1
```

Q. 식 1-2를 이용하여 n!을 재귀적으로 구하는 함수를 작성하라

A. factorial2()는 재귀 호출을 이용하여 n!을 구하는 함수다. factorial()과 factorial2()의 결과는 모든 n에 대해 같다.

[코드 1-2]
```c
int factorial2(int n)
{
    if (n == 1)
        return 1;
    else
        return n * factorial2(n - 1);
}
```

n을 인자로 factorial2()를 호출하면 함수는 n과 factorial2(n-1)의 곱으로 결과값을 반환하려고 한다. 이때, 인자가 n-1인 factorial2()가 재귀적으로 호출된다. factorial2()는 좀더 작은 값에 대해 자신을 계속 호출하다가(재귀 호출) n이 1인 경우에는 1을 반환한다. 재귀함수는 이렇게 함수 내에서 더 작은 값에 대해 자기 자신을 다시 호출하며, 더 이상 자신을 호출하지 않고 값을 반환하는 종료 조건(factorial2()에서는 n==1인 경우)을 포함해야 한다. 그림 1-1은 factorial2(4)를 호출했을 때 어떤 식으로 재귀 호출이 이루어지는지 보여준다.

[그림 1-1]

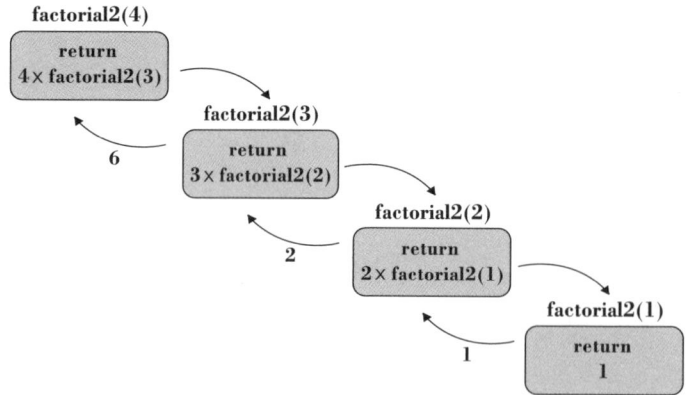

재귀 호출로 작성한 프로그램은 모두 재귀 호출을 쓰지 않는 형태로 바꿀 수 있다. 즉, 재귀 호출을 사용하지 않아도 모든 프로그램을 작성할 수 있다. 하지만 재귀 호출을 이용하면 프로그램이 간결하면서 쉬워진다. 앞으로 복잡해 보이는 문제를 재귀적 프로그래밍으로 쉽게 해결하는 모습을 계속 볼 수 있을 것이다.

> **생각해보기** 코드 1-2의 factorial2()에서 종료 조건 "if (n == 1) return 1;" 이 없다면 어떤 일이 생길까?

> **Note**
> 사실 factorial()과 factorial2()의 실행결과가 항상 같지는 않다. 필자의 컴퓨터에서 n=1,000,000일 때, factorial(n)의 결과는 0이었지만(1000000!는 int 형의 범위를 훨씬 넘기 때문에 예상하지 못한 결과가 나온다), factorial2(n)의 실행 중에는 세그먼트 폴트(segmentation fault)가 발생했다. 이는 factorial2()가 재귀 호출하면서 메모리의 스택을 계속 누적해서 사용하다가 스택이 부족하여 스택 오버플로(stack overflow)가 발생하기 때문이다.
>
> 재귀적으로 프로그램을 작성할 때, 큰 입력에 대해 재귀 호출이 계속 일어나서 스택 오버플로가 발생하는 경우를 조심해야 한다. 예를 들어 GNU C 라이브러리(glibc)에 있는 퀵 정렬 함수 qsort()도 스택 오버플로가 생기지 않도록 비재귀적으로 작성되어 있다. 함수가 호출될 때 스택이 어떻게 변하는지 궁금하다면 『Computer Systems: A Programmer's Perspective』를 참고하라.

factorial2() 함수는 gcc 4.2.4에서 최적화 옵션(O1, O2)을 주고 컴파일하면 세그먼트 폴트가 발생하지 않는다. factorial2()처럼 간단한 함수는 컴파일러가 반복문 형태로 바꾸어 주기 때문이다. 재귀 호출 함수를 특수한 형태로 작성하면, 스택을 계속해서 사용하지 않도록 컴파일러가 최적화해 준다. 'tail recursion'으로 검색해 보자.

대부분의 시스템에서 스택의 크기를 변경하는 것도 가능하다. 하지만 스택 오버플로가 발생할 정도로 스택을 많이 사용하면 보통 알고리즘이나 코드를 고쳐야 한다. 시스템이 기본적으로 설정한 스택의 크기는 대부분의 경우 충분하다.

1.2 연결리스트 출력하기

'0.5 연결리스트'에서 자연수 대기번호를 입력받으면 연결리스트에 저장하고, 0이 입력되면 가장 오래 기다린 번호를 꺼내어 출력하고, 음수가 입력되면 종료하는 프로그램을 작성했다.

   그런데 기다리는 고객을 남겨둔 채로 프로그램이 그냥 끝나면 너무 무책임하다. 프로그램이 끝날 때 연결리스트에 남아있는 대기번호를 순서대로 모두 출력하도록 프로그램을 수정해 보자.

```
[실행 예]
input number: 3
input number: 6
input number: 9
input number: 1
input number: 0
[3]
input number: -1
6 9 1
```

연결리스트의 원소를 모두 출력하는 print_list() 함수를 코드 0-12에 추가한다. 연결리스트 각 노드의 next는 다음 노드를 가리키고, head는 처음 원소, tail은 마지막 원소를 가리킨다. 코드 1-3의 print_list()는 노드 from에서 시작하여 NULL을 만날 때까지(끝까지) 리스트의 노드를 따라가며 값을 출력하는 함수다. head를 인자로 주면 연결리스트에 저장된 모든 대기번호를 출력한다. 프로그램이 끝나기 전에 print_list(head)를 하면, 현재 연결리스트에 있는 대기번호가 모두 출력된다.

```
[코드 1-3]
void print_list(node_t* from)
{
    node_t *node;

    node = from;
    while (node != NULL) {
        printf("%d ", node->key);
        node = node->next;
    }
}
```

[그림 1-2]

Q. 재귀 호출을 이용하여 리스트 출력하기

print_list()를 재귀 호출을 이용하여 다시 작성해보자. 노드 N_1부터 시작하는 연결리스트를 출력하는 문제는 노드 N_1을 출력한 후, 노드 N_2(N_1이 가리키는 노드)부터 시작하는 연결리스트를 출력하는 문제로 생각할 수 있다.

A. 코드 1-4의 print_list2() 함수와 같이 재귀적으로 작성할 수 있다. from이 NULL이면 출력을 끝내는 것이 종료 조건이다. 이 함수는 노드의 값을 출력하고 다음 노드를 인자로 하여 스스로를 호출한다. from의 다음 노드를 인자로 재귀 호출하여, 전체 문제를 길이가 더 짧은 연결리스트에 대한 더 작은 문제로 바꾼다.

[코드 1-4]
```c
void print_list2(node_t* from)
{
    if (from == NULL)
        return;
    printf("%d ", from->key);
    print_list2(from->next);
}
```

Q. 연결리스트를 역순으로 출력하기

연결리스트를 역순으로 출력하도록 print_list2() 함수를 수정하라.

A. print_list() 함수를 수정하여 연결리스트를 역순으로 출력하기란 훨씬 까다롭다. 연결리스트를 따라가면서 나오는 값들을 저장했다가 연결리스트의 끝을 만나면 저장된 값을 역순으로 출력해야 한다. 하지만 print_list2() 함수에서 재귀 호출과 출력의 순서만 바꾸면 코드 1-5와 같이 역순으로 출력하는 함수가 된다.

[코드 1-5]
```c
void print_list_r(node_t* from)
```

```
{
    if (from == NULL)
        return;
    print_list_r(from->next);
    printf("%d ", from->key);
}
```

이처럼 복잡해 보이는 알고리즘을 간결하게 구현할 수 있다는 점이 재귀적 프로그래밍의 매력이다. 그래프(graph) 자료구조에서 각 노드를 방문하는 여러 가지 알고리즘도 재귀 호출을 이용하여 간단하게 표현할 수 있다. 그래프 순회 알고리즘은 『Introduction to Algorithms』, 『쉽게 배우는 알고리즘』 등의 알고리즘 책을 참고하라.

? 생각해보기 ≡ 연결리스트에 원소가 많을 때, print_list2()를 호출하면 앞에서 얘기했듯이 스택 오버플로가 발생할 것이다. 프로그램을 수정하여 자신의 컴퓨터에서 몇 개의 원소를 넣었을 때 이러한 스택 오버플로가 발생하는지 조사해보자.

? 생각해보기 ≡ 자신이 사용하는 프로그래밍 언어로 디스크 드라이브의 모든 파일명을 출력하는 프로그램을 작성해보자.

1.3 이항계수

Q. ≡ 이항계수란?

갑, 을, 병, 정 네 사람 중에 두 명을 뽑아 청소를 시키려 한다. 두 명을 뽑는 방법은 몇 가지일까? 모든 경우를 나열하라.

A. $_4C_2 = \frac{4 \times 3}{2} = 6$가지 방법이 있다. 가능한 경우는 {갑, 을}, {갑, 병}, {갑, 정}, {을, 병}, {을, 정}, {병, 정}이다.

n개의 원소를 가지는 집합에서 크기가 r인 부분집합을 고르는 경우의 수를 이항계수라고 하며 $_nC_r$로 나타낸다. $_nC_r = \frac{n \times (n-1) \times \cdots \times (n-r+1)}{r \times (r-1) \times \cdots \times 1}$ 이다.

Q. ≡ 재귀적으로 $_nC_r$을 계산하기

$_nC_r$은 $_nC_r = \frac{n \times (n-1) \times \cdots \times (n-r+1)}{r \times (r-1) \times \cdots \times 1}$ 로 계산할 수도 있지만, 식 1-3의 점화식으로 구할 수도 있다. 이 식은 $_nC_r$을 $_{n-1}C_{r-1}$, $_{n-1}C_r$과 같이 더 작은 n에 대한 값으로 나타낸다. '3.4 조합과 중복조합'에서 이 식의 의미를 설명할 것이다.

[식 1-3]

$_nC_0 = {_nC_n} = 1$

r>0이면, $_nC_r = {_{n-1}C_{r-1}} + {_{n-1}C_r}$

여기서는 이 점화식을 이용하여 $_nC_r$을 구해보자. n과 r을 입력받아 $_nC_r$을 계산하는 프로그램을 재귀적으로 작성하고, $_{20}C_{10}$과 $_{50}C_{20}$을 구해보라.

[실행 예]

```
input n, r: 30 10
30045015
```

A. 코드 1-6과 같이 choose() 함수를 작성할 수 있다. 이항계수의 값은 빠르게 커지기 때문에 choose() 함수의 반환형을 long long으로 작성했다.[1]

---

1 C99 표준에서는 long long이 64bit 이상으로 정해져 있다. 각자의 프로그래밍 환경에서 확인해보기 바란다. C 언어에서 각 정수형이 몇 비트인지 생각하는 것은 매우 골치 아픈 문제다.

[코드 1-6]
```
long long choose(int n, int r)
{
    if (r == 0 || n == r)
        return 1;
    return choose(n - 1, r - 1) + choose(n - 1, r);
}

int main()
{
    int n, r;

    printf("input n, r: ");
    scanf("%d %d", &n, &r);
    printf("%lld\n", choose2(n, r));
    return 0;
}
```

이제 $_{20}C_{10}$과 $_{50}C_{20}$을 구해보자. $_{20}C_{10}$은 금방 구할 수 있지만 $_{50}C_{20}$, 즉 n=50, r=20의 입력에 대해서는 결과를 얻지 못했을 것이다. choose() 함수는 n과 r이 조금만 커져도 계산이 매우 오래 걸리는데, 이는 재귀 호출 과정에서 발생하는 중복 계산 때문이다.

$_5C_3$을 구하는 경우를 예로 들어 생각해보자. 그림 1-3은 $_5C_3$을 구할 때, 함수가 재귀적으로 호출되는 모습을 트리로 표현한 것이다. 각 노드는 choose() 함수가 한 번 호출되는 것을 나타낸다.

[그림 1-3]

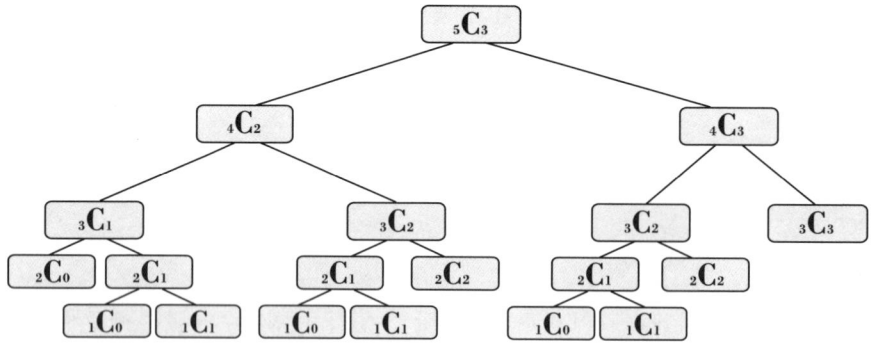

호출 트리에서 $_2C_1$, $_3C_2$ 노드가 여러 번 나타남을 알 수 있다. $_5C_3$을 구하기 위해 $_2C_1$은 세 번 계산된다. 이런 중복 계산은 n과 r의 값이 커지면 급속도로 늘어나서, $_{50}C_{20}$을 계산할 때는 재귀 호출의 대부분이 중복 호출이 된다. $_{20}C_{10}$을 계산할 때, choose()는 369,511번 호출된다. 앞의 호출 트리에서 노드의 수가 369,511개라는 의미다.

Q. 중복 계산 없애기
한 번 계산된 값을 저장해서 프로그램이 빠르게 수행되도록 수정하자.

A. 값을 계산할 때마다 저장하고 필요할 때 기억된 값을 사용할 수 있다. 수정된 함수 choose2()를 보자.

```
[코드 1-7]
#define MAXN 200

long long choose2(int n, int r)
{
    static long long memo[MAXN][MAXN];

    if (memo[n][r] > 0)
        return memo[n][r];

    if (r == 0 || n == r)
        return memo[n][r] = 1;

    return memo[n][r] = choose2(n - 1, r - 1) + choose2(n - 1, r);
}
```

choose2()가 호출되면 먼저 memo[n][r]의 값을 확인한다. memo[n][r]이 0보다 크면, $_nC_r$이 이미 계산되어 저장된 것이므로 이 값을 그대로 반환한다. memo[n][r]이 0이면 $_nC_r$이 아직 계산된 적이 없으므로, $_nC_r$을 계산하여 그 값을 memo[n][r]에 저장하고 반환한다(C 언어에서 정적(static) 변수는 0으로 초기화된다). 이런 방법을 메모이제이션(memoization)이라고 하며, 이 방법으로 필요없는 계산을 줄일 수 있다.

그림 1-4는 choose2()에서의 함수 호출을 트리로 나타낸 것이다. choose()보다 함수 호출이 더 적다. $_5C_3$의 경우에는 트리의 노드 수 차이가 크지 않아 보이지만 n과 r이 커지면 차이도 엄청나게 벌어진다.

$_{20}C_{10}$을 계산할 때, choose()는 369,511번, choose2()는 201번 호출된다. n=20, r=10 정도만 되어도, choose2()가 비교할 수 없을 정도로 효율적으로 동작한다. $_{50}C_{20}$도 choose2()로 순식간에 구할 수 있다. 약간의 수정으로 프로그램이 비약적으로 빨

라진다는 사실이 놀랍지 않은가?

재귀적으로 함수를 작성할 때는 함수에서 중복 계산이 발생하여 계산 효율이 나빠지는 경우가 없는지 잘 살펴봐야 한다.

[그림 1-4]

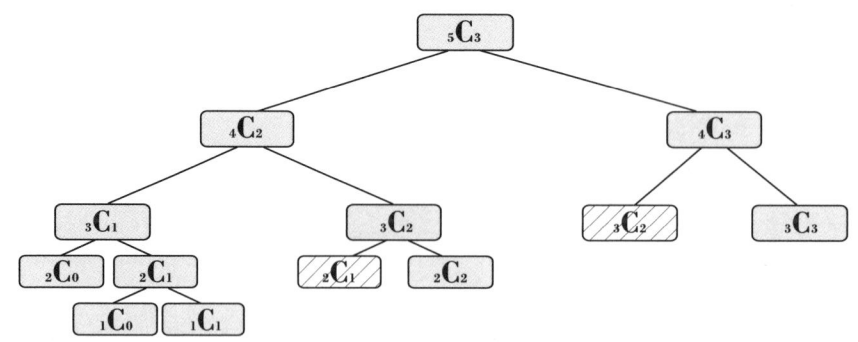

 Note

C 언어에서는 할당문이 값을 갖는다. 예를 들어 "a=2"라는 할당문의 값은 2이다. "return a = 2;"와 같이 쓰면, 변수 a에 2를 대입하고, 2를 반환한다. 따라서 코드 1-17의 "return memo[n][r] = 1;"은 memo[n][r]에 1을 대입하고, 그 값, 1을 반환하라는 의미다. 코드를 간결하게 작성하기 위해 앞으로도 이런 표현을 쓸 것이다.

생각해보기 '1.1 팩토리얼 계산하기'에서 작성한 재귀함수 factorial()에는 중복 계산이 있을까?

생각해보기 $_nC_r$을 구할 때, choose()와 choose2()가 실행되는 횟수를 각각 n, r로 나타내라.

1.4 피보나치 수열

소설 『다빈치 코드』에 등장하면서 더욱 유명해진 피보나치(Fibonacci) 수열은 $f_1=1$, $f_2=1$, $f_{n+2}=f_{n+1}+f_n$을 만족하는 수열 f_n $(n \geq 1)$이다. 처음 두 항은 1이고, 그 다음 항부터는 앞의 두 항을 더하여 만든다. 피보나치 수열은 다음과 같이 진행된다.

1, 1, 2, 3, 5, 8, 13, 21, 34, 55, 89, 144, 233, 377, 610, …

식물의 잎이나 소라의 나선 구조 등 자연의 곳곳에서 피보나치 수열을 볼 수 있다고 하며, 컴퓨터 과학에서도 피보나치 힙(Fibonacci heap) 등에서 이 수열이 등장한다. 피보나치 수의 성질에 대한 수학적인 설명은 《Fibonacci Number》, 『Applied Combinatorics』에 있다.

피보나치 수열을 일반화하여 트리보나치 수(Tribonacci Number), 테트라나치 수(Tetranacci Number) 등을 정의하기도 한다. 《Fibonacci n-Step Number》를 참고하라.

? 풀이가 있는 생각해보기 ≡ 0과 1로 이루어진 문자열이 있다. 이 문자열에는 1이 연속하여 나올 수는 있지만 0이 연속하여 나올 수는 없다. 예를 들어 "1111", "110111", "010101", "1101110"은 올바른 문자열이지만, "000", "1100111"등은 잘못된 문자열이다. 길이가 n인 올바른 문자열은 몇 개일까?

? 생각해보기 ≡ n개의 계단을 한 번에 하나 또는 둘씩 올라간다. n개의 계단을 올라가는 방법은 몇 가지인가?

Q. ≡ 피보나치 수 구하기

피보나치 수열의 n번째 항 f_n을 계산하여 반환하는 함수를 작성하고, f_{20}과 f_{50}을 구하라.

A. 재귀 호출을 이용하여 코드 1-8과 같이 작성하는 방법이 먼저 떠오른다.

```
[코드 1-8]
long long fibo(int n)
{
```

```
    if (n == 1 || n == 2)
        return 1;
    else
        return fibo(n - 1) + fibo(n - 2);
}
```

fibo()는 피보나치 수열의 정의에 따라 작성한 재귀함수다. '1.3 이항계수'를 잘 이해한 독자는 눈치챘겠지만, 이 함수는 중복 계산이 많아 속도가 매우 느리다. 그림 1-5는 필자의 컴퓨터에서 f_n을 구하는 데 걸린 시간을 나타낸 그래프다. 이 프로그램의 수행시간은 n이 커짐에 따라 엄청난 속도로 증가한다. 50 이상의 n에 대해 f_n을 구하려면 아주 오래 기다려야 한다.

[그림 1-5]

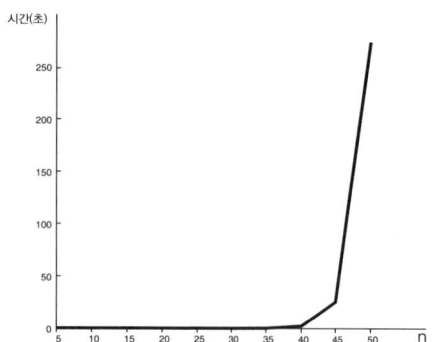

 생각해보기 ≡ 앞 문제와 같이 함수가 호출되는 모습을 트리로 그려서 중복이 일어남을 확인하라.

메모이제이션을 여기에 적용해 보자. f_n을 한 번 계산하고 나면 배열에 저장하여 중복 계산을 막는다. 코드 1-9의 fibo2()가 이와 같이 작성한 것이다.

f_i를 구하기 위해서는 f_{i-1}과 f_{i-2}의 두 가지 값만 기억하고 있으면 된다는 사실을 이용하여 fibo3()처럼 f_n을 계산할 수도 있다. 변수 f_i와 f_i_1은 각각 f_i와 f_{i-1}을 나타낸다.

fibo2()나 fibo3()으로는 f_{100}도 금방 구할 수 있다. 이 문제에 대해 fibo2()나 fibo3()과 같은 답을 내놓았다면, 재귀 호출에서 생길 수 있는 문제점과 해결법을 잘 이해했다고 할 수 있다. 이 함수를 이용해서 f_{20}=6765, f_{50}=12586269025를 얻는다.

재귀 호출에서 중복 계산이 항상 생기는 것은 아니다. 팩토리얼 계산이나 연결리스트 출력에서는 중복 계산이 없었고, 이항계수를 구하거나 피보나치 수열을 구할 때는 중복 계산이 있었다.

```
[코드 1-9]
#define MAXN 200

long long fibo2(int n)
{
    static long long memo[MAXN];

    if (memo[n] > 0)
        return memo[n];

    if (n == 1 || n == 2)
        return memo[n] = 1;
    else
        return memo[n] = fibo2(n - 1) + fibo2(n - 2);
}

long long fibo3(int n)
{
    long long i, f_i, f_i_1, t;

    if (n == 1 || n == 2)
        return 1;

    f_i_1 = 1;
    f_i = 1;
    for (i = 3; i <= n; i++) {
        t = f_i;
        f_i = f_i_1 + f_i;
        f_i_1 = t;
    }
    return f_i;
}
```

반환 값이 long long임에도 금방 오버플로가 발생한다. C 언어에서 기본적으로 제공하는 연산으로는 처리가 어렵다. '7.5 십진수 연산 라이브러리'에서 무한자리의 수를 계산하는 프로그램을 작성할 것이다.

Note

fibo2(), fibo3() 함수는 n에 비례하는 시간에 f_n을 계산한다. 이것은 무척 빨라 보이지만, 행렬 계산을 이용하면 더 빠르게 계산할 수 있다. 그 방법을 소개한다.

피보나치 수열의 점화식 $f_{n+2}=f_{n+1}+f_n$은 행렬로 다음과 같이 나타낼 수 있다.

$$\begin{pmatrix} f_{n+2} \\ f_{n+1} \end{pmatrix} = \begin{pmatrix} 1 & 1 \\ 1 & 0 \end{pmatrix} \begin{pmatrix} f_{n+1} \\ f_n \end{pmatrix}$$

따라서

$$\begin{pmatrix} f_{n+2} \\ f_{n+1} \end{pmatrix} = \begin{pmatrix} 1 & 1 \\ 1 & 0 \end{pmatrix} \begin{pmatrix} f_{n+1} \\ f_n \end{pmatrix} = \begin{pmatrix} 1 & 1 \\ 1 & 0 \end{pmatrix}^2 \begin{pmatrix} f_n \\ f_{n-1} \end{pmatrix} = \cdots = \begin{pmatrix} 1 & 1 \\ 1 & 0 \end{pmatrix}^n \begin{pmatrix} f_2 \\ f_1 \end{pmatrix}$$

이다. 즉,

$$\begin{pmatrix} f_{n+1} \\ f_n \end{pmatrix} = \begin{pmatrix} 1 & 1 \\ 1 & 0 \end{pmatrix}^{n-1} \begin{pmatrix} 1 \\ 1 \end{pmatrix}$$

임을 알 수 있다.

f_n을 구하려면 $\begin{pmatrix} 1 & 1 \\ 1 & 0 \end{pmatrix}^{n-1}$을 알아야 하는데, 이 행렬 연산을 빠르게 할 수 있을까? 가능하다. '7.2 거듭제곱'에서 설명할 방법을 사용하면 $\log n$에 비례하는 시간에 구할 수 있다.

점화식 $f_1=1, f_2=1, f_{n+2}=f_{n+1}+f_n$을 풀면 $f_n = \frac{1}{\sqrt{5}}\left\{\left(\frac{1+\sqrt{5}}{2}\right)^n - \left(\frac{1-\sqrt{5}}{2}\right)^n\right\} = \frac{(1+\sqrt{5})^n - (1-\sqrt{5})^n}{2^n \sqrt{5}}$을 얻는다. 이를 이용해서 f_n을 구하는 방법을 생각해 볼 수도 있으나 정수가 아닌 실수 $\left(\frac{1+\sqrt{5}}{2}\right)^n$을 계산할 때, 오차를 해결하기가 까다롭다.

점화식을 푸는 방법은 고등학교 수학책을 참고하라. 복잡한 점화식을 푸는 방법은 『Concrete Mathematics: A Foundation for Computer Science』와 같은 이산수학이나 조합론을 다룬 책에 잘 나와 있다.

생각해보기 아침 잠이 많은 나졸려 씨는 매일 $\frac{1}{2}$의 확률로 회사에 지각한다. 너그러운 팀장은 지각을 신경쓰지 않으려 하지만, 3일 연속 지각했을 때는 나졸려 씨를 혼낸다. 나졸려 씨가 20일간 출근할 때, 한 번도 혼나지 않을 확률은 얼마일까? 프로그램을 작성하거나 계산으로 구해보자.

생각해보기 아침 잠이 더 많아서 매일 $\frac{2}{3}$의 확률로 지각하는 더졸려 씨가 20일간 출근할 때, 팀장에게 혼나지 않을 확률은 얼마일까?

1.5 금액 맞추기

심각한 인플레이션을 겪고 있는 어느 나라에서는 1만 원, 2만 원, 5만 원, 10만 원, 20만 원, 50만 원의 여섯 가지 지폐를 사용하고 있다. 프로그래머 궁금해 씨는 100만 원짜리 책을 사고, 돈을 내려다가 궁금증이 생겼다. 여섯 가지 지폐를 이용해서 100만 원을 지불하는 방법은 모두 몇 가지가 있을까?

예를 들어 1만 원 10장, 10만 원 4장, 50만 원 1장으로 100만 원을 지불할 수도 있고 ($1 \times 10 + 10 \times 4 + 50 \times 1 = 100$), 10만 원 2장과 20만 원 4장으로 100만 원을 지불할 수도 있다($10 \times 2 + 20 \times 4 = 100$).

궁금해 씨는 코드 1-10과 같이 프로그램을 작성하였다.

```
[코드 1-10]
int main()
{
    int bills[6] = { 1, 2, 5, 10, 20, 50 };
    int count = 0, money = 100, i0, i1, i2, i3, i4;

    for (i0 = money; i0 >= 0; i0 -= bills[0])
        for (i1 = i0; i1 >= 0; i1 -= bills[1])
            for (i2 = i1; i2 >= 0; i2 -= bills[2])
                for (i3 = i2; i3 >= 0; i3 -= bills[3])
                    for (i4 = i3; i4 >= 0; i4 -= bills[4])
                        if (i4 % bills[5] == 0)
                            count++;
    printf("count = %d\n", count);
    return 0;
}
```

코드 1-10에서 i0, i1, ... , i4는 각각 0번째, 1번째, ... , 4번째 지폐로 지불하고 남은 금액을 의미한다. 여섯 가지 지폐로 100만 원을 지불하는 방법은 4,562가지임을 알 수 있다. 이 프로그램은 올바르고, 그럭저럭 빠르지만 유연하지 못하다. 5중 루프를 사용하고 있는 데다가 새로운 지폐가 나오면 루프를 하나씩 더 늘려야 한다. 지폐가 몇 종류인지 입력받고, 지폐의 액면가를 하나씩 입력받아 답을 내야하는 문제에는 적용하기가 아예 불가능하다.

좀더 일반적으로 문제를 풀 수 있는 유연한 프로그램을 작성해보자.

Q. ≡ 재귀적으로 작성하기

지폐의 종류와, 지불해야 하는 액수를 입력받아서, 몇 가지 지불 방법이 있는지를 출력하는 프로그램을 작성하라. 단, 지폐의 종류는 50가지를 넘지 않는다.

```
[실행 예]
input number of bills: 6          여섯 종류의 지폐가 있음을 입력
input bills: 1 2 5 10 20 50       지폐의 종류를 입력
input money: 100                  100만 원을 지불해야함을 입력
4562

input number of bills: 7
input bills: 1 2 5 10 20 50 100
input money: 300
466800
```

A. 재귀적으로 문제를 파악하면 간결하고 유연한 프로그램을 작성할 수 있다. 1, 2, 5, 10, 20, 50만 원권으로 100만 원을 만드는 예를 다음과 같이 생각해보자.

1, 2, 5, 10, 20, 50만 원권으로 100만 원을 지불하되, 50만 원권을 1장만 쓰는 경우의 수는 1, 2, 5, 10, 20만 원권으로 50만 원을 지불하는 경우의 수와 같다.

100만 원을 지불할 때, 50만 원권은 안 쓰거나, 1장 또는 2장 쓸 수 있다. 따라서 1, 2, 5, 10, 20, 50만 원권으로 100만 원을 만드는 경우의 수는 다음 세 가지 경우의 수의 합이다.

> 1) 1, 2, 5, 10, 20만 원권으로 100만 원을 만드는 경우의 수 (50만 원권 사용 안 함)
> 2) 1, 2, 5, 10, 20만 원권으로 50만 원을 만드는 경우의 수 (50만 원권 1장 사용)
> 3) 1, 2, 5, 10, 20만 원권으로 0만 원을 만드는 경우의 수 (50만 원권 2장 사용)

이렇게 하고 보니, 여섯 종류의 지폐로 100만 원을 만드는 문제가 다섯 종류의 지폐로 금액을 맞추는 작은 문제 여러 개로 바뀌었다. 이 재귀적인 관계를 이용하여 문제를 풀 수 있다.

지폐의 액수 배열 bills[]가 주어져 있을 때, pay(m, n)을 다음과 같이 정의하자.

> pay(m, n): n 종류의 지폐 bills[0], ... , bills[n-1]을 사용하여 m만 원을 지불하는 방법의 수

그러면 식 1-4가 성립한다.

[식 1-4]

pay(m, n)은,

n=1이면, m이 bills[0]으로 나눠 떨어지면 1, 아니면 0

n≥2이면, $\sum_{i=0}^{m/bills[n-1]} pay(m-bills[n-1] \times i, n-1)$

이를 이용하여 재귀적으로 프로그램을 작성하면 코드 1-11과 같다.

[코드 1-11]
```c
int pay(int money, int bills[], int n)
{
    int count = 0, i, t;

    if (n == 1) {
        if (money % bills[0] == 0)
            return 1;
        else
            return 0;
    }

    t = money / bills[n - 1];
    for (i = 0; i <= t; i++)
        count += pay(money - bills[n - 1] * i, bills, n - 1);
    return count;
}

#define MAXN 50

int main()
{
    int num_bills, money, i;
    int bills[MAXN];

    printf("input number of bills: ");
    scanf("%d", &num_bills);
    printf("input bills: ");
    for (i = 0; i < num_bills; i++)
        scanf("%d", &bills[i]);
    printf("input money: ");
    scanf("%d", &money);
    printf("%d\n", pay(money, bills, num_bills));
    return 0;
}
```

코드 1-11을 실행해 보면 여섯 가지 종류의 지폐로 100만 원을 지불할 수 있는 방법은 4,562가지임을 다시 확인할 수 있다. 이 프로그램은 지폐의 종류가 바뀌더라도 지불하는 방법의 수를 쉽게 계산할 수 있다.

> **생각해보기** 코드 1-11에 중복 계산이 있을까?
>
> **생각해보기** 지불하는 방법을 모두 출력하도록 프로그램을 수정하라.

1.6 수분할

n 수분할은 자연수 n을 순서에 상관 없이 하나 이상의 자연수의 합으로 나타내는 방법이다. 예를 들어 3 수분할은 다음 세 가지가 있다.

```
1+1+1
2+1
3
```

순서가 상관 없기 때문에 "1+2"와 "2+1"은 같은 수분할 방법이며, 같은 방법 중에서는 큰 수에서 작은 수의 순서로 적는 방법만 인정하자. 예를 들어서 "1+2+3", "2+3+1"은 인정하지 않고 "3+2+1"만 인정한다. 이렇게 해도 일반성을 잃지 않는다.
  4 수분할은 다음과 같이 다섯 가지이다.

```
1+1+1+1
2+1+1
2+2
3+1
4
```

Q. 5 수분할은 모두 몇 가지인가?

A. 아래와 같이 일곱 가지다.

```
1+1+1+1+1
2+1+1+1
2+2+1
3+1+1
3+2
4+1
5
```

Q. 좀더 일반적인 수분할

더 일반적인 n/m 수분할을 생각해보자. n을 m 이하의 자연수로만 나타내는 방법을 n/m 수분할이라고 하자.

예를 들어 4/1 수분할은 "1+1+1+1" 한 가지가 있고, 3/2 수분할은 "1+1+1", "2+1" 두 가지가 있다. 앞에서 설명한 n 수분할은 n/n 수분할이라고 할 수 있다. n<m이면 n/m 수분할은 n/n 수분할과 같다.

5/2 수분할과 5/3 수분할은 각각 몇 가지인가?

A. 5/2 수분할은 다음과 같이 세 가지이다.

```
1+1+1+1+1
2+1+1+1
2+2+1
```

5/3 수분할은 다음과 같이 다섯 가지이다.

```
1+1+1+1+1
2+1+1+1
2+2+1
3+1+1
3+2
```

Q. ≡ 수분할 개수 세는 프로그램 작성하기

n, m을 입력받아서 n/m 수분할이 모두 몇 가지인지 계산하는 함수를 작성하라.

```
[실행 예]
input n, m: 5 3
total: 5              5/3 수분할은 다섯 개
```

A. n/m 수분할에서도 재귀적인 관계를 이용하여 문제를 간단하게 해결할 수 있다. 5/2 수분할을 예로 생각해보자. 5/2 수분할은 "1+"로 시작하는 경우, "2+"로 시작하는 경우로 나눌 수 있다.

```
1) 1로 시작하는 경우
1+1+1+1+1

2) 2로 시작하는 경우
2+1+1+1
2+2+1
```

"1+"로 시작하는 5/2 수분할의 경우, "1+" 뒤에 나타나는 분할은 "1+1+1+1"이고, 이는 4/1 수분할과 같다. "2+"로 시작하는 5/2 수분할의 경우, "2+" 뒤에 나타나는 분할은 "1+1+1", "2+1"의 두 가지로 3/2 수분할과 같다.

5/2 수분할은 "1+" 뒤에 나타나는 4/1 수분할과 "2+" 뒤에 나타나는 3/2 수분할을 합한 것이다. 일반적으로 n/m의 수분할은 i (1≤i≤m)로 시작하는 부분과 나머지 (n-i)/i 수분할로 이루어진다. n/m 수분할의 갯수를 $partition_{n,\ m}$이라고 하자. 그러면 m≤n일 때, 식 1-5가 성립한다. [2]

[식 1-5]

$partition_{0,\ m} = 1$

n>0이면, $partition_{n,\ m} = \sum_{i=1}^{m} partition_{n-i,\ i}$

이 점화식을 얻으면 문제를 거의 다 푼 것이다. 코드 1-12의 partition() 함수는 이 점화식을 이용하여 n/m 수분할이 몇 개인지 구한다. partition() 함수는 n과 m을 인자로 받는다. n<m이면 n/m 수분할은 n/n 수분할과 같으므로 m에 n을 대입하는 부분에 유의하라.

[코드 1-12]
```c
int partition(int n, int m)
{
    int count = 0, i;

    if (n < m)
        m = n;
    if (n == 0)
        return 1;

    for (i = 1; i <= m; i++)
        count += partition(n - i, i);
    return count;
}
```

❓ **풀이가 있는 생각해보기** n, m을 입력받아 n/m 수분할을 모두 출력하는 프로그램을 작성해보자.

---

[2] $partition_{n,\ m} = partition_{n-m,\ m} + partition_{n,\ m-1}$로 나타낼 수도 있다.

```
[실행 예]
input n, m: 5 3
1 1 1 1 1
2 1 1 1
2 2 1
3 1 1
3 2
total: 5
```

Q. 중복 계산 없애기

partition(200, 200)을 실행해 보자. 얼마나 걸리는가? partition() 함수에도 중복 계산이 있다. 중복 계산이 발생하지 않도록 수정해보자.

A. partition() 함수에 메모이제이션을 적용하여 중복 계산을 없앤 버전이 partition_memo() 함수다. partition_memo()는 memo[n][m]의 값을 확인한다. memo[n][m]이 0보다 크면, partition(n, m)이 이미 계산된 것이므로 이 값을 그대로 반환한다. memo[n][m]이 0이면 partition(n, m)이 아직 계산된 적이 없으므로 partition(n, m)을 계산하여, 그 값을 memo[n][m]에 저장한 후, 반환한다. partition_memo()는 partition()의 재귀 호출 구조를 전혀 수정하지 않고 몇 줄만 추가하여 중복 계산을 없앴다.

```
[코드 1-13]
#define MAXN 200

int partition_memo(int n, int m)
{
    static int memo[MAXN][MAXN];
    int count = 0, i;

    if (n < m)
        m = n;
    if (memo[n][m] > 0)
        return memo[n][m];
    if (n == 0)
        return memo[n][m] = 1;

    for (i = 1; i <= m; i++)
        count += partition_memo(n - i, i);
    return memo[n][m] = count;
}
```

Q. ≡ 순서를 생각하는 수분할

이제, 덧셈의 순서까지 구분하는 수분할도 생각해보자. 3의 경우에는 "3", "1+2", "2+1", "1+1+1"의 네 가지 수분할이 존재한다. 4의 경우에는 "1+3", "1+1+2", "1+2+1", "1+1+1+1", "2+1+1", "2+2", "3+1", "4"의 여덟 가지 방법이 존재한다. 자연수 n을 입력받아서 순서를 구분하는 수분할이 몇 개인지 계산하는 함수를 작성하라.

A. 다음과 같이 재귀적으로 생각할 수 있다.

n의 수분할의 첫 부분은 1, 2, ... , n이 될 수 있다. n의 수분할을 모두 나열하면 다음과 같다.

> 1로 시작하고 뒤에는 n-1의 수분할이 나타나는 경우
> 2로 시작하고 뒤에는 n-2의 수분할이 나타나는 경우
> ...
> n-1로 시작하고 뒤에는 1의 수분할이 나타나는 경우
> "n"

4의 수분할을 예로 들어 생각해보자.

1의 수분할은 "1"이고, 2의 수분할은 "1+1", "2"의 두 가지이고, 3의 수분할은 "3", "1+2", "2+1", "1+1+1"의 네 가지이다. 따라서 4의 수분할은 다음과 같다.

> 1로 시작하고 뒤에는 3의 수분할이 나타나는 경우: "1+3", "1+1+2", "1+2+1", "1+1+1+1"
> 2로 시작하고 뒤에는 2의 수분할이 나타나는 경우: "2+1+1", "2+2"
> 3으로 시작하고 뒤에는 1의 수분할이 나타나는 경우: "3+1"
> "4"

이렇게 모든 경우를 다 나열한 것이다. 이와 같은 방법으로 순서를 구분하는 수분할 개수를 구하는 함수 partition2()를 작성할 수 있다.

[코드 1-14]
```
int partition2(int n)
{
    int count = 0, i;
    for (i = 1; i <= n - 1; i++)
        count += partition2(n - i);
    return count + 1;
}
```

Note

순서를 구분하는 수분할의 개수는 간단한 계산으로 구할 수 있다. 순서를 생각하는 n의 수분할의 개수를 p_n이라고 하자. 그러면 $p_n = p_{n-1} + p_{n-2} + \cdots + p_1 + 1$이다. 즉, 식 1-6이 성립한다.

[식 1-6]
$$p_1 = 1$$
$$p_n = p_{n-1} + p_{n-2} + \cdots + p_1 + 1 = \sum_{i=1}^{n-1} p_i + 1$$

$p_1 = 1$, $p_2 = 2$, $p_3 = 4$, $p_4 = 8$에서 예상할 수 있듯이 $p_n = 2^{n-1}$이다.

다르게 생각할 수도 있다. 1을 n개 적고, 1의 사이사이에 "|" 기호를 넣자. 그러면 수분할 하나를 얻을 수 있다. 예를 들어서 다음은 10 = 1 + 2 + 4 + 3으로 나누는 분할을 의미한다.

1 | 1 1 | 1 1 1 1 | 1 1 1

1을 n개 써놓으면 "|" 기호를 최대 n-1개까지 쓸 수 있으며, "|" 기호를 1 사이에 쓰는 경우 하나는 순서를 생각하는 수분할 하나와 일대일 대응이 된다. 따라서 p_n은 "|"를 1 사이에 쓰는 경우의 수인 2^{n-1}개다.

이처럼 재귀적인 관계가 있는 문제를 발견하면, 그 관계를 이용하여 결과를 간단히 얻을 수 있을지 생각해보자.

❓ 풀이가 있는 생각해보기 순서를 구분하는 수분할을 모두 출력하도록 수정하라.

1.7 그레이 코드

꼼꼼해 씨는 새로 살 집을 짓고 있다. 전기 기술자가 새 집에 있는 전등 다섯 개와 스위치 다섯 개의 배선을 끝냈다고 해서 확인해보려고 한다. 보통은 스위치 다섯 개를 차례로 켜면서 전등 다섯 개에 차례로 불이 들어오는지 확인하지만, 꼼꼼해 씨는 스위치 다섯 개를 켜고 꺼서 나타날 수 있는 32(=2^5)가지 상태 모두가 문제 없는지 철저히 확인하려고 한다. 이때, 새 집의 스위치를 많이 만져서 낡게 만들고 싶지는 않기 때문에 스위치를 켜거나 끄는 것을 딱 32번만 하려고 한다.

전등이 모두 꺼진 상태에서 32가지 상태를 다 살펴보고, 다시 전등이 모두 꺼진 상태로 만드는 것을 스위치를 32번만 건드려서 할 수 있을까? 즉, 한 번에 하나의 비트만 바꾸어서 32번 만에 32가지 비트 문자열을 모두 만들 수 있을까? 이때 꼼꼼해 씨에게 필요한 것이 그레이코드(Gray code)다.

그레이 코드는 연속된 수를 한 비트만 다르게 인코딩하는 방법이다. 연속적으로 변하는 양을 나타낼 때, 변화폭이 작아 오류를 줄일 수 있어 데이터 전송에서 많이 쓰인다. 여기서는 그레이 코드를 어떻게 생성할 수 있는지 생각해보자.

0에서 7까지를 3비트 이진 코드와 그레이 코드로 나타내면 표 1-1과 같다.

[표 1-1]

	이진	그레이
0	000	000
1	001	001
2	010	011
3	011	010
4	100	110
5	101	111
6	110	101
7	111	100

1비트와 2비트 그레이 코드는 각각 다음과 같다.

[1비트 그레이 코드]
0

```
1
[2비트 그레이 코드]
00
01
11
10
```

연속된 수를 한 비트만 다르게 나타내는 것이 4비트, 5비트 이상에서도 가능할까? 2비트 그레이 코드를 이용하여 3비트 그레이 코드를 만드는 방법을 보면 몇 비트에서든 그레이 코드를 만들 수 있다는 사실을 알 수 있을 것이다.

먼저 2비트 그레이 코드를 쓰고(00, 01, 11, 10), 그 밑에 다시 2비트 그레이 코드를 역순으로(10, 11, 01, 00) 적는다.

```
00 ⎫
01 ⎬ 2비트 그레이 코드
11 ⎪
10 ⎭
10 ⎫
11 ⎬ 역순으로 적은 2비트 그레이 코드
01 ⎪
00 ⎭
```

그 다음 앞쪽 4개 코드의 앞에는 0을, 뒤쪽 4개 코드의 앞에는 1을 붙이면 3비트 그레이 코드가 만들어진다.

```
000
001
011
010
110
111
101
100
```

이렇게 n비트 그레이 코드를 이용하여 n+1비트 그레이 코드를 만들 수 있다. n비트 그레이 코드를 적고 앞에 0을 붙인 것과, n비트 그레이 코드를 역순으로 적고 앞에 1을 붙인 것을 이으면 n+1비트 그레이 코드가 된다.

> **생각해보기** 앞에서 설명한 방법이 항상 올바른 그레이 코드를 만든다는 사실을 증명하라.

Q. 그레이 코드 출력

n을 입력받아서 n비트 그레이 코드를 출력하는 프로그램을 작성하라. 재귀 호출을 사용하여 간단명료하게 작성하라.

A. G_n을 n 비트 그레이 코드라 하고 $R(G_n)$은 G_n을 역순으로 쓴 것이라 하자. 예를 들어서 G_2는 "00, 01, 11, 10"이고, $R(G_2)$는 "10, 11, 01, 00"이다. $0*G_n$을 n비트 그레이 코드 앞에 모두 0을 붙인 것이라 하자. 예를 들어서, $0*G_2$는 "000, 001, 011, 010"이다.

앞에서 설명한 방법에 따르면 G_{n+1}은 $0*G_n$ 뒤에 $1*R(G_n)$을 나열한 것이다. 그리고 $R(G_{n+1})$은 $1*G_n$ 뒤에 $0*R(G_n)$을 나열한 것이다.

예를 들어 G_4를 구하는 문제는 재귀적으로 더 작은 문제로 나타낼 수 있다. G_4를 구하는 문제는 G_3과 $R(G_3)$을 구하는 좀더 작은 문제들의 합으로 바뀐다(그림 1-6a). 물론 G_3과 $R(G_3)$은 또다시 좀더 작은 문제 G_2와 $R(G_2)$를 부르게 된다(그림 1-6b). 이 문제는 두 개의 문제가 서로 엇갈리면서 계속 재귀 호출을 한다는 점이 특이하다.

[그림 1-6]

(a)
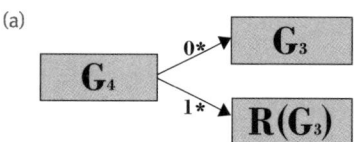

(b)
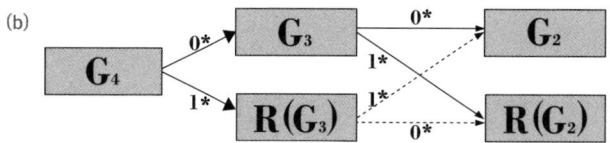

코드 1-15와 같이 G_n을 출력하는 함수와 $R(G_n)$을 출력하는 함수를 각각 작성하고, 서로 적당하게 호출하도록 하면 된다. print_gray()는 G_n을 출력하는 함수고, print_gray_reverse()는 $R(G_n)$을 출력해주는 함수다. code 배열 앞에서부터 0 또는 1을 기록한다. 인자 index는 code 배열에 현재까지 기록된 길이를 나타낸다.

[코드 1-15]

```c
void print_code(int code[], int len)
{
    int i;

    for (i = 0; i < len; i++)
        printf("%d", code[i]);
    printf("\n");
}

void print_gray(int code[], int n, int index)
{
    if (index == n) {
        print_code(code, n);
        return;
    }

    code[index] = 0;
    print_gray(code, n, index + 1);
    code[index] = 1;
    print_gray_reverse(code, n, index + 1);
}

void print_gray_reverse(int code[], int n, int index)
{
    if (index == n) {
        print_code(code, n);
        return;
    }

    code[index] = 1;
    print_gray(code, n, index + 1);
    code[index] = 0;
    print_gray_reverse(code, n, index + 1);
}

#define MAXN 20

int main()
{
    int code[MAXN], n;

    scanf("%d", &n);
    print_gray(code, n, 0);
    return 0;
}
```

위 프로그램으로 4비트 그레이 코드를 구하면 다음과 같다.

```
0000
0001
0011
0010
0110
0111
0101
0100
1100
1101
1111
1110
1010
1011
1001
1000
```

사실 print_gray()와 print_gray_reverse() 함수가 하는 일은 비슷하다. 더 간단하게는 코드 1-16과 같이 작성하여 main() 함수에서 print_gray2(code, n, 0, 0)을 호출할 수도 있다. 재귀 호출을 잘 사용하면 이렇게 짧은 코드로 복잡한 대칭관계를 나타낼 수 있다.

[코드 1-16]
```c
void print_gray2(int code[], int n, int index, int reverse)
{
    if (index == n) {
        print_code(code, n);
        return;
    }

    code[index] = reverse;
    print_gray2(code, n, index + 1, 0);
    code[index] = 1 - reverse;
    print_gray2(code, n, index + 1, 1);
}
```

Note

다음과 같이 이진 코드를 그레이 코드로 바꿀 수도 있다.

```
이진코드    0    1    1    0
            ↓  ↘ ↓ ↘ ↓ ↘ ↓
그레이코드   0    1    0    1
```

그레이 코드의 가장 앞자리는 이진 코드의 가장 앞자리를 그대로 쓴다. 그레이 코드의 k+1번째 자리는 이진 코드의 k번째 자리와 이진 코드의 k+1번째 자리를 XOR 연산한 결과다.

참고로 배타적 논리합(Exclusive OR) XOR은 표 1-2처럼 계산한다. 《Gray Code》에는 그레이 코드에 대한 자세한 설명이 나와있다.

[표 1-2]

XOR	0	1
0	0	1
1	1	0

🔒 1.8 추가 문제

1.a ≡ n과 k를 입력받아서 $\sum_{i=1}^{n} i^k = 1^k + 2^k + 3^k + \cdots + n^k$를 구하는 프로그램을 재귀적, 비재귀적인 방법으로 작성하라.

1.b ≡ '파스칼의 삼각형'은 이항계수를 삼각형 모양으로 배열한 것이다. 삼각형의 n번째 줄 k번째 숫자는 $_{n-1}C_{k-1}$이 된다. 첫째 줄에 1을 쓰고, 그 다음 줄부터는 바로 윗줄의 왼쪽 숫자와 오른쪽 숫자를 더해서 만들 수 있다. 이는 $_nC_r = {_{n-1}C_{r-1}} + {_{n-1}C_r}$이 성립하기 때문이다. 처음 여섯 줄은 다음과 같다. k를 입력받아서 파스칼의 삼각형을 k번째 줄까지 출력하는 프로그램을 작성하라.

```
                1
              1   1
            1   2   1
          1   3   3   1
        1   4   6   4   1
      1   5  10  10   5   1
```

1.c ≡ n과 m을 입력받아서(n≥m), m개의 자연수를 더해서 n을 만드는 모든 방법을 출력하는 프로그램을 작성하라.

```
[실행 예]
n, m: 5 3
1 1 3
1 2 2
1 3 1
2 1 2
2 2 1
3 1 1
```

1.d ≡ 1, 2, ..., n의 순열 하나가 있을 때, 순열의 수의 쌍에서 크기가 큰 수가 앞에 있으면 이 쌍은 "역전되었다"고 한다. 예를 들어서 n=5일 때, 순열 1, 3, 5, 4, 2를 생각해보자. 3은 2보다 크지만 앞에 있다(두 번째 자리). 5는 4보다 크지만 앞에 위치해 있고, 4도 2보다 크지만 앞에 위치해 있다. 순열 1, 3, 5, 4, 2에서 역전된 쌍은 (3, 2), (5, 4), (5, 2), (4, 2)의 네 개가 있다. 마찬가지로 4, 3, 1, 5, 2에서 역전된 쌍은 (4, 3), (4, 1)

(4, 2) (3, 1) (3, 2), (5, 2)의 여섯 개가 있다.

순열 $a_1, a_2, ..., a_n$이 주어질 때, 이 순열에서 역전된 쌍의 수, 즉, $1 \leq i < j \leq n$이면서 $a_i > a_j$를 만족하는 순서쌍 (i, j)의 수를 계산하는 프로그램을 작성하라. n^2 시간이 걸리는 방법은 쉽게 찾을 수 있다. 더 빠른 방법을 찾아보자.

1.e ≣ n명이 원형으로 서 있다. n명을 시계 방향으로 1, 2, ..., n이라고 하자. 매번 한 사람씩을 죽이는데 한 사람을 죽이고 나면 그 다음 사람은 살려둔다. 1번부터 시작하여 시계 방향으로 한 사람을 살리고 그 다음 사람을 죽인다. 죽은 사람은 원에서 **빠진다**. 이것은 한 사람이 남을 때까지 계속된다. n=5일 때를 생각해보자.

그림 1-7처럼 처음에는 다섯 명이 원형으로 서 있다(a). 먼저 1번을 살려두고, 2번을 죽인다(b). 2번을 죽였으므로 3번을 살려두고 4번을 죽인다(d). 그 다음에 있는 5번을 살려두고 1번을 죽인다(f). 그 다음 3번을 살려두고 5번을 죽인다(h). 결국 3번만 살아남았다.

n을 입력받아서 마지막에 살아남는 사람이 몇 번인지 출력하는 프로그램을 작성하라.

[그림 1-7]

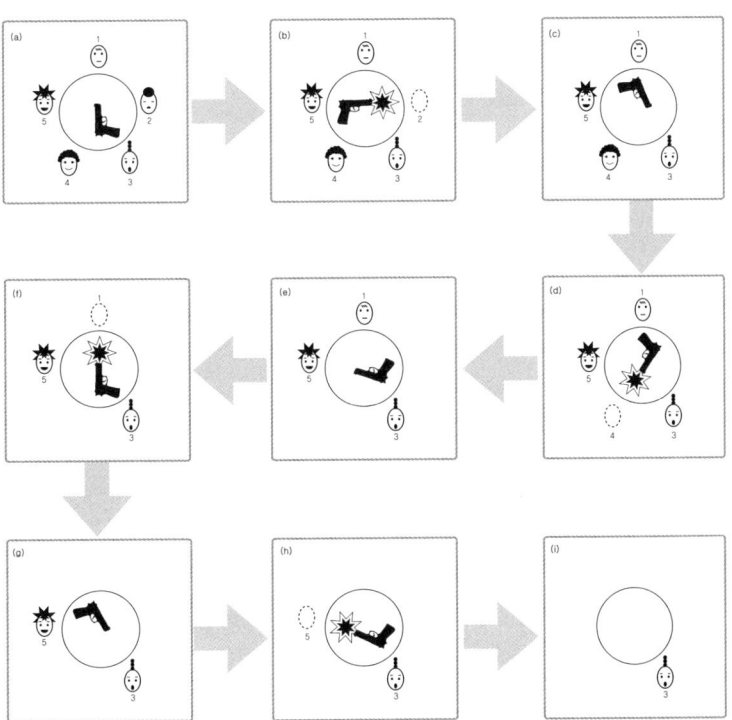

> **Note**
>
> n명 중에 몇 번째 사람이 살아남는지를 나타내는 수열을 조세푸스(Josephus) 수열이라 한다. 『Concrete Mathematics: A Foundation for Computer Science』 1장에서 다루고 있다.

1.f 직선 위 n개의 좌표가 주어졌을 때, 거리가 가장 가까운 한 쌍의 점을 찾는 것은 n log n에 비례하는 시간에 가능하다.

2차원 또는 3차원에서 n개의 점이 주어질 때, 거리가 가장 가까운 한 쌍의 점을 찾는 알고리즘을 제시하라. 모든 쌍의 점을 비교하는 것보다 더 빠른 방법이 있다.

이 문제는 'closest pair'라고 불린다. 『Introduction to Algorithms』 33장을 참고하라.

1.9 일부 풀이

Q. 1.4 생각해보기

A. 길이가 n인 올바른 문자열의 수를 l_n이라고 하자. 길이가 n인 올바른 문자열은(n ≥3) 두 가지 중의 하나다. 1로 시작하거나, 01로 시작한다. 길이가 n이면서 1로 시작하는 문자열의 수는 길이가 n-1인 문자열의 수와 같다. 길이가 n이면서 01로 시작하는 문자열의 수는 길이가 n-2인 문자열의 수와 같다. 따라서 n≥3일때 $l_n = l_{n-1} + l_{n-2}$이고, $l_1=2$, $l_2=3$이다. l_n은 n+2번째 피보나치 수, 즉 $l_n=f_{n+2}$임을 알 수 있다.

[그림 1-8]

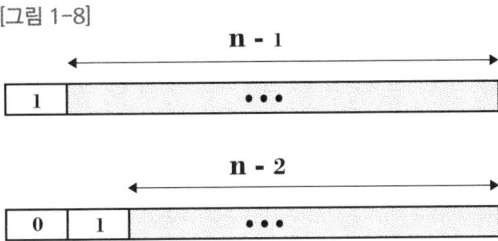

Q. 1.6 생각해보기

A. partition_print() 함수는 배열 arr[]에 값을 저장하면서 재귀 호출을 한다. 종료 조건(n==0)에서는 배열에 있는 숫자들을 출력한다.

[코드 1-17]
```c
int partition_print(int n, int m, int arr[], int arr_len)
{
    int count = 0, i;

    if (n < m)
        m = n;
    if (n == 0) {
        print_arr(arr, arr_len);        // print_arr()은 코드 0-16 참고
        return 1;
    }

    for (i = 1; i <= m; i++) {
        arr[arr_len] = i;
        count += partition_print(n - i, i, arr, arr_len + 1);
    }
    return count;
}
```

```
int main()
{
    int num[MAXN], n, m;

    printf("input n, m: ");
    scanf("%d %d", &n, &m);
    printf("total %d\n", partition_print(n, m, num, 0));

    return 0;
}
```

다음은 partition_print() 함수를 이용하여 6의 수분할을 모두 출력한 결과다.

```
1 1 1 1 1 1
2 1 1 1 1
2 2 1 1
2 2 2
3 1 1 1
3 2 1
3 3
4 1 1
4 2
5 1
6
total 11
```

Q. 추가 문제 1.c

A. 코드 1-18과 같이 작성할 수 있다. 만드는 방법은 $_mH_{n-m}$개가 있다. $_nH_r$은 n개 중에 r개를 뽑는 중복조합의 수이며 3장에서 다룰 것이다.

[코드 1-18]
```
void m_sum(int n, int m, int num[], int index)
{
    int i;

    if (index == m) {
        if (n == 0)
            print_arr(num, index);    // print_arr()은 코드 0-16 참고

        return;
    }

    for (i = 1; i <= n; i++) {
```

```
            num[index] = i;
            m_sum(n - i, m, num, index + 1);
        }
}

#define MAXN 100

int main()
{
    int num[MAXN], n, m;

    printf("input n, m: ");
    scanf("%d %d", &n, &m);
    m_sum(n, m, num, 0);
    return 0;
}
```

02 동적 프로그래밍

이 장에서는 좀더 까다로운 재귀적 프로그래밍 문제를 다루면서 동적 프로그래밍을 적용해본다. 동적 프로그래밍은 재귀적으로 작성한 프로그램이 중복 계산으로 시간을 낭비할 때, 메모이제이션 외에 쓸 수 있는 또 다른 방법이다.

몇 시간에서 며칠씩 걸리는 알고리즘 밖에 떠오르지 않는 문제를 재귀적으로 분석하고, 메모이제이션이나 동적 프로그래밍을 적용하여 몇 초에 풀 수 있는 경우도 많다. 그렇기 때문에 정보 올림피아드에서 자주 출제되며, 많은 소프트웨어 회사의 기술 면접에서 알고리즘 분야의 문제로 나오는 주제다. 동적 프로그래밍이 필요한 부분을 잘 찾아내어 적절히 사용하면, 큰 성능 향상을 얻을 수 있다. 문제를 파고들어서 아이디어를 얻고 프로그램의 성능을 극적으로 개선하는 즐거움을 느껴보자.

> 완벽한 디자인은 더할 것이 없을 때가 아니라 뺄 것이 없을 때 이루어진다.
> –생텍쥐베리

2.1 출근길

지루해 씨는 매일 아침 집에서 회사까지 걸어서 출근한다. 회사에 지각하면 안 되는 지루해 씨는 항상 최단 경로를 고려한다. 그림 2-1은 지루해 씨의 동네 지도다. 지루해 씨가 사는 동네는 곳곳에서 공사를 하고 있는데 공사 중인 곳은 지나갈 수 없다. 왼쪽 위의 집에서 출발하여 오른쪽 아래의 회사에 도착해야 한다.

[그림 2-1]

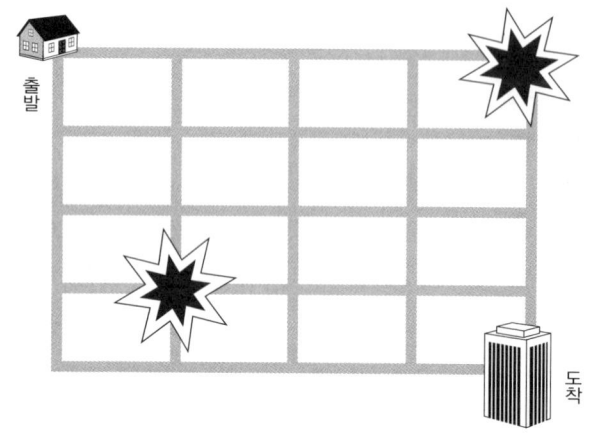

Q. 출근길의 수

지루해 씨가 출근길로 택할 수 있는 경로는 모두 몇 가지인가?

A. 고등학교 수학에서 다루는 문제다. 출발점에서 각 지점까지 갈 수 있는 경우의 수를 적어나간다. 먼저 가장 위의 도로, 가장 왼쪽 도로에 경로의 수를 적는다(그림 2-2a). 공사 중인 곳을 제외하고 모두 한 가지 경로가 있다.

그 다음 각 지점마다 그 지점까지 갈 수 있는 최단 경로의 수를 적어 나간다(b). 위에서 내려오는 경우와 왼쪽에서 오는 경우를 더한다. 만약 위쪽이나 왼쪽이 공사 중이면 더하지 않는다. 이처럼 계속 적어나간다. 도착점까지 다 채우면 총 53가지 출근길이 있음을 알 수 있다(d).

[그림 2-2]

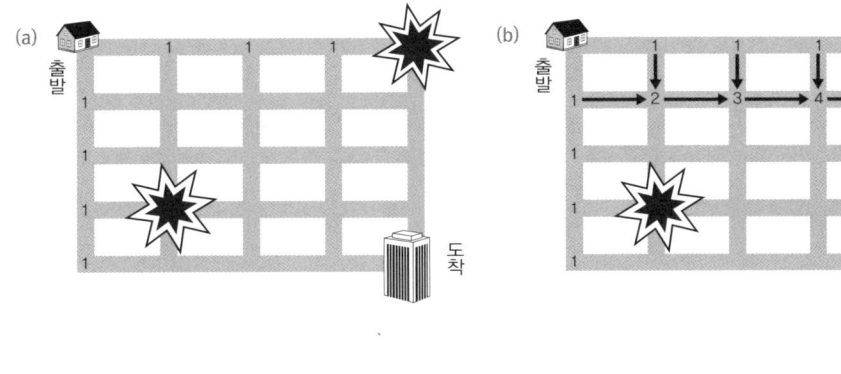
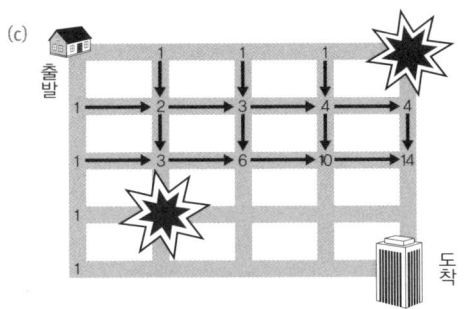
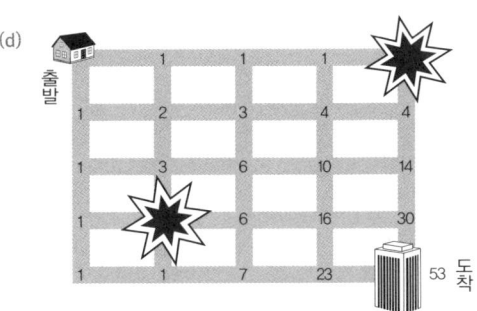

2.1 출근길

2.2 출근길 2

앞 문제에서 지루해 씨가 살고 있는 마을에는 가로, 세로 각각 다섯 개의 거리가 있었다. 지루해 씨의 동네를 5×5의 이차원 배열로 나타내면 다음과 같다. 배열의 각 원소는 0 또는 1이며, 0은 공사 중인 곳, 1은 지나갈 수 있는 곳이다. 집의 위치는 (0, 0)이고 회사의 위치는 (4, 4)가 된다.

	0	1	2	3	4
0	1	1	1	1	0
1	1	1	1	1	1
2	1	1	1	1	1
3	1	0	1	1	1
4	1	1	1	1	1

다른 곳에 사는 궁금해 씨의 동네 지도는 다음과 같이 표현된다.

	0	1	2	3	4
0	1	1	1	1	1
1	1	1	0	0	1
2	1	1	1	1	1
3	1	1	1	0	1
4	0	0	1	1	1

궁금해 씨도 역시 (0, 0)에서 (4, 4)로 출근한다. 다음은 궁금해 씨의 출근길 중 하나다.

```
[궁금해 씨 동네의 지도]
1 1 1 1 1
1 1 0 0 1
1 1 1 1 1
1 1 1 0 1
0 0 1 1 1
```

다음 두 가지는 잘못된 출근길이다. (a)는 공사 중인 곳을 지나고, (b)는 최단경로가 아니다.

```
(a)
1 1 1 1 1
1 1 0 0 1
1 1 1 1 1
1 1 1 0 1
0 0 1 1 1
```

```
(b)
1 1 1 1 1
1 1 0 0 1
1 1 1 1 1
1 1 1 0 1
0 0 1 1 1
```

Q. 출근길의 수

궁금해 씨가 공사 중인 곳을 피해서 최단 경로로 출근하는 방법은 모두 몇 가지인가?

A. 앞 문제에서 (0, 0)에서 각 점까지 도착할 수 있는 수를 더하면서 써나갔던 것과 동일하게 해보자. 이차원 배열을 채워가면서 경로의 수를 계산하면 다음과 같다. (4, 4)까지의 출근길은 열한 가지다.

```
1 1 1 1 1
1 2 0 0 1
1 3 3 3 4
1 4 7 0 4
0 0 7 7 11
```

Q. 출근길 수를 세는 프로그램 작성하기

출근길 수를 세는 문제를 배열 지도를 이용하여 프로그래밍으로 풀어보자. 먼저 m, n을 입력받고, m×n의 이차원 배열로 동네 지도를 입력받은 후, 지도의 (0, 0)에서 출발하여 (m-1, n-1)까지 가능한 출근길의 수를 출력하는 프로그램을 작성하라.

[실행 예]
```
5 5
1 1 1 1 1
1 1 0 0 1
1 1 1 1 1
1 1 1 0 1
0 0 1 1 1

11
```

A. 모든 경로를 살펴보면서 중간에 장애물이 있는지 없는지 확인할 수도 있지만, 가능한 경로는 모두 $_{m+n}C_m = {}_{m+n}C_n = \frac{(m+n)!}{m! \cdot n!}$개이므로, 차례로 확인하기란 너무 오래 걸리며 모든 경우를 다 나열하기도 쉽지 않다(이렇게 모든 경우를 나열하는 방법은 3장에서 다룰 것이다).

동네 지도를 나타내는 이차원 배열을 map[ ][ ]이라 하고, (0, 0)에서 (i, j)까지 갈 수 있는 최단 경로의 수를 $path_{i,j}$라고 하자. 그러면 식 2-1과 같이 재귀적으로 $path_{i,j}$를 계산할 수 있다.

[식 2-1]
(1) map[i][j]=0이면 $path_{i,j}=0$
(2) map[i][j]=1이면
i=0, j=0이면, $path_{i,j}=1$
i>0, j=0이면, $path_{i,j}=path_{i-1,j}$
i=0, j>0이면, $path_{i,j}=path_{i,j-1}$
i>0, j>0이면, $path_{i,j}=path_{i-1,j}+path_{i,j-1}$

식 2-1은 앞 문제에서 우리가 계산했던 것을 점화식으로 나타낸 것이다. 이 점화식을 재귀 호출로 나타낸 것이 코드 2-1이다. 지도의 크기가 커지면 경로의 수가 매우 많을 수 있기 때문에 long long 형을 사용하였다.

[코드 2-1]
```
#define M 100
#define N 100
```

```c
int map[M][N];

long long num_path(int m, int n)
{
    if (map[m][n] == 0)
        return 0;
    if (m == 0 && n == 0)
        return 1;

    return ((m > 0) ? num_path(m - 1, n) : 0)
         + ((n > 0) ? num_path(m, n - 1) : 0);
}

int main()
{
    int m, n, i, j;

    scanf("%d %d", &m, &n);
    for (i = 0; i < m; i++)
        for (j = 0; j < n; j++)
            scanf("%d", &map[i][j]);     // m×n 크기의 지도를 입력받음
    printf("%lld\n", num_path(m - 1, n - 1));
    return 0;
}
```

Q. 큰 지도에서 실행하기

지루해 씨나 궁금해 씨가 사는 동네는 작았다. 5×5 크기였으니까 말이다. 하지만 큰 도시를 가로질러 출근하는 사람도 이 프로그램을 유용하게 쓸 수 있어야 한다. 30×30 크기의 지도를 입력해서 실행해보자.

A. 결과를 얻을 때까지 기다리지 못했을 것이다. 바로 재귀 호출에서 발생하는 중복 계산 때문이다.

> **생각해보기** 30×30 지도를 입력했을 때, 코드 2-1로 출근길의 수를 구하기 위해서는 얼마나 걸릴까? 적절한 가정을 바탕으로 추정하라.

Q. 빠르게 계산하기

100×100 도시에서 출퇴근하는 사람에게는 은퇴할 때까지도 계산을 끝내지 못하는 이 프로그램이 쓸모 없다. 큰 도시 입력에서 출근길의 수를 빠르게 구하려면 어떻게 해야 할까?

A. 1장에서 계속 다루었던 메모이제이션을 적용하는 방법이 먼저 떠오를 것이다.

메모이제이션으로 수정하는 것은 각자 해보기로 하고, 여기서는 다른 방법을 써 보자. '2.1 출근길'에서처럼 지도를 그려놓고 각 점마다 숫자를 하나씩 써 나가는 과정을 프로그램에 적용해 보자. 이것이 바로 아래에서 위로 거슬러 오르며 부분문제(subproblem)를 풀어나가는 동적 프로그래밍(dynamic programming)으로, 중복 계산을 없애는 또다른 방법이다. 앞의 점화식에 따라 $path_{i,j}$ 값을 코드 2-2와 배열에 기록하면서 계산할 수 있다. '2.1 출근길'에서 각 지점에 그 지점까지의 출근길 수를 적어나갔던 것과 동일한 과정이다.

```
[코드 2-2]
long long path[M][N];

void calculate_path(int m, int n)
{
    int i, j;

    path[0][0] = map[0][0];
    for (i = 1; i < m; i++) {
        if (map[i][0] == 0)
            path[i][0] = 0;
        else
            path[i][0] = path[i - 1][0];
    }
    for (j = 1; j < n; j++) {
        if (map[0][j] == 0)
            path[0][j] = 0;
        else
            path[0][j] = path[0][j - 1];
    }
    for (i = 1; i < m; i++) {
        for (j = 1; j < n; j++) {
            if (map[i][j] == 0)
                path[i][j] = 0;
            else
                path[i][j] = path[i - 1][j] + path[i][j - 1];
        }
    }
}
```

코드 2-2의 calculate_path()는 이차원 배열 path[][]에 각 지점까지의 출근길의 수를 채워나가는 함수다. path[i][j]에는 위치 (0, 0)에서 위치 (i, j)까지 가는 가능한 출근길의 수가 저장된다. main()에서 calculate_path()를 호출하여 계산된 path 배열을 얻고 path[m-1][n-1]을 출력한다. mn에 비례하는 시간을 사용하여 100×100 크기의 지도 입력에서도 순식간에 결과를 보여준다. 단순한 재귀 호출로 중복이 생긴다면, 이와 같은 동적 프로그래밍을 적용할 수 있다.

사실 이 프로그램에는 심각한 문제가 하나 있는데, 가능한 경로의 수가 매우 빠르게 증가한다는 것이다. 지도가 더 커지면 long long 변수의 범위도 쉽게 넘어선다. C 언어 자체에서 지원하는 변수형으로는 이를 해결하기가 힘들다. 매우 큰 수를 다루는 방법은 7장에서 다룰 것이다.

> **Note**
>
> '동적 프로그래밍'에서 '프로그래밍'이란 컴퓨터 프로그래밍을 뜻하는 말이 아니라 테이블을 채워나가면서 값을 구하는 방법을 일컫는다. 'dynamic programming'을 동적 계획법으로 번역하기도 한다.
>
> 메모이제이션은 위에서 아래로(top-down) 문제를 풀고, 동적 프로그래밍은 아래에서 위로(bottom-up) 풀어 간다는 점, 메모이제이션에서는 함수를 호출하는 비용이 드는 반면 동적 프로그래밍은 함수 호출이 없다는 점에서 두 가지 방법은 약간의 차이가 있다. 하지만 부분문제들의 해를 배열에 저장하는 아이디어는 본질적으로 같다.
>
> 필자는 알고리즘을 간결하게 표현할 수 있는 메모이제이션을 선호하지만 대부분의 프로그래밍 책에서 메모이제이션보다는 동적 프로그래밍을 사용하여 알고리즘을 서술하고 있고, 메모이제이션은 1장에서 어느 정도 다루었으므로, 2장에서는 동적 프로그래밍을 이용해서 알고리즘을 써나갈 것이다.

2.3 출근길은 즐거워

이번에는 출근길에 주위 경치의 아름다움을 느낄 줄 아는 즐거워 씨의 이야기다. 즐거워 씨는 동네의 각 위치마다 아름다운 정도를 나타내는 자연수 값을 적어두고 있다. 아름다운 정도를 나타내는 즐거워 씨의 동네 지도는 다음의 2차원 배열로 나타낼 수 있다. 즐거워 씨의 동네에는 공사 중인 곳이 없다.

```
1 1 2 1 5
1 4 4 3 1
2 1 1 1 2
1 3 5 1 1
1 5 1 2 2
```

즐거워 씨도 매일 아침 위치 (0, 0)에서 위치 (4, 4)로 출근한다. 즐거워 씨가 출근길에 느끼는 즐거움은 지나가면서 만나는 경치의 아름다움의 합이 된다. 예를 들어, 다음과 같이 출근하면 1+1+2+1+3+1+2+1+2=14만큼의 즐거움을 느끼며 출근하게 된다.

```
1 1 2 1 5
1 4 4 3 1
2 1 1 1 2
1 3 5 1 1
1 5 1 2 2
```

즐거워 씨도 항상 최단 거리로 출근한다. 예를 들어 다음과 같은 경로는 매우 즐겁긴 하겠지만, 지각할 수 있으므로 출근길이 될 수 없다.

```
1 1 2 1 5
1 4 4 3 1
2 1 1 1 2
1 3 5 1 1
1 5 1 2 2
```

Q. ▤ 프로그램 작성하기
즐거워 씨가 출근길에 즐기는 경치의 아름다움의 총합은 최대 얼마까지 가능한지 알려주는 프로그램을 작성하라.

[실행 예]
```
5 5
1 2 2 1 5
1 4 4 3 1
2 1 1 1 2
1 3 5 1 1
1 5 1 2 2

22
```

A. 문제의 재귀적 관계를 파악해보자. 위치 (0, 0)에서 위치 (i, j)까지 최단 경로로 가면서 누릴 수 있는 최대의 즐거움을 $joy_{i,j}$라고 하자. 그러면 식 2-2가 성립한다. 식 2-1과 비교해보자.

[식 2-2]

i=0, j=0이면, $joy_{i,j}$=map[0][0]
i>0, j=0이면, $joy_{i,j}$=$joy_{i-1,j}$+map[i][j]
i=0, j>0이면, $joy_{i,j}$=$joy_{i,j-1}$+map[i][j]
i>0, j>0이면, $joy_{i,j}$=max($joy_{i-1,j}$, $joy_{i,j-1}$)+map[i][j]

이 점화식을 이용하여 코드 2-3과 같이 재귀적으로 프로그램을 작성할 수 있다.

[코드 2-3]
```c
#define M 100
#define N 100

int map[M][N];

int max_joy(int m, int n)
{
    if (m == 0 && n == 0)
        return map[0][0];
    if (m == 0)
        return max_joy(m, n - 1) + map[m][n];
    if (n == 0)
        return max_joy(m - 1, n) + map[m][n];
    // max()는 코드 0-1 참고
    return max(max_joy(m - 1, n), max_joy(m, n - 1)) + map[m][n];
}
```

```
int main()
{
    int m, n, i, j;

    scanf("%d %d", &m, &n);
    for (i = 0; i < m; i++)
        for (j = 0; j < n; j++)
            scanf("%d", &map[i][j]);
    printf("%d\n", max_joy(m - 1, n - 1));
    return 0;
}
```

Q. 동적 프로그래밍 적용

코드 2-3을 동적 프로그래밍을 적용하여 재작성하라.

A. 배열 joy에 값을 차례로 계산하여 저장하는 calculate_joy()를 작성한다. main() 함수에서는 calculate_joy()가 끝나면 joy[m-1][n-1]을 출력한다. 앞의 재귀 호출 버전보다 훨씬 빠르다. 큰 입력에 대해 두 프로그램의 성능을 비교해보라.

[코드 2-4]
```
int joy[M][N];

void calculate_joy(int m, int n)
{
    int i, j;

    joy[0][0] = map[0][0];
    for (i = 1; i < m; i++)
        joy[i][0] = joy[i - 1][0] + map[i][0];
    for (j = 1; j < n; j++)
        joy[0][j] = joy[0][j - 1] + map[0][j];
    for (i = 1; i < m; i++)
        for (j = 1; j < n; j++)
            // max()는 코드 0-1 참고
            joy[i][j] = max(joy[i - 1][j], joy[i][j - 1]) + map[i][j];
}
```

Q. 경로 출력하기

출근길에 누릴 수 있는 아름다움의 최대 값만 알려주는 프로그램은 즐거워 씨에게 쓸모가 없다. 어떤 출근길이 가장 즐거움을 주는지 알려줘야 그 길로 출근할 수 있을 것이다. 프로그램을 수정하여 즐거움이 최대가 되는 출근길의 경로를 출력하라.

A. 코드 2-5는 수정된 프로그램이다. calculate_joy() 함수를 수정하여 각 위치의 최대 값을 구할 때, 어디로부터 왔을 때가 최대인지를 배열 from[]에 기록한다. print_path() 함수는 위치 (m-1, n-1)에서 시작하여 어디로부터 최대 값이 왔는지를 거슬러 올라가면서 출력한다.

```
[코드 2-5]
#define M 100
#define N 100

int map[M][N];
int joy[M][N];

int from[M][N];
enum {LEFT, UP};

void calculate_joy2(int m, int n)
{
    int i, j;

    joy[0][0] = map[0][0];
    for (i = 1; i < m; i++) {
        joy[i][0] = joy[i - 1][0] + map[i][0];
        from[i][0] = LEFT;
    }
    for (j = 1; j < n; j++) {
        joy[0][j] = joy[0][j - 1] + map[0][j];
        from[0][j] = UP;
    }
    for (i = 1; i < m; i++)
        for (j = 1; j < n; j++) {
            if (joy[i - 1][j] > joy[i][j - 1])
                from[i][j] = LEFT;
            else
                from[i][j] = UP;
            // max() 는 코드 0-1 참고
            joy[i][j] = max(joy[i - 1][j], joy[i][j - 1]) + map[i][j];
        }
}

void print_path(int m, int n)
{
    if (m == 0 && n == 0)
        return;
```

```
        printf("(%d %d)", m, n);
        if (from[m][n] == LEFT)
            print_path(m - 1, n);
        else
            print_path(m, n - 1);
}

int main()
{
    int m, n, i, j;

    scanf("%d %d", &m, &n);
    for (i = 0; i < m; i++)
        for (j = 0; j < n; j++)
            scanf("%d", &map[i][j]);
    calculate_joy2(m, n);
    printf("%d\n", joy[m - 1][n - 1]);
    print_path(m - 1, n - 1);
    return 0;
}
```

```
[실행 예]
5 5
1 2 2 1 5
1 4 4 3 1
2 1 1 1 2
1 3 5 1 1
1 5 1 2 2

22
(4 4) (4 3) (4 2) (3 2) (2 2) (1 2) (1 1) (0 1)
```

실행 결과는 다음과 같은 경로를 나타낸다.

```
1 2 2 1 5
1 4 4 3 1
2 1 1 1 2
1 3 5 1 1
1 5 1 2 2
```

❓ **풀이가 있는 생각해보기** ≣ 출발 지점부터 도착 지점까지의 경로를 순서대로 출력하도록 print_path() 함수를 수정하라. '1.2 연결리스트 출력하기'를 참고하라.

❓ **생각해보기** ≣ 지도에서 각 지점의 아름다움을 나타내는 값이 0이 될 수도 있다고 하자. 아름다움

값이 0인 경우는 공사 중인 곳으로 그 지점을 통과할 수 없다. 이때, 출근길에 누릴 수 있는 최대 즐거움과 그 경로를 출력하도록 프로그램을 수정해보자.

2.4 부분집합의 합

자연수의 집합에서, 부분집합을 택해 원하는 합을 만드는 방법을 생각해보자. 열 개의 자연수로 이루어진 집합 {6, 9, 13, 14, 20, 21, 22, 30, 49, 55}이 있다. {6, 14, 21, 49}처럼 네 개의 숫자를 고르면 합이 90이다. {9, 20, 22, 49}를 고르면 합이 100이다. 합이 110이 되게 하는 부분집합이 있을까? {6, 14, 20, 21, 49}의 합이 110이다.

Q. 프로그램 작성하기
원하는 합과 집합이 주어졌을 때 부분집합을 고르는 것이 가능한지 출력하는 프로그램을 작성하라.

```
[실행 예]
input m, n: 110 10            원하는 합은 110, 집합 크기는 10
6 9 13 14 20 21 22 30 49 55   10개의 수를 입력 받음
possible                      110을 만드는 것이 가능

input m, n: 101 10            원하는 합은 101, 집합 크기는 10
10 20 30 40 50 60 70 80 90 100 10개의 수를 입력 받음
impossible                    101을 만드는 것은 불가능
```

A. 먼저 떠오르는 방법은 모든 부분집합을 차례로 구해서 합을 확인하는 것이다 ('3.3 도둑의 고민'에서 이와 같이 풀어볼 것이다). 좋은 방법은 아니다. n이 조금만 커져도 문제가 풀리지 않는다.

{2, 4, 6, 9, 12, 14, 15}의 부분집합 중 합이 32인 것이 있는지 찾는 방법을 재귀적으로 생각해보자. {2, 4, 6, 9, 12, 14, 15}의 부분집합은 두 가지로 나눌 수 있다. 마지막 원소 15를 포함하는 부분집합과, 포함하지 않는 부분집합이다. 15를 포함하고 있는 부분집합 중 합이 32인 것이 있으려면 {2, 4, 6, 9, 12, 14}의 부분집합 중 합이 17인 것이 있어야 한다. 만약 15를 포함하지 않은 부분집합 중 합이 32인 것이 있으려면 {2, 4, 6, 9, 12, 14}의 부분집합 중 합이 32인 것이 있어야 한다.

따라서 다음 결론을 얻을 수 있다.

> {2, 4, 6, 9, 12, 14, 15}의 부분집합 중 합이 32인 것이 있으려면 {2, 4, 6, 9, 12, 14}의 부분집합 중 합이 17인 것이 있거나 합이 32인 것이 있어야 한다.

원래 집합의 문제를 크기가 하나 작은 집합의 문제로 바꾸었다. 이 아이디어를 일반적으로 나타내보자. 입력을 길이 n인 배열 s라고 하고, 원하는 합을 m이라고 하자. possible(s, n, m)을 다음과 같이 정의할 수 있다.

> possible(s, n, m): {s[0], s[1], ... , s[n-1]}의 부분집합 중 합이 m인 것이 있으면 1, 아니면 0

그러면 식 2-3이 성립한다. 식 2-3에서 max() 함수는 둘 중 하나라도 1이면 1, 둘 다 0이면 0의 의미로 사용되었다.

[식 2-3]
n=0, m=0이면, possible(s, n, m)=1
n=0, m≠0이면, possible(s, n, m)=0
n>0이면, possible(s, n, m)=max(possible(s, n-1, m-s[n-1]), possible(s, n-1, m))

식 2-3을 코드 2-6과 같이 간단한 코드로 바꿀 수 있다.

```
[코드 2-6]
int subset_sum(int s[], int n, int m)
{
    if (n == 0) {
        if (m == 0)
            return 1;
        else
            return 0;
    }

    // max()는 코드 0-1 참고
    return max(subset_sum(s, n-1, m - s[n-1]), subset_sum(s, n-1, m));
}
```

코드 2-6의 subset_sum() 함수는 사실 모든 집합을 다 만들어보는 방법이므로 중복 계산이 있다. 중복 계산을 하지 않으려면, 메모이제이션을 적용하거나, n×m 배열에 possible() 값을 계산하여 채워나가면 된다. 코드 2-7의 calculate_subset_sum() 함수는 배열 c에 possible() 값을 채우는 함수로, 동적 프로그래밍 방식이기 때문에 n×

m에 비례하는 시간을 사용한다. 이 함수로 배열을 채운 후, c[n][m]의 값이 0인지 1인지 확인하면 된다.

[코드 2-7]
```
void calculate_subset_sum(int s[], int n, int m)
{
    int i, j;

    for (i = 0; i <= n; i++)
        c[i][0] = 1;

    for (i = 1; i <= m; i++)
        c[0][i] = 0;

    for (i = 1; i <= n; i++) {
        for (j = 1; j <= m; j++) {
            c[i][j] = 0;

            if (j >= s[i - 1]) {
                if (c[i - 1][j - s[i - 1]] == 1)
                    c[i][j] = 1;
            }

            if (c[i - 1][j] == 1)
                c[i][j] = 1;
        }
    }
}
```

? 생각해보기 합이 m이 되는 부분집합을 출력하도록 프로그램을 수정하라.

[실행 예]
```
input m, n: 110 10           110을 만들고자 함. 10개의 수가 주어짐
6 9 13 14 20 21 22 30 49 55  10개의 수를 입력 받음
possible: 6 49 55            부분집합 {6, 49, 55}의 합이 110
```

Note

이 알고리즘은 nm에 비례하는 시간을 사용하므로 다항식 알고리즘이라고 생각하기 쉽지만, m이 상수가 아니라면 앞의 nm 알고리즘을 다항식 알고리즘이라고 얘기하지는 않는다. 대신 유사다항식 시간(pseudo-polynomial time) 알고리즘이라고 부른다.

보통 입력의 비트 수를 문제의 크기로 보는데, 앞의 nm 알고리즘은 입력으로 들어오는 m의 비트 수가 커지면 사용하는 시간이 지수적으로 증가한다.

마찬가지로 자연수 n이 소수인지 알아보기 위해 2부터 n-1까지의 수로 나누어 보면서 약수가 있는지 확인하는 방법('추가 문제 7.a' 참고)도 '어떤 수가 소수인지 판별하는 다항식 알고리즘'이 아니다. '1.4 피보나치 수열'로 돌아가서 피보나치 수열을 구하는 여러 알고리즘이 '입력의 크기'에 대해서 어떤 복잡도를 갖는지 생각해보자.

부분집합의 합(subset sum) 문제는 NP-완비(NP-complete)이며, m이 커져도 빠르게 계산하는 방법은 현재까지 알려져 있지 않다. NP-완비에 대한 설명은 『Computers and Intractability. A Guide to the Theory of NP-Completeness』, 『Introduction to Algorithms』, 『쉽게 배우는 알고리즘』 등을 참고하라.

2.5 최대 이익 투자

여러 기업에 투자하는 묻지마 씨는 정해진 돈으로 최대의 이익을 얻고자 한다. 투자는 만 원 단위로 할 수 있으며 각 기업은 묻지마 씨가 많은 금액을 투자할수록 많은 이익을 돌려준다. 투자하지 않을 경우에는 이익도 없다. 묻지마 씨는 놀랍게도 어느 기업에 얼마를 투자하면 일 년 뒤에 얼마의 수익을 얻을 수 있는지 정확하게 알고 있다.

표 2-1은 세 기업에 투자했을 때 각각 얻을 수 있는 이익의 예다. 이때, 묻지마 씨에게 4만 원의 투자금이 있다면 어떻게 투자를 해야 할까? 기업 0에 1만 원, 기업 1에 1만 원, 기업 2에 2만 원 투자하면 2+3+3=8만 원의 이익을 얻을 것이다. 기업 1에 1만 원, 기업 2에 3만 원을 투자하면 3+7=10만 원의 이익을 얻을 수 있다. 이것저것 다른 투자 방법을 떠올려봐도 10만 원보다 많은 이익을 얻을 수는 없는 것 같다.

[표 2-1]

투자액	기업 0	기업 1	기업 2
1	2	3	1
2	4	5	3
3	6	6	7
4	9	8	9

Q. 프로그램으로 풀기

이 경우는 기업의 수가 적어 몇 가지 경우만 생각해보면 최적의 투자 방법을 금방 찾을 수 있지만, 기업의 수가 많으면 생각할 경우의 수도 늘어나 최대의 이익을 얻는 투자방법을 찾기가 매우 어려워진다. 묻지마 씨를 위해, 투자액과 기업의 개수와 각 기업이 돌려주는 이익이 주어질 때, 투자로 얻을 수 있는 최대 이익을 구하는 프로그램을 작성하자.

먼저 기업과 투자 이익 정보를 입력받는다. 첫 줄은 투자 금액과 투자 가능한 기업들의 수이고, 둘째 줄부터 각 줄은 투자 액수 및 각 기업이 투자가에게 주는 이익이다. 출력은 얻을 수 있는 최대 이익이다.

```
[실행 예]
4 3         투자금액, 투자 가능 기업의 수
2 3 1       기업별 1만 원 투자시 이익
```

```
4 5 3        기업별 2만 원 투자시 이익
6 6 7        기업별 3만 원 투자시 이익
9 8 9        기업별 4만 원 투자시 이익

Max return: 10   출력: 4만 원으로 얻을 수 있는 최대의 이익
```

A. r[i][k]를 기업 i에 k만 원을 투자했을 때의 이익(입력으로 주어진다), $\text{max\_return}_{n, m}$을 기업 0, 1, ..., n을 투자 대상으로 m만 원을 투자할 때 얻을 수 있는 최대 이익이라고 하자(r[i][0]=0이라 가정한다). 이 최대 이익은 다음 m+1가지 경우 중 하나다.

기업 n에 투자하지 않고, m만 원을 기업 0, 1, ..., n-1를 대상으로 투자.
기업 n에 1만 원을 투자하고, 나머지 m-1만 원을 기업 0, 1, ..., n-1를 대상으로 투자.
기업 n에 2만 원을 투자하고, 나머지 m-2만 원을 기업 0, 1, ..., n-1를 대상으로 투자.
....
기업 n에 m-1만 원을 투자하고, 나머지 1만 원을 기업 0, 1, ..., n-1를 대상으로 투자.
기업 n에 m만 원을 모두 투자.

이를 $\text{max\_return}_{n, m}$에 대한 식으로 나타낸 것이 식 2-4이다.

[식 2-4]
n = 0이면, $\text{max\_return}_{n, m} = r[0][m]$
n > 0이면, $\text{max\_return}_{n, m} = \max_{k=0, 1, ..., m}(\text{max\_return}_{n-1, k} + r[n][m-k])$

식 2-4를 이용하여 코드 2-8과 같이 동적 프로그래밍으로 작성할 수 있다.

이 문제는 'Resource allocation problem'으로 알려져 있으며 14회 한국정보올림피아드 중등부 문제로도 출제되었다. 『The Art and Theory of Dynamic Programming』를 참고하라.

[코드 2-8]
```
#define MAXM 100
#define MAXN 100

int r[MAXN][MAXM];
int max_return[MAXN][MAXM];
```

```
void calculate_return(int n, int m)
{
    int i, j, k, max, t;

    for (i = 0; i <= m; i++)
        max_return[0][i] = r[0][i];
    for (i = 1; i <= n; i++)
        for (j = 1; j <= m; j++) {
            max = -1;
            for (k = 0; k <= j; k++) {
                t = max_return[i - 1][k] + r[i][j - k];
                if (t > max)
                    max = t;
            }
            max_return[i][j] = max;
        }
}

int main()
{
    int m, n, i, j;

    scanf("%d %d", &m, &n);
    for (i = 0; i < n; i++)
        r[i][0] = 0;
    for (i = 1; i <= m; i++)
        for (j = 0; j < n; j++)
            scanf("%d", &r[j][i]);
    calculate_return(n-1, m);
    printf("Max return: %d\n", max_return[n-1][m]);
    return 0;
}
```

❓ **생각해보기** 실제 투자하는 방법을 출력하도록 프로그램을 수정하라.

❓ **생각해보기** n개의 회사에 m만 원을 투자하는 모든 방법과 그 때의 이익금을 나열하는 프로그램을 작성하라. '추가 문제 1.c'를 참고하라.

❓ **풀이가 있는 생각해보기** 표 2-2는 어떤 회사의 투자액에 따른 수익이다. 새로운 1만 원에 의해 얻을 수 있는 이익(한계이익)은 10, 7, 6, 5, 3으로 계속 줄어든다. 모든 회사에서 이처럼 한계이익이 줄어드는 현상이 나타난다고 하자('한계수익이 체감한다'고 말한다).

[표 2-2]

투자액	수익
0	0
1	10
2	17
3	23
4	28
5	31

↳ 10
↳ 7
↳ 6
↳ 5
↳ 3

이때, 최대 이익을 계산하는 쉬운 방법이 있을까? 표 2-3은 한계이익이 줄어든다는 가정에 부합하는 입력이다(투자액이 0일때는 수익도 0이다). 5만 원을 투자할 때 최대이익을 얻는 투자 방법을 찾아보자.

[표 2-3]

투자액	기업 0	기업 1	기업 2	기업 3	기업 4
1	20	22	25	18	28
2	38	40	48	35	48
3	53	56	69	51	62
4	63	71	79	66	72
5	71	85	84	80	80

2.6 최대 연속부분수열의 합

어떤 수열의 연속부분수열이란 그 수열의 원소를 하나 이상 연속하여 선택한 부분수열을 말한다. 예를 들어서 다음과 같은 수열(배열)이 있다고 하자.

| 33 | 36 | -73 | 15 | 43 | -17 | 36 | -28 | -1 | 21 |

다음은 이 수열의 연속부분수열들이다.

| 33 | 36 | **-73** | **15** | **43** | **-17** | 36 | -28 | -1 | 21 |

| 33 | 36 | -73 | 15 | 43 | -17 | 36 | -28 | **-1** | **21** |

| **33** | **36** | **-73** | **15** | **43** | **-17** | 36 | -28 | -1 | 21 |

| 33 | 36 | -73 | 15 | 43 | -17 | **36** | -28 | -1 | 21 |

첫 번째 연속부분수열의 합은 -73+15+43-17=-32이고, 두 번째는 -1+21=20, 세 번째는 33+36-73+15+43-17=37, 네 번째는 36이다. 연속부분수열의 합 중 가장 큰 것은 다음처럼 고른 경우다. 이때 합은 15+43-17+36=77이 된다.

| 33 | 36 | -73 | **15** | **43** | **-17** | **36** | -28 | -1 | 21 |

다음과 같이 고른 것은 연속부분수열이 아니다.

| **33** | **36** | -73 | 15 | 43 | -17 | 36 | -28 | **-1** | **21** |

Q. ≡ 프로그램 작성하기

정수들의 배열이 주어지면 최대 연속부분수열의 합을 찾는 프로그램을 작성하라. 프로그램은 100만 개의 정수 수열에서 최대 값을 1초 내에 찾을 수 있어야 한다.

A. 가장 먼저 떠올릴 수 있는 방법은 코드 2-9와 같을 것이다.

```
[코드 2-9]
int max_consecutive_sum(int s[], int n)
{
    int i, j, k, sum, max_sum = s[0];

    for (i = 0; i < n; i++) {
        for (j = i; j < n; j++) {
            sum = 0;
            for (k = i; k <= j; k++)
                sum += s[k];
            if (sum > max_sum)
                max_sum = sum;
        }
    }
    return max_sum;
}
```

루프 변수 i와 j는 각각 연속부분수열의 시작과 끝을 나타낸다. max_consecutive_sum()은 가능한 시작과 끝 위치 모두에 대해 합을 구해본다. 삼중 루프를 사용하여 n^3의 시간 복잡도를 갖는 느린 프로그램이다('추가 문제 0.f' 참고). 필자의 컴퓨터에서 랜덤하게 생성한 1만 개의 -100 이상 100 이하 정수 배열 입력에 대해서는 11분 10초가 걸렸다. 너무 느리다. 개선할 수 있을까? 가능하다.

```
[코드 2-10]
int max_consecutive_sum2(int s[], int n)
{
    int i, j, sum, max_sum = s[0];

    for (i = 0; i < n; i++) {
        sum = 0;
        for (j = i; j < n; j++) {
            sum += s[j];
            if (sum > max_sum)
                max_sum = sum;
        }
    }
    return max_sum;
}
```

코드 2-10의 max_consecutive_sum2()는 이중 루프에서 n^2에 비례하는 시간을 사용한다. 가능한 모든 i와 j쌍에 대해 부분수열의 합을 구하지만, 앞에서 구한 합을 이용하기 때문에 코드 2-9보다 훨씬 빠르다. 이 프로그램은 1만 개 정수 배열에서 약 0.2초 만에 최대 연속부분수열의 합을 찾았다. 그럭저럭 괜찮아 보이지만 10만 개 정수 배열에서는 24초가 걸렸고, 100만 개 정수 배열에서는 40분 23초가 걸렸다. 입력이 커지면 성능이 급격히 나빠진다. n^2 시간이 걸리는 알고리즘도 원하는 성능을 얻을 수 없었다.

더 빠른 알고리즘은 없을까? 문제를 처음부터 다시 생각해보자.

> **생각해보기** 두 함수의 첫 줄에서 max_sum에 s[0]을 대입하는 이유는 무엇일까? max_sum에 0을 대입하는 것은 어떨까?

> **생각해보기** 100만 개의 정수 배열에서 1초 내에 결과를 얻는다는 문제의 조건을 만족시키려면, 복잡도가 어느 정도가 되어야 할까? '추가 문제 3.h'를 참고하라.

Q. 다잘해 씨의 의견

최대 연속부분수열의 합에 재귀적인 성질이 있는지 생각해보자. 배열 s가 주어질 때, 최대 연속부분수열의 합 M_n을 다음과 같이 정의하자.

M_n: 수열 s[0], s[1], ..., s[n-1]의 연속부분수열의 합 중 최대

이 문제에 대해 잘 알고 있는 다잘해 씨는 M_n에 대해 식 2-5와 같은 점화식이 성립한다고 주장했다. 다잘해 씨의 주장은 올바른가?

[식 2-5]
$M_1 = s[0]$
n>1이면, $M_n = \max(M_{n-1} + s[n-1], M_{n-1})$

A. 다잘해 씨의 주장은 틀렸다. 배열 s가 다음과 같다고 하자. M_2=30+40=70이므로 M_3=max(70-60, 70)=70이다. 여기까지는 맞다. 하지만 M_4=max(70+50, 70)=120인데, 배열 전체의 최대 연속부분수열의 합, 즉 M_4는 앞의 숫자 두 개를 택한 30+40=70이

며, 합이 120이 되도록 연속부분수열을 고르는 방법은 없다.

30	40	-60	50

Q. M_n을 재귀적으로 나타기란 쉽지 않다. M'_n을 다음과 같이 정의하자.

> M'_n: 수열 s[0], s[1], ..., s[n-1]이 있을 때, s[n-1]을 포함하는, 연속부분수열의 합 중에서 최대

예를 들어서 다음과 같은 배열 s가 있다고 하자.

20	30	-70	15	40

마지막 원소 s[4]를 포함하는 연속부분수열은 다음과 같이 다섯 가지다.

20	30	-70	15	**40**

20	30	-70	**15**	**40**

20	30	**-70**	**15**	**40**

20	**30**	**-70**	**15**	**40**

20	**30**	**-70**	**15**	**40**

M'_5는 이 중에서 합이 최대인 15+40=55이다. M'_n에는 재귀적인 성질이 있는가?

A. s[n-1]을 포함하는 연속부분수열은 둘 중 하나이다. 길이가 1인 것과 길이가 2 이상인 것이 있다. 길이가 1인 것은 s[n-1]만 포함한다.

길이가 2 이상인 것은 s[n-2], s[n-1]을 모두 포함한다. 그런데 s[n-2], s[n-1]을 포

함하는 연속부분 수열 중 합이 최대인 것은 M'_{n-1}과 s[n-1]의 합과 같다. 그림 2-3이 이를 나타내고 있다. 이 성질이 문제를 푸는 중요한 열쇠가 된다. M'_n에 대해 식 2-6이 성립한다.

[그림 2-3]

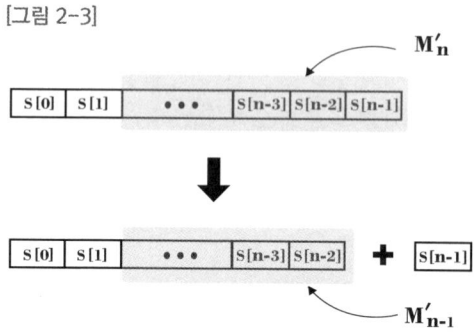

[식 2-6]
$M'_1 = s[0]$
n>1이면, $M'_n = \max(M'_{n-1}+s[n-1], s[n-1])$

Q. ≡ M_n 나타내기
M_n을 M_n과 M'_n을 이용해서 재귀적으로 나타내라.

A. 수열 s[0], s[1], ...s[n-1]의 연속부분수열은 s[n-1]을 포함한 것과 포함하지 않은 것으로 나뉜다. s[n-1]을 포함한 연속부분수열의 합 중 최대는 M'_n이고 s[n-1]을 포함하지 않는 연속부분수열의 합 중 최대는 M_{n-1}이다. 식 2-7과 같이 나타낼 수 있다. 이렇게 원래의 문제를 좀더 작은 문제로 바꾸어 풀 수 있다.

[식 2-7]
$M_1 = s[0]$
n>1이면, $M_n = \max(M'_n, M_{n-1})$

Q. 재귀 함수 작성

앞의 점화식을 이용해서 최대 연속부분수열의 합을 구하는 재귀 함수를 작성하라.

A. 다음과 같이 작성할 수 있다. max_sum1()은 M_n을 계산하는 함수이고, max_sum2()는 M'_n을 계산하는 함수다.

```
[코드 2-11]
int max_sum2(int s[], int n)
{
    if (n == 1)
        return s[0];
    // max()는 코드 0-1 참고
    return max(max_sum2(s, n - 1) + s[n - 1], s[n - 1]);
}
int max_sum1(int s[], int n)
{
    if (n == 1)
        return s[0];
    return max(max_sum2(s, n), max_sum1(s, n - 1));
}
```

max_sum1()은 랜덤하게 생성한 1만 개 정수 입력에서 최대 부분수열의 합을 찾는 데 1초, 10만 개 정수 입력에서 1분 48초가 걸렸다. max_consecutive_sum2()보다도 느리다. 이것은 중복 계산 때문이다. M_n을 계산할 때의 호출 트리는 그림 2-4와 같다. M'_n이 중복해서 계산되고 있다.

[그림 2-4]

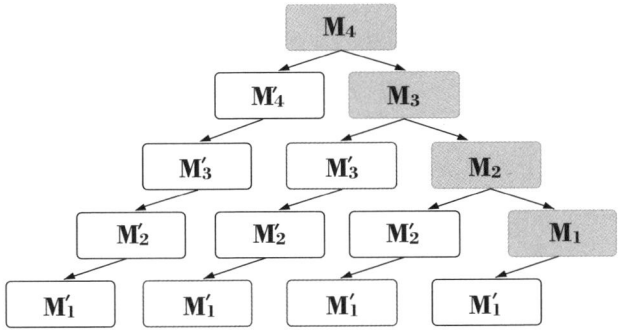

? 풀이가 있는 생각해보기 ≡ M_n을 계산할 때, 함수 max_sum2()는 몇 번이나 호출되는가? n에 대한 식으로 호출 횟수를 나타내라.

Q. ≡ 동적 프로그래밍 적용
동적 프로그래밍을 적용해서 프로그램을 수정하라.

A. 함수 calculate_max_consecutive_sum()은 $M'_1, M'_2, \ldots, M'_n$을 동적 프로그래밍으로 계산하여 배열 c에 저장한다. n에 비례하는 시간에 계산할 수 있다. 그리고 함수 find_max_consecutive_sum()은 M_n을 계산한다. 역시 n에 비례하는 시간에 계산할 수 있다. 따라서 이 프로그램은 길이 n인 수열의 최대 연속부분수열의 합을 n에 비례하는 시간에 구한다. 다음은 동적 프로그래밍을 사용하여 최대 연속부분수열의 합을 구하는 함수다.

```
[코드 2-12]
int c[N];

void calculate_max_consecutive_sum(int s[], int n)
{
    int i;

    c[0] = s[0];
    for (i = 1; i < n; i++)
        c[i] = max(s[i], s[i] + c[i - 1]);    // max()는 코드 0-1 참고
}
int find_max_consecutive_sum(int s[], int n)
{
    if (n == 1)
        return s[0];
    return max(c[n - 1], find_max_consecutive_sum(s, n - 1));
}
```

동적 프로그래밍을 이용한 find_max_consecutive_sum()은 10만 개 정수 배열에서 0.011초만에 최대 연속부분수열의 합을 구했다. 엄청나게 빨라졌음을 알 수 있다. 그런데 좀더 큰 입력에서는 새로운 문제가 나타난다. 100만 개 정수 배열 입력에서는 스택 오버플로가 발생하면서 프로그램이 죽었다. 왜 그럴까? 이는 find_max_consecutive_sum()의 재귀 호출 때문이다.

> **Note**
>
> 컴파일러와 운영체제에 따라서 스택 오버플로가 발생하는 상황은 다르다. 필자의 경우, 수열의 길이가 약 50만을 넘어서면서 스택 오버플로가 발생하기 시작했다.

Q. 재귀 호출 없애기

큰 입력에서도 오류가 발생하지 않도록 함수를 수정하라.

A. 식 2-7은 식 2-8과 같이 풀어 쓸 수 있다. 결국 find_max_consecutive_sum()은 M'_1, M'_2, ..., M'_n 중에서 최대 값을 찾는 일을 한다. 이는 굳이 재귀 호출로 작성할 필요가 없다. 그래서 코드 2-13의 find_max_consecutive_sum2()와 같이 수정하였다. 이 함수는 100만 개 정수 배열에서 0.5초 정도에 최대 연속부분수열의 합을 구한다.

[식 2-8]

$$M_n = \max(M'_n, M_{n-1})$$
$$= \max(M'_n, \max(M'_{n-1}, M_{n-2})) = \max(M'_n, M'_{n-1}, M_{n-2})$$
$$\ldots$$
$$= \max(M'_n, M'_{n-1}, \ldots, M'_1)$$

[코드 2-13]

```c
int find_max_consecutive_sum2(int s[], int n)
{
    int max_sum, i;

    max_sum = 0;
    for (i = 0; i < n; i++)
        if (c[i] > max_sum)
            max_sum = c[i];
    return max_sum;
}
```

동적 프로그래밍을 사용한 프로그램은 엄청나게 빠르다. 복잡도가 낮은 좋은 알고리즘을 찾는 것이 프로그램의 성능에 얼마나 영향을 많이 미치는지 보여준다. 문제를 재귀적으로 표현한 후, 중복 계산이 있다면 동적 프로그래밍(혹은 메모이제이션)을 적용하는 식의 접근으로 매우 효율적인 알고리즘을 만들어낼 수 있다.

『생각하는 프로그래밍』 컬럼 8에서 이 문제에 대한 여러 알고리즘과 실행 결과를 다루고 있다. 어떤 식으로 알고리즘을 디자인해야 하는지에 대한 좋은 글이므로 읽어 보자.

> **생각해보기** 최대 연속부분수열의 합의 위치를 출력하도록 프로그램을 수정하라.

> **생각해보기** 위에서 작성한 함수 calculate_max_consecutive_sum(), find_max_consecutive_sum()은 입력의 크기에 비례하는 배열 c[]를 필요로 한다. 최대 연속부분수열의 합을 구할 때, 입력의 크기에 비례하는 메모리를 사용하지 않도록 수정하라.

> **생각해보기** 입력이 모두 음수일 때, 최대 연속부분수열의 합은 얼마가 되는 것이 맞을까? 앞의 코드들은 어떻게 가정하고 있을까?

2.7 추가 문제

2.a 다음과 같은 피라미드가 있다.

```
[5층 피라미드]
    A
   B C
  D E F
 G H I J
K L M N O
```

(1) 꼭대기 A 지점에서 시작해서 맨 밑의 바닥까지 내려온다고 할 때, K, L, M, N, O 중 한 점에 도착할 것이다. 각 지점에서는 왼쪽 아래나 오른쪽 아래로 내려갈 수 있다. 예를 들어, F에서는 I나 J로, H에서는 L이나 M으로 이동할 수 있다. 5층 피라미드에서 내려오는 경로는 몇 가지인가?

(2) 피라미드의 각 점에는 숫자가 붙어 있다. 꼭대기에서 바닥으로 내려오는 경로에 놓여있는 수의 합이 최소가 되게 하려고 한다. 다음은 숫자가 붙어 있는 5층 피라미드를 합이 최소가 되도록 내려오는 경로다.

```
    4
   3 8
  3 2 1
 6 4 3 2
1 3 2 6 1
```

피라미드의 높이와 각 점의 숫자를 입력 받은 후, 합이 최소가 되도록 내려오는 경로를 출력하는 프로그램을 작성하자. 수백 층인 피라미드도 빨리 내려와야 하기 때문에 가능한 빠른 방법으로 동작해야 한다.

(3) 피라미드의 어떤 지점에서 대각선 방향으로 내려가기 뿐만 아니라, 왼쪽 또는 오른쪽으로 이동할 수도 있다. 예를 들어 5층 피라미드를 다음과 같이 내려올 수도 있다.

```
    A
   B C
  D E F
 G H I J
K L M N O
```

따라서 숫자가 붙어있는 피라미드에서 다음과 같이 내려오면 합을 더 줄일 수도 있다.

```
    4
   3 8
  3 2 1
 6 4 3 2
1 3 2 6 1
```

피라미드의 높이와 각 점의 숫자를 입력받은 후, 합이 최소가 되도록 내려오는 경로를 출력하는 프로그램을 작성하자.

2.b 일차원 수직선 위에 n개의 구간이 있다. 구간들은 서로 겹칠 수도 있다. 서로 겹치지 않는 구간을 모아서 길이의 합이 최대가 되도록 만들려고 한다. 어떻게 하면 될까?

2.c 부분수열(subsequence)은 원래의 수열에서 순서대로 몇 개를 선택한 수열을 말한다. 예를 들어 길이가 20인 수열 S가 다음과 같다고 하자.

```
S: 10, 20, 1, 9, 11, 19, 2, 8, 12, 18, 5, 15, 4, 6, 14, 16, 3, 7, 13, 17
```

이때 '10, 20, 1, 9', '1, 19, 12, 15, 14', '11, 8, 12, 18, 15, 4, 6, 7, 17' 등은 수열 S의 부분수열이다. 증가부분수열(increasing subsequence)은 부분수열 중에서도 증가하는 수열을 말한다. '10, 11, 12, 15, 17'이나 '1, 2, 5, 6, 13, 17' 등이 S의 증가부분수열이다.

유한한 길이의 수열이 주어지면 그 수열의 증가부분수열 중에서 가장 긴 수열을 찾는 프로그램을 작성하라. 이 문제는 최장 증가부분수열(longest increasing subsequence)로 불린다.

2.d 다잘라 씨는 표시가 된 통나무를 받아서 잘라주는 일을 한다. 예를 들어, 2미터 지점, 4미터 지점, 7미터 지점이 표시된 10미터짜리 통나무(그림 2-5 (1a))를 보내주면 다잘라 씨는 (1b)와 같이 통나무를 잘라서 보내준다.

통나무를 자를 때 드는 비용은 통나무의 길이에 비례한다. 표시된 지점이 두 군데 이상이면 절단 순서에 따라 비용이 달라진다. 세 군데에서 잘라야 할 경우 자르는 방법을 생각해보자. 먼저 2미터 위치에서 자르고(2b), 그 다음에 4미터 위치(2c), 마지막으로 7미터 위치(2d)에서 자를 수 있다. 이렇게 하면 비용은 10+8+6=24가 된다. 첫 번째 자르는 통나무는 10미터였고 그 다음 자르는 통나무는 8미터, 마지막 통나무는 6미터였기 때문이다.

만약 그림 2-5(3)처럼 4미터 위치에서 먼저 자르고(3b), 2미터 위치에서 자르고(3c) 마지막에 7미터 위치에서 자르면(3d) 비용은 10+4+6=20로, 그림 2-5(2)보다 싸다.

잘라야 할 지점들의 수와 잘린 뒤 조각들의 길이가 주어질 때, 최소 절단 요금을 구하는 프로그램을 작성하라.[3]

[그림 2-5]

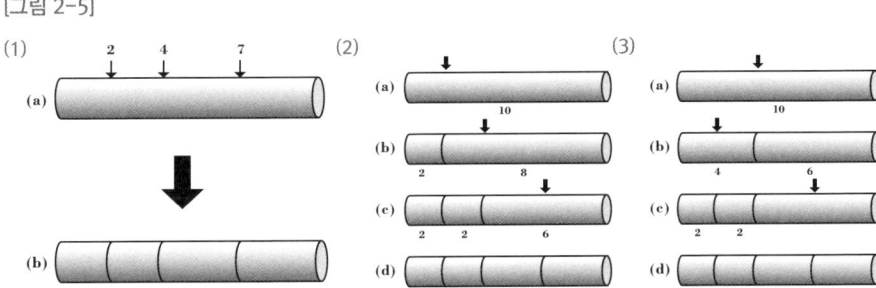

2.e '2.1 출근길', '2.3 출근길은 즐거워' 문제를 떠올려보자. m×n지도가 주어질 때 출근길은 (0, 0)에서 (m-1, n-1)까지의 최단거리였다. 반면 '산책길'은 (0, 0)에서 (m-1, n-1)까지 이전에 지났던 지점을 다시 거치지 않고 가는 경로다. 최단거리가 아니어도 된다. 예를 들어서 다음과 같은 경로들은 '출근길'은 아니지만 '산책길'은 될 수 있다.

```
1 1 2 1 5
1 4 4 3 1
2 1 1 1 2
1 3 5 1 1
1 5 1 2 2
```

---

3 이 문제는 『Programming Challenges: 알고리즘 트레이닝 북』 문제 85를 이해하기 쉽게 변형한 것이다.

```
1 1 2 1 5
1 4 4 3 1
2 1 1 1 2
1 3 5 1 1
1 5 1 2 2
```

(1) 산책하는 동안 느끼는 즐거움이 최대가 되는 산책길은?

(2) 즐거움이 최소인 산책길은 어떻게 빠르게 찾을 수 있는가?

2.f 다음과 같은 4×4 배열이 있다고 하자.

3	-3	-2	-1
2	6	-5	1
-3	-5	2	4
2	4	0	-2

다음과 같은 내부 직사각형을 선택하면 합이 2가 된다.

3	-3	-2	-1
2	6	-5	1
-3	-5	2	4
2	4	0	-2

다음과 같이 선택하면 합이 5가 된다.

3	-3	-2	-1
2	6	-5	1
-3	-5	2	4
2	4	0	-2

N×N의 2차원 정수 배열이 주어질 때, 합이 최대가 되는 내부의 직사각형을 찾는 프로그램을 작성하라. 이 문제는 '2.6 최대 연속부분수열의 합' 문제의 확장이다.

2.8 일부 풀이

Q. 2.3 생각해보기
A. 코드 2-14와 같이 출력문의 위치를 바꾼다.

```
[코드 2-14]
void print_path2(int m, int n)
{
    if (m == 0 && n == 0)
        return;
    if (from[m][n] == LEFT)
        print_path(m - 1, n);
    else
        print_path(m, n - 1);
    printf("(%d %d)", m, n);
}
```

Q. 2.5 생각해보기
A. 한계이익이 감소한다면 매우 쉽게 풀 수 있다. 매번 1만 원을 새롭게 투자할 때마다 최대의 한계이익을 얻을 수 있는 곳에 투자한다. 문제에서 주어진 경우는 한계수익이 표 2-4과 같다. 매 1만 원마다 최대 한계이익을 얻을 수 있는 투자처를 찾아보면 기업 4, 기업 2, 기업 2, 기업 1, 기업 2가 된다. 따라서 기업 1에 1만 원, 기업 2에 3만 원, 기업 4에 1만 원을 투자하는 것이 최대 이익이다. 이 방법이 왜 올바른지, 한계이익이 감소한다는 가정이 성립하지 않을 때는 이 방법을 적용하면 안 되는지 생각해보자.

[표 2-4]

투자액	기업 0	기업 1	기업 2	기업 3	기업 4
1	20	**22**	**25**	18	**28**
2	18	18	**23**	17	20
3	15	16	**21**	16	14
4	10	15	10	15	10
5	8	14	5	14	8

Q. 2.6 생각해보기

A. max_sum2()는 1+2+⋯+n= $\frac{n(n+1)}{2}$ 번, max_sum1()은 n번 호출된다. 따라서 max_sum1()은 n^2의 시간 복잡도를 가진다.

03 나열하기

조건에 맞는 경우를 모두 나열하는 것은 컴퓨터에게 시키기 적합한 일로, 가능한 모든 경우를 시도해보고 답을 찾는 것은 오래 걸리지만 확실한 방법이다. 여기에서는 순열, 조합, 중복순열, 중복조합의 재귀적 관계를 이용해서 여러 경우를 나열하는 프로그램을 작성해보자.

이 장에서는 재귀적 프로그래밍을 많이 사용하므로 재귀적 프로그래밍에 익숙하지 않다면 이 장을 읽기 전에 1장과 2장을 다시 읽어보자.

『The Art of Computer Programming. Volume 4A: Combinatorial Algorithms, Part 1』에서 순열과 조합을 생성하는 여러 방법을 다루고 있다. 이 책은 읽기 쉽지 않지만, 잘 정리되어 있으므로 이 장의 내용에 익숙해진 후 읽어보자.

> 세인트 아이브즈로 가다가
> 부인 일곱을 거느린 남자를 만났네.
> 부인들은 각각 7개의 자루를 가지고 있었고
> 각 자루에는 어미 고양이 7마리가 들어 있었고,
> 어미 고양이는 각각 새끼 고양이 7마리를 데리고 있었네.
> 새끼 고양이, 어미 고양이, 자루, 부인,
> 세인트 아이브즈로 향하는 것은 모두 몇일까?
> –마더 구즈

3.1 경우의 수

Q. 기본 훈련

이 책은 고등학교 수학의 기본 개념들을 기억하고 있는 독자라면 쉽게 읽을 수 있도록 쓰여졌다. 3장에서 원소를 나열하는 여러 방법을 다루기 전에 순열, 조합 등 경우의 수에 대한 문제를 풀어보자. 어렵게 느껴지는 문제가 있다면 뒷 부분을 읽기 전에 중학교나 고등학교 수학책에서 경우의 수를 다루는 부분을 먼저 훑어보길 권한다.

(1) 집합 {1, 2, 3}의 부분집합을 모두 써라.

(2) 집합 {1, 2, 3, ..., n}의 부분집합은 모두 몇 개인가?

(3) 8명 중에서 청소당번 2명을 뽑는 방법은 몇 가지인가?

(4) 10명 중에서 회장, 부회장을 뽑는 방법은 모두 몇 가지인가?

(5) 10명을 5명씩 A팀과 B팀으로 나누려고 한다. 나누는 방법은 몇 가지인가?

(6) 0, 1, 2, 3, 4의 다섯 숫자를 모두 사용하여 만들 수 있는 순열의 개수는 120개다. 이들을 사전 순서로 배열하면 첫 번째가 '01234'이고 120번째는 '43210'이 된다. '24301'은 몇 번째 순열인가?

(7) 과일 가게에서 사과, 배, 바나나, 귤을 사려고 한다. 네 가지 과일을 섞어서 10개를 사려고 한다(어떤 과일은 사지 않을 수도 있다). 과일을 사는 방법은 모두 몇 가지인가?

(8) 연산 "*"을 다음과 같이 정의하자.

> 집합의 집합 A와 어떤 원소 e에 대해 e*A={{e}∪x | x∈A}이다.

예를 들어서 3*{{1, 2}, {2}, {4}}}={{1, 2, 3}, {2, 3}, {3, 4}}이다.

0*{∅ , {1}, {2}, {1, 2}}는?

A. 답은 다음과 같다.

(1) ∅ , {1}, {2}, {3}, {1, 2}, {1, 3}, {2, 3}, {1, 2, 3}

(2) 원소가 n개인 집합의 부분집합은 2^n개 있다.

(3) $_8C_2$ = 28

(4) $_{10}P_2$ = 90

(5) A팀만 정하면 B팀은 저절로 정해진다. 따라서 A팀 5명을 뽑는 방법만 세면 된다. $_{10}C_5$ = 252가지

(6) 사전 순서로 나열했을 때 '24301' 앞에 나오는 수들은 다음과 같다.

```
0XXXX     4!개가 있다.
1XXXX     4!개가 있다.
20XXX     3!개가 있다.
21XXX     3!개가 있다.
23XXX     3!개가 있다.
240XX     2!개가 있다.
241XX     2!개가 있다.
24301
```

2·4!+3·3!+2·2!=70개의 수 뒤에 나온다. 71번째이다. '추가 문제 3.d'에서는 특정 순열이 사전 순서로 몇 번째인지 찾는 프로그램을 작성한다.

(7) 네 가지 과일에서 중복을 허락하여 10개를 뽑는 조합이다.
$_4H_{10} = {}_{13}C_{10} = {}_{13}C_3 = \dfrac{13 \cdot 12 \cdot 11}{3 \cdot 2 \cdot 1} = 286$ 이다.

Note

$_nH_r = {}_{n+r-1}C_r$임을 이용해서 $_4H_{10} = {}_{13}C_3$으로 계산하였다. 중복조합을 조합으로 어떻게 바꿀 수 있을까?

10개의 과일을 고르는 방법을 이렇게 표현해보자. 선택한 10개의 과일을 사과, 배, 바나나, 귤의 순서로 늘어놓는다. 과일은 모두 같은 기호로 표현하되('O') 다른 종류의 과일 사이에는 칸막이를 둔다. 예를 들어서 사과 2개, 배 6개, 바나나 1개, 귤 1개를 사는 방법은 다음과 같이 나타낼 수 있다.

OO|OOOOOO|O|O

사과, 배, 바나나, 귤의 순서로 늘어놓기로 정하면 배 6개, 귤 4개를 사는 방법은 다음과 같이 나타낼 수 있다.

|OOOOOO||OOOO

바나나만 10개를 사는 방법은 다음과 같다.

||OOOOOOOOOO|

과일을 사는 방법 하나와 이 표현법은 일대일로 대응된다. 즉, 'O' 10개, '|' 3개로 만드는 표현법의 수는 4가지 과일 10개를 섞어서 사는 방법의 수와 같다. 따라서 'O 10개, | 3개를 늘어놓는 방법은 몇 가지인가'를 생각하면 되는데, 이것은 처음의 질문 '4가지 과일을 섞어서 과일 10개를 사는 방법은 몇 가지인가'보다 좀더 쉽다. 조합으로 생각할 수 있기 때문이다.

이는 다음과 같은 13개의 칸에서 3개를 골라서 '|'를 쓰는 방법과 같다(나머지 10칸에는 모두 'O'가 쓰여진다).

따라서 4종류의 과일을 섞어서 10개의 과일을 사는 경우의 수는 $_{13}C_3$임을 알 수 있다. 'O', '|' 표현법을 이용하면 일반적으로 중복조합과 조합 사이에는 $_nH_r = {}_{n+r-1}C_r$ 이 성립함을 알 수 있다.

---

(8) {{0}, {0, 1}, {0, 2}, {0, 1, 2}}

e*A에서 연산자 *는 일반적으로 사용되는 표기가 아니고, 이 책에서 설명을 쉽게 하기 위해 새롭게 정의한 연산으로 뒤의 문제들에서 계속 사용할 것이다.

3.2 부분집합

Q. 부분집합 출력하기

자연수 n을 입력받아 집합 {0, 1, ..., n-1}의 부분집합을 모두 출력하는 프로그램을 작성하라.

```
[실행 예]
input n: 3        {0, 1, 2}의 부분집합을 구함
0 1 2
0 1
0 2
0
1 2
1
2
                  공집합을 나타내는 빈 줄.
```

A. 집합 A가 있을 때, A의 부분집합들의 집합을 멱집합(power set)이라고 부른다. 집합 A의 멱집합을 P(A)로 나타내기로 하자. 예를 들어서 P({1, 2})={∅, {1}, {2}, {1, 2}}이다. P(A)를 어떻게 재귀적으로 구할 수 있는지 살펴보자.

집합 A의 원소 중 하나를 e라 하고, A'=A-{e}라 하면 식 3-1이 성립한다("*"는 앞에서 정의한 연산이다).

[식 3-1]
P(A) = (e*P(A')) ∪ P(A')

A의 모든 부분집합은 원소 e를 포함하고 있는 것과 아닌 것으로 나뉘며, 이 두 가지는 겹치지 않는다. 그림 3-1과 같이 P(A')을 구하면 e를 포함하지 않는 부분집합을 모두 얻을 수 있고, e*P(A')을 구하면 e를 포함하는 A의 부분집합들을 모두 얻을 수 있다.

[그림 3-1]

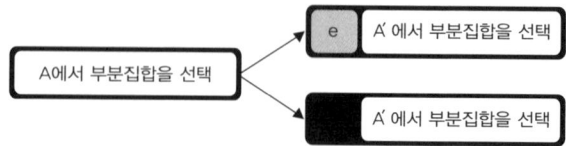

따라서 (e*P(A'))∪P(A')는 P(A)가 된다.

{x, y, z}의 부분집합을 예로 살펴보자.

{x, y, z}의 부분집합의 집합 P({x, y, z})={∅ , {x}, {y}, {z}, {x, y}, {x, z}, {y, z}, {x, y, z}}이다.

P({y, z})={∅ , {y}, {z}, {y, z}}이고, x*P({y, z})={{x}, {x, y}, {x, z}, {x, y, z}}이다.

P({x, y, z})=(x*P({y, z}))∪P({y, z})가 성립하는 것을 확인할 수 있다.

식 3-1을 이용하여 코드 3-1과 같이 부분집합을 모두 출력하는 프로그램을 작성할 수 있다. 그림 3-2는 {0, 1, 2}의 모든 부분집합을 빠짐없이 구하는 과정을 보여준다.

[그림 3-2]

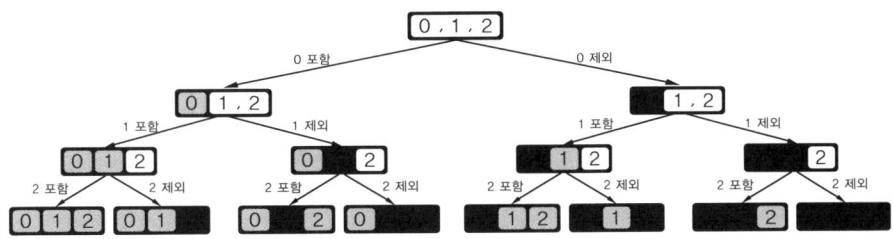

[코드 3-1]
```c
void subset(int set[], int set_size, int n, int index)
{
    if (index == n) {
        print_arr(set, set_size);           // print_arr()은 코드 0-16 참고
        return;
    }
    set[set_size] = index;
    subset(set, set_size + 1, n, index + 1);   // index를 포함하는 경우

    subset(set, set_size, n, index + 1);       // index를 제외하는 경우
}

#define MAXN 100

int main()
{
    int set[MAXN], n;

    printf("input n: ");
    scanf("%d", &n);
```

```
    subset(set, 0, n, 0);
    return 0;
}
```

subset() 함수는 매번 index를 포함하거나 하지 않는 부분집합을 만들면서 재귀 호출한다. C 언어에는 집합을 나타내는 자료형이 없기 때문에 배열과 배열의 크기를 넘김으로써 집합을 흉내낸다(set[]과 set_size).

여기서는 코드를 간단하게 작성하기 위해 MAXN을 집합의 최대 크기로 정하였다. 즉, 배열 set[]의 최대 크기를 MAXN으로 정했다. 큰 데이터를 다루는 프로그램을 작성한다면 큰 n에 대해서 동작할 수 있게 작성해야 할 것이다.

> **? 생각해보기** 0 이상 2^n-1 이하의 수는 각각 원소가 n개인 집합에서 부분집합을 만드는 방법 하나와 대응된다. 이를 이용해서 모든 부분집합을 출력하는 프로그램을 비재귀적으로 작성하라.

3.3 도둑의 고민

Q. ☰ 모든 부분집합 살펴보기

어느 날, 도둑이 평소 눈여겨보던 집에 몰래 들어갔다. 도둑은 집안을 뒤져 골동품, 다이아몬드, 시계 등 많은 고가품을 찾아냈다. 찾아낸 물건은 모두 n개였는데, 곧 도둑은 물건을 모두 가져갈 수 없다는 것을 깨달았다. 물건을 담아갈 가방이 약해 넣은 물건들의 무게가 어느 정도를 넘으면 터져버리기 때문이다. 도둑은 가방이 터지지 않도록 물건을 넣으면서 가방에 넣은 물건들의 가치의 총합을 최대로 만들려고 한다.

물건 i의 무게는 weight$_i$이고 가치는 value$_i$라고 하자(i=0, 1, ... , n-1). 가방에 넣을 수 있는 최대 무게 capacity를 넘지 않으면서 가치의 합이 최대가 되도록 물건을 고르는 프로그램을 작성하라. 물건을 쪼개서 넣는 것은 불가능하다. 골동품이나 시계를 깨면 가치가 사라지고, 다이아몬드는 쪼갤 수 없다. 가능한 모든 부분집합을 나열하는 방법으로 최적해를 찾아보자.

```
[실행 예]
10 20                    물건의 갯수, 가방에 넣을 수 있는 최대 무게
2 3 3 4 4 5 7 8 8 9      물건들의 가치
3 5 7 4 3 9 2 9 5 10     물건들의 무게
Max value: 28
4 6 8 9                  물건 4, 6, 8, 9를 담으면 최대
```

A. 도둑이 가방에 넣는 물건들은 n개의 물건의 부분집합이다. 따라서 2^{n}개의 모든 부분집합 중에서 최대 무게를 넘지 않으면서 최대 가치 합을 갖는 부분집합을 찾는다. 코드 3-2가 이와 같이 작성한 프로그램이다.

```
[코드 3-2]
#define MAXN 100

int weight[MAXN], value[MAXN], capacity;
int max_set[MAXN], max_set_size = 0, max_value = 0;

void evaluate_knapsack(int set[], int set_size)
{
    int current_volume = 0, current_value = 0, i;

    for (i = 0; i < set_size; i++) {
```

```c
            current_weight += weight[set[i]];
            current_value += value[set[i]];
        }
        if (current_volume > capacity)
            return;

        if (current_value > max_value) {
            max_value = current_value;
            max_set_size = set_size;
            for (i = 0; i < set_size; i++)
                max_set[i] = set[i];
        }
    }
    void subset_knapsack(int set[], int set_size, int n, int index)
    {
        // 코드 1-3을 참고
        if (index == n) {
            evaluate_knapsack(set, set_size);
            return;
        }
        set[set_size] = index;
        subset_knapsack(set, set_size + 1, n, index + 1);

        subset_knapsack(set, set_size, n, index + 1);
    }

    int main()
    {
        int set[MAXN], n, i;

        scanf("%d %d", &n, &capacity);
        for (i = 0; i < n; i++)
            scanf("%d", &value[i]);
        for (i = 0; i < n; i++)
            scanf("%d", &weight[i]);
        subset_knapsack(set, 0, n, 0);

        printf("Max value: %d\n", max_value);
        print_arr(max_set, max_set_size);        // print_arr()은 코드 0-16 참고
        return 0;
    }
```

코드 3-2의 subset_knapsack() 함수는 코드 3-1의 subset() 함수를 바꾼 것으로, 부분집합이 만들어질 때 원소를 출력하는 대신 evaluate_knapsack() 함수를 호출한다. evaluate_knapsack() 함수는 부분집합(가방안의 물건들)이 최대 무게를 넘는지 확인

하고, 넘지 않으면 이제까지 발견된 가장 가치가 큰 부분집합보다 더 가치가 큰지 확인한다. 가능한 부분 집합 2^n개를 모두 확인하는 방법이다.

작은 입력에 대해서는 이처럼 모든 경우를 나열하면서 살펴보는 방법도 나쁘지 않다. 확실하고, 어렵지 않게 떠올릴 수 있는 방법이다. 하지만 입력이 조금만 커지면 형편없이 느려질 수 있다는 점을 염두에 두어야 한다. 필자의 컴퓨터에서 20개짜리 입력에서는 0.1초 내에 최적해를 구하지만, 30개짜리에서는 2분이 넘게 걸렸고, 40개짜리에서는 12시간이 지나도 결과를 얻을 수 없었다. 물건의 수가 많아지면 프로그램의 수행에 필요한 시간은 지수적으로 늘어난다. '추가 문제 3.h'를 참고하라.

Note

코드 3-1의 subset() 함수에서 부분집합이 만들어졌을 때, print_arr() 함수 대신 evaluate_knapsack() 함수를 호출하는 것으로 코드를 바꾸어 subset_knapsack() 함수를 새로 만들었다. 이 책에서는 앞으로도 코드를 간단히 보여주기 위해서 이런 식으로 함수를 계속 만들어서 쓴다. 만약 실제 프로그램에서 함수를 만든다면, 부분집합이 만들어질 때 할 일을 인자로 받도록 일반적으로 작성하는 것이 좋다.

생각해보기
도둑 A, B, C씨는 각각 아래와 같은 방법으로 훔칠 물건을 챙긴다고 한다. 세 사람의 방법이 최적해를 찾지 못하는 경우를 제시하라.

> A: "저는 비싼 물건부터 가방에 집어 넣습니다. 가방이 터지기 직전까지 넣어요."
> B: "저는 가벼운 물건부터 가방에 집어 넣습니다. 가방이 터지기 직전까지 넣어요."
> C: "저는 단위 무게당 가치가 큰 물건부터 집어 넣습니다. 가방이 터지기 직전까지 넣어요."

Note

재귀적 관계를 이용하여 풀 수도 있다. 물건 0, 1, 2, ... , m-1을 이용하여 최대 무게가 capacity인 가방에 넣을 수 있는 최대 가치를 V(capacity, m)라 하자. 물건 i의 무게는 $weight_i$이고 가치는 $value_i$로 나타내면 식 3-2가 성립한다.

[식 3-2]

$$V(capacity, m) = \max(value_{m-1}+V(capacity-weight_{m-1}, m-1), V(capacity, m-1))$$

이 재귀적 관계에 메모이제이션이나 동적 프로그래밍을 적용하여 도둑의 고민을 해결하는 프로그램을 작성해 보라. capacity·n에 비례하는 시간이 걸릴 것이다. 가방의 최대 무게가 정해져 있다면, 이 알고리즘은 선형시간 알고리즘이 되며, capacity가 고정되어 있지 않다면 이 알고리즘은 지수시간 알고리즘으로 볼 수 있다('2.4 부분집합의 합'을 참고하라). capacity가 매우 크거나, 실수인 경우(weight 값들과 capacity에 적당한 수를 곱해서 큰 정수로 만들어야 한다)에는 느릴 수 있다.

다음과 같은 방법도 있다. 물건 0, 1, 2, ... , m-1을 이용하여 가치 v를 만들기 위해 필요한 최소의 무게를 W(v, m)이라고 하면 식 3-3이 성립한다. 이때, W(v, m)≤capacity인 최대의 v를 찾으면 되는데, $n^2 \max_{0 \leq i < n} value_i$에 비례하는 시간이 걸린다.

[식 3-3]

$$W(v, m) = \min(W(v-value_{m-1}, m-1)+weight_{m-1}, W(v, m-1))$$

쌀, 보리, 밀과 같은 곡식을 가방에 넣는 경우도 생각해보자. 원하는 곡식을 원하는 무게만큼 담을 수 있다. 이런 경우는 나눌 수 있는 배낭 문제(fractional knapsack problem)이며 쉽게 풀 수 있다. 단위 무게당 가치가 높은 곡식부터 차례대로 최대한 담는 방법을 쓰면 된다.

반면 현재 도둑의 상황처럼 일정한 무게를 가지는 물건을 담거나 담지 않는 선택만 할 수 있는 경우를 0-1 배낭 문제(0-1 knapsack problem)라고 부르며 좀더 까다롭다.

0-1 배낭 문제는 유명한 조합 최적화 분야의 문제다. NP-난해(NP-hard)에 속하며, FPTAS(fully polynomial-time approximation scheme)가 존재한다는 점에서 특이하다. NP-난해에 대한 설명은 『Computers and Intractability. A Guide to the Theory of NP-Completeness』, 『Introduction to Algorithms』, 『쉽게 배우는 알고리즘』을 참고하라. FPTAS에 대한 자세한 설명은 『Approximation Algorithms』를 참고하라.

이 문제는 또 한정분기법(branch-and-bound)으로 풀기 적당하다. 한정분기법은 『Foundations of Algorithms using Java Pseudocode』, 『쉽게 배우는 알고리즘』을 참고하라.

❓ 풀이가 있는 생각해보기 ≣ '2.4 부분집합의 합'은 배낭 문제의 특수한 경우다. 즉, 부분 집합의 합 문제를 항상 배낭 문제로 바꾸어 풀 수 있다. 어떻게 가능할까?

3.4 조합과 중복조합

Q. ≡ 조합 출력하기

n개 원소 중에서 순서에 상관 없이 k개를 뽑는 경우의 수는 $_nC_k$다. n과 k를 입력 받아서 0, 1, 2, ..., n-1 중에 k개를 뽑는 $_nC_k$ 조합을 모두 출력하는 프로그램을 작성하라.

```
[실행 예]
input n, k: 4 2
0 1
0 2
0 3
1 2
1 3
2 3
```

A. '3.2 부분집합'과 비슷하게 생각하자. 집합 A가 주어졌을 때, C(A, k)를 크기가 k인 A의 부분집합(조합)들의 집합이라고 하자. 예를 들어서 C({x, y, z}, 2)={{x, y}, {x, z}, {y, z}}이다.

집합 A의 원소 중 하나를 e라 하고, A'=A-{e}라고 하면 식 3-4가 성립한다. C(A, 0)={∅}이고 |A|<k이면 C(A, k)=∅이다.

```
[식 3-4]
C(A, k)=(e*C(A', k-1)) ∪ C(A', k)
```

A의 조합들은 e를 포함하고 있는 것과 아닌 것으로 나뉘며, 이 둘은 서로 겹치지 않는다. e를 포함하고 있는 경우는 나머지 A'에서 k-1개를 뽑은 조합들과 e를 합하면 된다. e를 포함하고 있지 않다면 당연히 A'에서 k개를 모두 뽑아야 한다.

[그림 3-3]

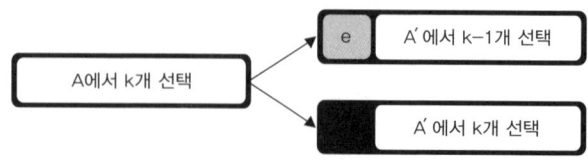

이 두 가지를 합하면 C(A, k)를 얻을 수 있다. '1.3 이항계수'에서 나왔던 이항계수를 구하는 점화식 $_nC_r={_{n-1}}C_{r-1}+{_{n-1}}C_r$의 의미를 이제 직관적으로 이해할 수 있을 것이다. {x, y, z}에서 2개를 뽑는 조합을 예로 생각해보자.

C({x, y, z}, 2)={{x, y}, {x, z}, {y, z}}이다. C({y, z}, 1)={{y}, {z}}이고 x*C({y, z}, 1)={{x, y}, {x, z}}이다. 그리고 C({y, z}, 2)={{y, z}}이다. C({x, y, z}, 2)=(x*C({y, z}, 1)) ∪ C({y, z}, 2)가 성립함을 볼 수 있다.

이 점화식을 프로그램으로 나타내면 코드 3-3과 같다. comb() 함수는 {index, index+1, ..., n-1}에서 k개를 선택한다. 배열 set[]은 크기가 set_size인 이미 선택된 원소들의 집합이다.

```
[코드 3-3]
void comb(int set[], int set_size, int n, int k, int index)
{
    if (k == 0) {
        print_arr(set, set_size);           // print_arr()은 코드 0-16 참고
    } else if (index == n) {
        return;
    } else {
        set[set_size] = index;
        // index를 포함하는 경우
        comb(set, set_size + 1, n, k - 1, index + 1);
        // index를 제외하는 경우
        comb(set, set_size, n, k, index + 1);
    }
}

#define MAXN 100

int main()
{
    int set[MAXN], n, k;

    printf("input n, k: ");
    scanf("%d %d", &n, &k);
    comb(set, 0, n, k, 0);
    return 0;
}
```

Q. ≣ 이진수로 나타내기

n과 k를 입력받아 값이 1인 비트가 k개인 길이 n인 이진수를 모두 출력하는 프로그램을 작성하라.

[실행 예]

```
input n, k: 5 3
0 0 1 1 1
0 1 0 1 1
0 1 1 0 1
0 1 1 1 0
1 0 0 1 1
1 0 1 0 1
1 0 1 1 0
1 1 0 0 1
1 1 0 1 0
1 1 1 0 0
```

A. 코드 3-4와 같이 수정한다.

[코드 3-4]
```c
void comb2(int bits[], int n, int k, int index)
{
    int i;

    if (k == 0) {
        for (i = index; i < n; i++)
            bits[i] = 0;
        print_arr(bits, n);           // print_arr()은 코드 0-16 참고
    } else if (index == n) {
        return;
    } else {
        bits[index] = 0;
        comb2(bits, n, k, index + 1);
        bits[index] = 1;
        comb2(bits, n, k - 1, index + 1);
    }
}
```

❓ **생각해보기** ≣ 코드 3-3 comb() 함수의 인자 수를 줄일 수는 없을까?

❓ **생각해보기** ≣ 코드 3-3 comb() 함수의 재귀 호출을 다음과 같이 index를 제외하는 경우를 먼저 호출하도록 수정하면 결과는 어떻게 바뀔까?

```
            // index를 제외하는 경우
            comb(set, set_size, n, k, index + 1);
            set[set_size] = index;
            // index를 포함하는 경우
            comb(set, set_size + 1, n, k - 1, index + 1);
```

Q. ≡ 중복조합 출력하기

n과 k를 입력받은 후 0, 1, ... , n-1 중에서 중복을 허용하여 k개를 뽑는 중복조합(combination with repetition)을 모두 출력하는 프로그램을 작성하라.

```
[실행 예]
input n, k: 4 2
0 0
0 1
0 2
0 3
1 1
1 2
1 3
2 2
2 3
3 3
```

A. 집합 A가 주어졌을 때, H(A, k)를 크기가 k인 A의 중복조합들의 집합이라고 하자. 예를 들어서 H({x, y, z}, 2)={{x, x}, {x, y}, {x, z}, {y, y}, {y, z}, {z, z}}이다.[4] 집합 A의 원소 중 하나를 e라 하고, A'=A-{e}라고 하면 식 3-5가 성립한다.

[식 3-5]
$$H(A, k) = (e*H(A, k-1)) \cup H(A', k)$$

이제는 이 점화식의 의미를 쉽게 파악할 수 있을 것이다. A의 중복조합들은 e를 포함하는 것과 포함하지 않는 것들로 나뉜다. e를 포함하지 않는다면 A'에서 k개를 모두 뽑아야 한다. e를 포함하는 경우는 A에서(중복을 허락하므로 A'가 아니라 A라는 점이 조합과의 차이점이다) k-1개를 뽑은 조합들과 e를 합하면 된다.

---

[4] {x, x}와 같이 동일한 원소가 들어있는 집합에 대해 이상하게 생각할 필요는 없다. 중복집합(multiset)과 같이 보통의 집합과 동일하게 합집합, 교집합 연산이 정의되면서, 중복된 원소를 가지는 집합으로 생각하자.

중복조합의 점화식 $_nH_r=_nH_{r-1}+_{n-1}H_r$도 이렇게 이해할 수 있다.

{x, y, z}에서 2개를 뽑는 중복조합을 예로 생각해보자.

H({x, y, z}, 2)={{x, x}, {x, y}, {x, z}, {y, y}, {y, z}, {z, z}}이다.

H({x, y, z}, 1)={{x}, {y}, {z}}이므로 x*H({x, y, z}, 1)={{x, x}, {x, y}, {x, z}}이고, H({y, z}, 2)={{y, y}, {y, z}, {z, z}}이다. 따라서 H({x, y, z}, 2)=(x*H({x, y, z}, 1))∪H({y, z}, 2)가 성립한다.

식 3-5를 이용하여 코드 3-5처럼 작성할 수 있다. rcomb() 함수는 코드 3-3의 comb() 함수와 한 줄만 다르다.

[코드 3-5]
```
void rcomb(int set[], int set_size, int n, int k, int index)
{
    if (k == 0) {
        print_arr(set, set_size);         // print_arr()은 코드 0-16 참고
    } else if (index == n) {
        return;
    } else {
        set[set_size] = index;
        // index를 포함하는 경우
        rcomb(set, set_size + 1, n, k - 1, index);
        // index를 제외하는 경우
        rcomb(set, set_size, n, k, index + 1);
    }
}
```

> **❓ 생각해보기** 방정식 $x_1+x_2+\cdots+x_n=k$ ($x_1, x_2, \ldots, x_n$, k는 0 이상의 정수)의 음이 아닌 정수해는 모두 몇 개인가? n과 k를 입력받아서 $x_1+x_2+\cdots+x_n=k$ 의 해($x_1, x_2, \ldots, x_n$, k는 0 이상의 정수)를 모두 구하는 프로그램을 작성해보자.

3.5 연회장 나누기

Q. 프로그래머들의 파티

흥청망청 소프트에는 n명의 프로그래머가 있다(n은 짝수라고 가정하자). 흥청망청 소프트는 모든 프로그래머를 초청하여 파티를 열고자 한다. n명이 모두 모일 수 있는 장소가 없어서 작은 크기의 연회장 두 개를 빌렸다. 파티에 온 사람들을 $\frac{n}{2}$명씩 둘로 나누어 각각이 연회장 하나씩을 사용한다.

두 개의 연회장을 사용하도록 사람들을 나누기만 한다면 쉬운 일일 것이다. 하지만 이 흥청망청 소프트의 프로그래머들은 부끄럼을 많이 타서, 친하지 않은 사람에게 말을 잘 걸지 못한다. 그래서 자칫 파티 분위기가 어색해질 수 있다는 것이 문제다. 그래서 우리는 가능한 친한 사람들이 떨어지는 일이 없도록 인원을 배분하려고 한다. 친한 사이인데 다른 연회장을 사용하는 경우의 수는 컷(cut)이라고 부르는데, 이 컷을 최소로 하는 것이 우리의 목표다.

0부터 n-1까지 어떤 사람이 누구와 친한지를 입력받아서 컷이 최소가 되도록 n명을 $\frac{n}{2}$명씩 둘로 나누는 방법과 이때의 컷을 출력하는 프로그램을 작성하라. A가 B와 친하면 B도 A와 친하다. 입력은 이 조건을 만족한다고 가정하자.

```
[실행 예]
input n: 6        6명의 프로그래머가 있음을 입력
0: 2 1 3          프로그래머 0은 프로그래머 1, 3과 친함
1: 2 0 3          프로그래머 1은 프로그래머 0, 3과 친함
2: 3 3 4 5        프로그래머 2는 프로그래머 3, 4, 5와 친함
3: 3 0 1 2        ...
4: 2 2 5
5: 2 2 4
cut: 1
0 0 1 0 1 1       0, 1, 3과 2, 4, 5의 두 집단으로 나눔
```

n=6이고 입력이 위와 같은 경우, 프로그래머들의 관계를 그림 3-4a와 같은 그래프로 나타낼 수 있다. 각 점(node)은 사람을 나타내고, 점 사이의 선(edge)은 친한 사이임을 의미한다.

6명을 두 연회장에 배치하는 예를 보자. 그림 3-4b는 0, 1, 2를 같은 연회장에 배치하는 경우, 그림 3-4c는 0, 1, 3을 같은 연회장에 배치하는 경우이다. (b)의 경우는 5개의 선이 연회장 사이에 걸쳐 있고, (c)는 하나의 선만이 걸쳐 있다. (b)의 컷은 5, (c)의

컷은 1로, (c)가 우리가 원하는 배치다.

앞의 실행 예에서 얻은 해도 (c)와 같은 배치를 나타낸다.

[그림 3-4]

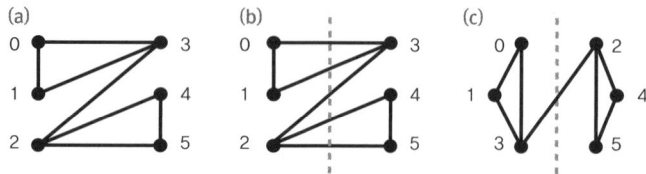

A. n명을 두 개의 연회장에 나누는 방법들을 모두 고려하려면, n명 중에 $\frac{n}{2}$명을 고르는 방법을 살펴보면 된다.[5] 길이가 n인 이진수 중에서 0과 1인 비트가 각각 $\frac{n}{2}$개인 이진수를 연회장 배치와 대응시킨다. 코드 3-4의 comb2() 함수를 이용하여 코드 3-6과 같이 작성할 수 있다. evaluate_partition() 함수는 친한 관계를 모두 살피면서 두 사람이 다른 비트를 가지는 경우(cut)를 센다.

[코드 3-6]
```
#define MAXN 100

int friend_count[MAXN], friend[MAXN][MAXN];
int min_cut = MAXN * MAXN, min_partition[MAXN];

void evaluate_partition(int bit[], int n)
{
    int cut = 0, i, j;

    for (i = 0; i < n; i++)
        for (j = 0; j < friend_count[i]; j++)
            if (i < friend[i][j] && bit[i] != bit[friend[i][j]])
                cut++;
    if (cut < min_cut) {
        for (i = 0; i < n; i++)
            min_partition[i] = bit[i];
        min_cut = cut;
    }
}
```

---

5 두 개의 집단으로 나누는 것이므로 $_nC_{n/2}$ 경우가 아니라 $_{n-1}C_{n/2-1}$ 경우만 살펴봐도 된다. 첫 번째 사람이 배치된 연회장에 더 들어갈 n/2-1명을 고르는 것이다.

```
void comb2_partition(int bits[], int n, int k, int index)
{
    int i;

    if (k == 0) {
        for (i = index; i < n; i++)
            bits[i] = 0;
        evaluate_partition(bits, n);
    } else if (index == n) {
        return;
    } else {
        bits[index] = 0;
        comb2_partition(bits, n, k, index + 1);
        bits[index] = 1;
        comb2_partition(bits, n, k - 1, index + 1);
    }
}

int main()
{
    int set[MAXN], n, i, j;

    printf("input n: ");
    scanf("%d", &n);
    for (i = 0; i < n; i++) {
        printf("%d: ", i);
        scanf("%d", &friend_count[i]);
        for (j = 0; j < friend_count[i]; j++)
            scanf("%d", &friend[i][j]);
    }
    comb2_partition(set, n, n / 2, 0);

    printf("cut: %d\n", min_cut);
    print_arr(min_partition, n);          // print_arr()은 코드 0-16 참고
    return 0;
}
```

이 문제는 그래프 분할(graph partitioning)이라는 유명한 문제로 NP-난해(NP-hard)에 속한다.

> **생각해보기** n명을 $\frac{n}{2}$명씩 나눌 때, 컷(cut)이 가장 큰 경우는 어떤 경우일까?

> **생각해보기** evaluate_partition() 함수에서 "i<friend[i][j]" 조건은 왜 필요할까?

3.6 중복순열

Q. ≡ 중복순열 출력하기

n과 k를 입력받아서 0, 1, ..., n-1 중에 k개를 뽑는 중복순열(permutation with repetition)을 모두 출력하는 프로그램을 작성하라. k개의 구슬 0, 1, ..., k-1을 상자 0, 1, ..., n-1에 나누어 담는 n^k가지 방법을 모두 출력하는 프로그램과 같다.

A. 0, 1, 2에서 3개를 뽑는 중복순열을 생각해보자. 첫 번째 자리에 0, 1, 2 세 가지 수가 올 수 있고, 각각의 경우에 두 번째 자리에 0, 1, 2 세 가지 수가 올 수 있다. 세 번째 자리도 마찬가지이다. 따라서 총 3^3=27가지 경우가 있다(그림 3-5). 중복순열을 구하는 프로그램은 코드 3-7과 같이 간단하게 작성할 수 있다.

[그림 3-5]

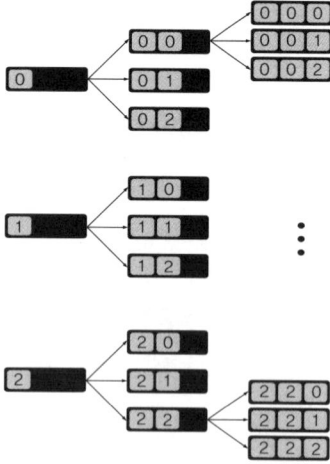

[코드 3-7]
```c
void rperm(int arr[], int len, int n, int k)
{
    int i;

    if (len == k) {
        print_arr(arr, len);        // print_arr()은 코드 0-16 참고
        return;
    }

    for (i = 0; i < n; i++) {
        arr[len] = i;
        rperm(arr, len + 1, n, k);
    }
}
int main()
{
    int arr[MAXN], n, k;

    printf("input n, k: ");
    scanf("%d %d", &n, &k);
    rperm(arr, 0, n, k);
    return 0;
}
```

❓ 풀이가 있는 생각해보기 0, 1, ..., n-1 중 k개를 뽑는 중복순열은 n진법의 k자리 수(첫 자리가 0이라도 괜찮은 경우)를 모두 출력하는 것으로도 볼 수 있다. n진법의 k자리 수를 모두 출력하는 것으로 보고 비재귀적으로 작성하라. n진법의 수 000...0부터 mmm...m까지 출력한다(단, m=n-1).

3.7 순열

Q. 순열 출력하기

1, 2, 3에서 2개만을 뽑아서 나열하는 방법은 1-2, 1-3, 2-1, 2-3, 3-1, 3-2의 6가지다. 0, 1, ..., n-1에서 k개를 뽑아 나열하는 경우의 수는 $_nP_k$ 이다. n과 k를 입력받아서 모든 경우를 출력하는 프로그램을 작성하라.

```
[실행 예]
input n, k: 3 2
0 1
0 2
1 0
1 2
2 1
2 0
```

A. 0, 1, 2, 3의 순열을 생성하는 것을 생각해보자. 0, 1, 2, 3의 순열은 그림 3-6처럼 네 가지로 나뉜다. 배열이 주어질 때, 어떻게 이와 같이 차례로 만들 수 있을까? 배열의 첫 번째, 두 번째, 세 번째, ..., 마지막 원소를 맨 처음 원소와 교환한 후 뒷 부분에 대해서 순열을 생성하는 일을 재귀적으로 반복한다(그림 3-7).

[그림 3-6]

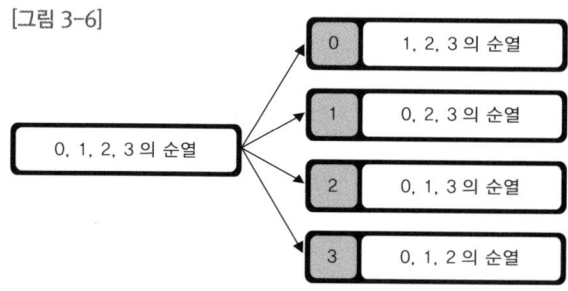

[그림 3-7]

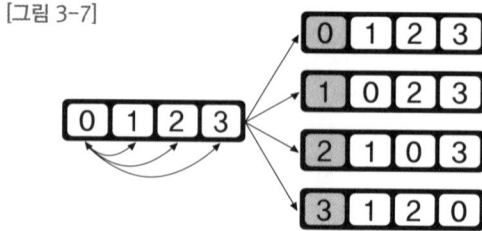

이는 코드 3-8과 같이 작성할 수 있다.

[코드 3-8]
```c
void perm(int arr[], int len, int n, int k)
{
    int i;

    if (len == k) {
        print_arr(arr, len);        // print_arr()은 코드 0-16 참고
        return;
    }

    for (i = len; i < n; i++) {
        swap_arr(arr, i, len);      // swap_arr()은 코드 0-7 참고
        perm(arr, len + 1, n, k);
        swap_arr(arr, i, len);
    }
}

#define MAXN 10

int main()
{
    int arr[MAXN], n, k, i;

    printf("input n, k: ");
    scanf("%d %d", &n, &k);
    for (i = 0; i < n; i++)
        arr[i] = i;
    perm(arr, 0, n, k);
    return 0;
}
```

> **풀이가 있는 생각해보기** 코드 3-8은 순열을 사전 순서로 출력하지 않는다. 순열을 사전 순서로 출력하려면 원소 간의 교환이 이루어진 후에도 뒤쪽 원소들의 순서가 유지되어야 한다. 그림 3-7과 그림 3-8을 비교해보고, 순열을 사전 순서로 출력하도록 perm() 함수를 수정해보자.

[그림 3-8]

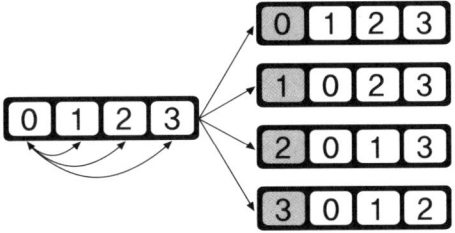

3.7 순열

3.8 모든 괄호쌍

Q. ☰ 올바른 괄호쌍 출력하기

두 쌍의 괄호로 만들 수 있는 올바른 괄호 배열은 "(())", "()()" 두 가지다. 세 쌍의 괄호로 만들 수 있는 올바른 괄호 배열은 "((()))", "(()())", "(())()", "()(())", "()()()" 다섯 가지다. 자연수 n을 입력받아서 n쌍의 괄호로 만들 수 있는 올바른 괄호 배열을 모두 출력하는 프로그램을 작성하라.

```
[실행 예]
input n: 3
((()))
(()())
(())()
()(())
()()()
```

올바른 괄호 배열이란 앞에서부터 읽어나갈 때, 각 위치에서 "현재까지 열린 괄호의 수 ≥ 현재까지 닫힌 괄호의 수"를 만족하면서, 끝에서는 "현재까지 열린 괄호의 수 = 현재까지 닫힌 괄호의 수"를 만족하는 배열이다.

A. 코드 3-9와 같이 작성할 수 있다. 앞으로 나올 "("의 개수와 ")"의 개수를 인자로 재귀 호출한다.

```
[코드 3-9]
#define MAXN 100
#define L 0
#define R 1

void print(int arr[], int arr_size)
{
    int i;

    for (i = 0; i < arr_size; i++) {
        if (arr[i] == L)
            printf("(");
        else if (arr[i] == R)
            printf(")");
    }
}
```

```c
        printf("\n");
}

void paren(int to_open, int to_close, int arr[], int arr_size)
{
    if (to_open == 0 && to_close == 0) {
        print(arr, arr_size);
        return;
    }

    if (to_open > 0) {
        arr[arr_size] = L;
        paren(to_open - 1, to_close + 1, arr, arr_size + 1);
    }
    if (to_close > 0) {
        arr[arr_size] = R;
        paren(to_open, to_close - 1, arr, arr_size + 1);
    }
}
int main()
{
    int arr[MAXN], n;

    scanf("%d", &n);
    paren(n, 0, arr, 0);
    return 0;
}
```

> **Note**
>
> 세 쌍의 괄호로 만들 수 있는 다섯 가지 괄호 배열 "((()))", "(()())", "(())()", "()(())", "()()()"은 첫 번째 괄호쌍 안에 몇 개의 괄호쌍이 있는지에 따라 다음과 같이 세 가지 경우로 나눌 수 있다.
>
> 1) 첫 번째 괄호 안에 0쌍의 괄호
>
> ()(())
> ()()()
>
> 2) 첫 번째 괄호 안에 1쌍의 괄호
>
> (())()

3.8 모든 괄호쌍

3) 첫 번째 괄호 안에 2쌍의 괄호

```
((()))
(()())
```

n쌍의 경우에는 첫 번째 괄호쌍 안에 0, 1, 2, ..., n-1 쌍의 괄호가 들어있을 수 있고, 첫 번째 괄호 바깥에 나머지 괄호가 있을 것이다. 다음과 같은 n가지 경우 중의 하나이며, 이 n가지 경우는 겹치지 않는다.

```
( )  n-1쌍의 괄호
(1쌍의 괄호)  n-2쌍의 괄호
...
(n-1쌍의 괄호)
```

따라서 n쌍의 괄호로 만들 수 있는 괄호 배열의 수 C_n은 다음 점화식을 만족한다.

$$C_n = \sum_{i=0}^{n-1} C_i \, C_{n-1-i}$$

이 점화식을 만족하는 C_n은 카탈란 수(Catalan number)라고 불리며, 조합론에서 중요하게 다루는 수열이다. 위의 점화식을 만족하는 $C_n = \frac{1}{n+1} {}_{2n}C_n = \frac{(2n)!}{(n+1)!n!}$ 이며, 처음 몇 개의 항을 구해보면 다음과 같다($C_0, C_1, ...$).

```
1, 1, 2, 5, 14, 42, 132, 429, 1430, 4862, 16796, 58786, 208012, 742900
```

카탈란 수의 수학적인 성질이 궁금하면 《Catalan Number》, 『Enumerative Combinatorics』를 참고하라. 다음과 같은 경우에도 카탈란 수가 나타난다.

(1) A에서 B까지 가는 최단경로의 수

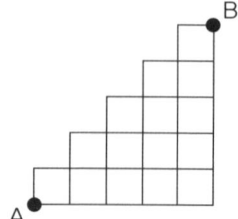

A에서 B로 갈 때, 오른쪽으로 가는 것을 X, 위쪽으로 가는 것을 Y로 나타내자. 각 최단 경로는 X와 Y를 n개씩 쓰되, 처음부터 읽어나갈 때 X의 개수가 Y의 개수보다 많거나 같은 문자열로 표현된다. X를 "("로, Y를 ")"로 생각하면 앞의 괄호 배열 문제와 동일하다.

(2) n개의 노드로 이루어진 이진 탐색트리(binary search tree)의 수

n개의 노드로 이루어진 이진 탐색트리를 다음과 같이 n가지 경우로 나누어서 생각할 수 있다.

> 루트 노드의 왼쪽에는 노드가 없고, 오른쪽에 n-1개의 노드
> 루트 노드의 왼쪽에 1개의 노드가 있고, 오른쪽에 n-2개의 노드
> 루트 노드의 왼쪽에 2개의 노드가 있고, 오른쪽에 n-3개의 노드
> …
> 루트 노드의 왼쪽에 n-1개의 노드가 있고, 오른쪽에는 노드가 없는 경우

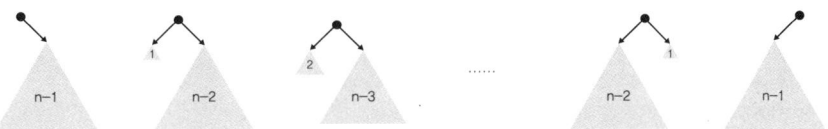

가능한 트리의 수가 카탈란 수열의 점화식을 만족한다는 것을 쉽게 알 수 있다.

❓ **생각해보기** 갑과 을이 선거에 출마해서 갑이 m표, 을이 n표를 얻어, 갑이 당선되었다. 즉, 1≤n<m 이다. 그런데 개표 과정에서 갑이 항상 을을 앞섰다고 한다. 한 표씩 열어볼 때, 그때까지 나온 갑의 표가 항상 을의 표보다 많았다. 자연수 m과 n을 입력받아 갑이 얻은 표를 '+', 을이 얻은 표를 '-'로 표시하여, 가능한 개표 과정을 모두 출력하는 프로그램을 작성하라.

```
[실행 예]
input m, n: 3 2
+++--
++-+-
```

🔒 3.9 추가 문제

3.a 대충해 씨는 파티를 열고 여러 명의 손님을 초대했다. 손님들은 모두 모자를 쓰고 와서 입구에 모자를 맡겼다. 파티가 끝나 모두 자리에서 일어났고, 주인인 대충해 씨는 모자를 돌아가는 손님들에게 마구 나누어주었다. 어찌나 대충 나눠줬던지 손님들은 모두 다른 사람의 모자를 받았다. 대충해 씨는 궁금증이 생겼다. n개의 모자를 n명에게 나눠주는데, 모두 다른 사람의 모자를 받도록 나눠주는 방법은 모두 몇 가지일까? n을 입력받아 모든 경우를 출력하는 프로그램을 작성하라. '3.7 순열'을 참고하라.

첫 번째 줄의 "1 0 3 2"는 0번이 1번의 모자를 받고, 1번이 0번의 모자를 받고, 2번이 3번의 모자를 받고, 3번이 2번의 모자를 받았다는 의미다. 모두 다른 사람의 모자를 받는 방법 중 하나다. 이와 같은 순열의 개수에 대해서는 《Derangement》를 참고하라.

3.b 어느 학교에는 모두 다섯 반이 있다. 반마다 각각 10명의 학생이 있고, 이 중에서 반장, 부반장을 뽑는다. 학교 전체로 봤을 때, 반장과 부반장을 뽑는 경우의 수는 $(_{10}P_2)^5 = 90^5$ 가지다.

n, r, t를 입력받아 0, 1, ..., n-1에서 r개를 뽑는 순열을 t번 구할 때 나타나는 $(_nP_r)^t$ 경우를 모두 보여주는 프로그램을 작성하라. 앞의 순열 프로그램을 약간 수정하여 재귀적으로 작성하라.

[실행 예]

```
input n, r, t: 3 2 2
0 1    0 1
0 1    0 2
0 1    1 0
0 1    1 2
0 1    2 1
0 1    2 0
0 2    0 1

...

2 1    2 1
2 1    2 0
2 0    0 1
2 0    0 2
2 0    1 0
2 0    1 2
2 0    2 1
2 0    2 0
```

3.c ≡ 자연수 n을 입력받아 집합 {0, 1, 2, ..., n-1}을 나누는 방법을 모두 출력하는 프로그램을 작성하라.

[실행 예]

```
input n: 3
{0, 1, 2}
{0} {1, 2}
{1} {0, 2}
{2} {0, 1}
{0} {1} {2}
```

3.d ≡ 0, 1, ..., n-1을 모두 사용하는 순열을 사전 순서로 나열할 때, 주어진 순열이 몇 번째인지 출력하는 프로그램을 작성하라. n!개의 순열을 순서대로 모두 나열하면서 몇 번째로 나오는지 확인하는 방법은 너무 느리다. 빠르게 작성하자. '3.1 경우의 수' 문제 6번을 참고하라.

[실행 예]

```
input n: 3
input permutation: 0 2 1
```

```
2                          0, 2, 1은 0, 1, 2의 순열 중 사전 순서로 2번째
input n: 4
input permutation: 1 0 2 3
7
```

반대로, 0, 1, ..., n-1을 모두 사용하는 순열 중에서 k번째 순열이 무엇인지 출력하는 프로그램을 작성하라.

```
[실행 예]
input n, k: 3 2
0 2 1            0, 1, 2의 순열 중에 2번째는 0, 2, 1

input n, k: 4 7
1 0 2 3          0, 1, 2, 3의 순열 중에 7번째는 1, 0, 2, 3
```

3.e 0, 1, ..., n-1의 순열 중 하나를 받아, 사전 순서로 나열했을 때, 다음에 나오는 순열을 출력하는 프로그램을 작성하라.

```
[실행 예]
input n: 3
input permutation: 0 2 1
1 0 2            사전 순서로 늘어놓으면 0 2 1 다음에 1 0 2가 나타남

input n: 4
input permutation: 1 0 2 3
1 0 3 2
```

이 방법으로 모든 순열을 생성하는 프로그램을 작성해서 속도를 비교해보자. 사전 순서로 나열했을 때 다음에 나오는 조합, 중복순열, 중복조합을 찾는 방법도 생각해보자. 『Discrete Mathematics and its Applications』 5.6절을 참고하라.

3.f n의 수분할 중 하나를 받아서, 그것이 몇 번째 수분할인지 출력하는 프로그램을 작성하라. '1.6 수분할'을 참고하라.

```
[실행 예]
input n: 5
input length: 3
2 2 1
3                        5의 수분할 7가지 중 3번째

input n: 30
input length: 3
20 9 1
5506
```

3.g (1) ≡ n×n 체스판에 n개의 룩(rook)이 서로를 공격하지 않도록 배치하는 방법은 모두 몇 가지인가? 룩은 수평 또는 수직 방향으로 움직인다. 장기의 '차(車)'와 움직이는 방식이 같다.

(2) ≡ n을 입력받아서 n×n 체스판에 n개의 퀸이 서로를 공격하지 않도록 배치하는 방법을 모두 출력하는 프로그램을 작성하라. 퀸은 수평, 수직, 대각선 방향으로 움직인다.

3.h ≡ n!가지 경우, 2^n가지 경우를 다 살펴보는 데 걸리는 시간은 얼마일까? 컴퓨터로 1초에 10^9번 연산이 가능하고, 한 가지 경우를 살펴보기 위해 1,000번의 연산이 필요하다고 하자. 이때 n!가지, 2^n가지를 모두 살펴보려면 얼마나 걸리는지 계산해보자.

3.10 일부 풀이

Q. 3.3 생각해보기

A. '2.4 부분집합의 합'에서는 자연수의 집합과 합(자연수)이 주어지면, 그 합을 가지는 부분집합이 있는지를 알아보았다. "합이 90인 {6, 9, 13, 14, 20, 21, 22, 30, 49, 55}의 부분집합이 존재하는가?"와 같은 질문에 답하는 것이다.

부분 집합의 합 문제를 어떻게 배낭 문제로 바꾸어 풀 수 있을까? "집합 {a_1, a_2, ..., a_n}의 부분집합 중에서 합이 S인 것이 있는가?"라는 질문은 "가격과 무게가 모두 a_1인 물건, a_2인 물건, ..., a_n인 물건이 있을 때, 무게가 S인 가방에 담을 수 있는 가치의 최대는 S인가?"라는 질문으로 바꿀 수 있다. 왜 그런지는 생각해보자.

> 합이 90인 {6, 9, 13, 14, 20, 21, 22, 30, 49, 55}의 부분집합이 존재하는가?
>
> ⬇
>
> 무게와 가치가 (6, 6), (9, 9), (13, 13), ..., (55, 55)인 물건들이 있을 때, 합이 90인 가방에 담을 수 있는 최대의 가치는 90인가?

이렇게 보면 도둑의 고민은 부분집합의 합과 비슷하게 어렵거나, 더 어려운 문제다. 이런 식으로 어떤 문제를 다른 문제로 바꾸어 푸는 방법은 어떤 문제가 NP-완비임을 증명하는 과정에 많이 쓰인다. 어떤 문제가 NP-완비에 속하는 다른 문제보다 쉽지 않음을 보이는 것은 중요한 일이다.

Q. 3.6 생각해보기

A. 매번 끝자리에 1씩 더하고, 각 자리에서 올림이 있는지 확인한다.

```
[코드 3-10]
void rperm2(int arr[], int n, int k)
{
    int i;

    for (i = 0; i < k; i++)
        arr[i] = 0;
    while (1) {
        print_arr(arr, k);           // print_arr()은 코드 0-16 참고
```

```
        arr[k - 1]++;
        for (i = k - 1; arr[i] == n; i--) {
            if (i == 0)
                return;
            arr[i - 1]++;
            arr[i] = 0;
        }
    }
}
```

Q. 3.7 생각해보기

A. '0.3 배열 회전'에서 작성했던 left_rotate(), right_rotate() 함수를 이용하면, 원소들을 서로 교환한 이후에도 두 원소의 순서가 바뀌지 않는다.

[코드 3-11]
```
void perm2(int arr[], int len, int n, int k)
{
    int i;

    if (len == k) {
        print_arr(arr, len);           // print_arr()은 코드 0-16 참고
        return;
    }

    for (i = len; i < n; i++) {
        right_rotate(arr, len, i);     // right_rotate()는 코드 0-8 참고
        perm2(arr, len + 1, n, k);
        left_rotate(arr, len, i);      // left_rotate()는 코드 0-14 참고
    }
}
```

Q. 추가 문제 3.a

A. 코드 3-8을 두 줄만 수정한다.

[코드 3-12]
```
void dperm(int arr[], int len, int n, int k)
{
    int i;

    if (len == k) {
        print_arr(arr, len);           // print_arr()은 코드 0-16 참고
```

```
            return;
    }

    for (i = len; i < n; i++) {
        if (arr[i] == len)
            continue;
        swap_arr(arr, i, len);              // swap_arr()은 코드 0-7 참고
        dperm(arr, len + 1, n, k);
        swap_arr(arr, i, len);
    }
}

#define MAXN 10

int main()
{
    int arr[MAXN], n, i;

    printf("input n: ");
    scanf("%d", &n);
    for (i = 0; i < n; i++)
        arr[i] = i;
    dperm(arr, 0, n, n);
    return 0;
}
```

Q. 추가 문제 3.b

A. 다음과 같이 작성한다.

[코드 3-13]
```
#define MAXN 10

void print_mperm(int arr[][MAXN], int r, int t)
{
    int i, j;

    for (i = 0; i < t; i++) {
        for (j = 0; j < r; j++)
            printf("%d ", arr[i][j]);
        printf("  ");
    }
    printf("\n");
}

void mperm(int arr[][MAXN], int index, int len, int n, int r, int t)
{
```

```
    int i;

    if (index == t) {
        print_mperm(arr, r, t);
        return;
    }

    if (len == r) {
        mperm(arr, index + 1, 0, n, r, t);
        return;
    }

    for (i = len; i < n; i++) {
        swap_arr(arr[index], i, len);
        mperm(arr, index, len + 1, n, r, t);
        swap_arr(arr[index], i, len);
    }
}

int main()
{
    int arr[MAXN][MAXN], n, r, t, i, j;

    printf("input n, r, t: ");
    scanf("%d %d %d", &n, &r, &t);
    for (i = 0; i < t; i++)
        for (j = 0; j < n; j++)
            arr[i][j] = j;

    mperm(arr, 0, 0, n, r, t);
    return 0;
}
```

Q. 추가 문제 3.d

A. 코드 3-14의 perm_count() 함수는 '3.1 경우의 수' 6번에서 사용했던 것과 같은 방법으로 배열 a에 있는 길이 n인 순열보다 사전 순서로 앞에 나오는 순열의 개수를 반환한다. perm_count()의 반환값에 1을 더하면 몇 번째 순열인지 알 수 있다.

```
[코드 3-14]
int perm_count(int a[], int n)
{
    int i, j, c, r = 0;

    for (i = 0; i < n - 1; i++) {
        c = 0;
```

```
            for (j = i + 1; j < n; j++)
                if (a[i] > a[j])
                    c++;
        // factorial()은 코드 1-1 참고
        r += factorial(n - 1 - i) * c;
    }
    return r;
}
```

Q. 추가 문제 3.g

A. (1) 순열 하나와 룩을 나열하는 방법 하나를 대응시킬 수 있다. n!가지이다.

(2) 가능한 순열 중에서 대각선으로도 서로를 공격하지 않는 방법을 고른다. 『Foundations of Algorithms using Java Pseudocode』 5장과 『누워서 읽는 알고리즘』에서도 이 문제를 다루고 있다. n개의 퀸을 배치하는 경우의 수를 n에 대한 수열로 볼 수 있다. 이 수열의 수학적 성질이 궁금한 독자는 《Queens Problem》을 참고하라.

Q. 추가 문제 3.h

A. 1초에 10^6가지를 살펴볼 수 있다. 여러 n에 대해서 얼마나 걸리는지 계산해보면 표 3-1과 같다. 너무 작거나 너무 커서 의미가 없는 시간은 각각 ".", "…"으로 나타냈다.

다항식의 경우도 마찬가지로 구해보면 표 3-2와 같다. 탐색 방법이 성능에 얼마나 큰 영향을 미치는지 알 수 있다.

[표 3-1]

	n!가지	2^n가지
10	3.6초	.
11	40초	.
12	8분	.
13	1.7시간	.
14	1일	.
15	15.1일	.
16	242일	.
17	11.3년	.
18	203년	.
19	3857.3년	0.5초
20	…	1초
30	…	17.9분
40	…	12.7일
50	…	3.75년

[표 3-2]

	n^3가지	n^2가지	$n\log n$가지	n가지
100	1초	.	.	.
1,000	16.7분	1초	.	.
10,000	11.6일	1.7분	.	.
100,000	31.7년	2.8시간	1.7초	.
1,000,000	…	11.6일	20초	1초
10,000,000	…	3.17년	3.9분	10초
100,000,000	…	317년	44.3분	1.7분
1,000,000,000	…	…	8.3시간	17.7분

04 퍼즐

퍼즐을 풀기 위해서는 문제의 제약조건을 잘 이해하고 추론을 통해서 최적의 답을 찾아야 한다. 시스템이 보장하는 성질을 이용하여 최대의 성능을 내는 프로그램을 작성하는 프로그래밍과도 비슷하다. 많은 회사에서 프로그래머를 뽑을 때, 퍼즐 문제를 내는 것도 이런 이유에서다.

필자는 퍼즐을 좋아해서 여기서 다양한 퍼즐을 다루고 싶었지만, 풍부한 문제와 설명이 있는 책들을 소개하고 추가 문제에서 몇 개를 소개하는 것으로 참겠다. 이번 장에서는 3장에서 설명한 나열하기와 시간을 줄여주는 몇 가지 방법을 이용하여 프로그래밍으로 퍼즐을 푸는 과정을 다룬다.

논리력을 요하는 다양한 퍼즐을 즐기고 싶은 독자는 마틴 가드너, 헨리 듀드니, 레이먼드 스멀리언의 책을 읽어보면 좋겠다. 한글 책 중에는 『재미있는 영재들의 수학퍼즐』, 『재미있는 영재들의 수학퍼즐 2』에 좋은 문제와 해설이 있다. 컴퓨터 과학 분야의 저자들이 쓴 퍼즐책으로 『프로그래머 두뇌 단련 퍼즐 44제』, 『누워서 읽는 퍼즐북』이 있는데, 특별히 프로그래밍을 다루지는 않는다.

『How Would You Move Mount Fuji?』에서는 퍼즐 문제로 면접을 보는 기업(대표적으로 마이크로소프트)의 문화에 대해 설명하고, 어떻게 잘 풀 수 있는지, 어떤 문제들이 나왔는지에 대해서 설명한다. 『프로그래밍 면접, 이렇게 준비한다』에서도 퍼즐 면접 문제에 한 장을 할애하고 있다.

> 이런 강한 공약의 망이 있기 때문에 정상과학을 퍼즐 풀이에 비유할 수 있다.
> 이것은 세계와 과학이 무엇인가에 대한 규칙을 제공하여
> 노련한 연구자가 기존의 지식이 정의하는 어려운 문제들에
> 확신을 가지고 집중할 수 있게 한다.
> 이제 각자가 할 일은 나머지 퍼즐을 푸는 것이다.
> ─토마스 쿤, 『과학혁명의 구조』

4.1 체스판 덮기

[그림 4-1]

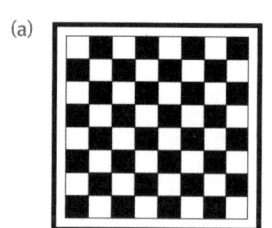

가로 세로 각 8칸, 총 64칸의 체스판이 있다(그림 4-1a). 이 체스판을 그림 4-1b와 같은 1×2 조각으로 빈틈없이 덮는다. 1×2 조각이 체스판 밖으로 나와서는 안 된다. 다 덮기 위해서 32개의 조각이 필요하다. 덮는 방법은 다양하며 그림 4-2는 가능한 두 가지 방법이다.

[그림 4-2]

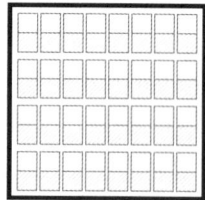 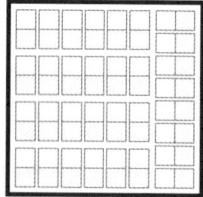

Q. ≡ 체스판 덮기

이제, 체스판의 대각선 좌상, 우하 귀퉁이 한 칸 씩을 잘라 그림 4-3처럼 62칸으로 만들었다. 이 62칸짜리 체스판을 1×2 조각으로 덮으려고 한다. 31개의 조각으로 62칸짜리 체스판을 모두 덮을 수 있을까? 가능하다면 덮는 방법을 제시하고, 불가능하다면 이유를 설명하라.

[그림 4-3]

A. 불가능하다.

1×2 조각을 체스판 위에 놓으면 어떤 경우든 검은 칸 하나, 흰 칸 하나씩을 덮는다. 그런데 그림 4-3은 검은 칸이 30개, 흰 칸이 32개다. 이때 체스판에 덮이지 않고 남아 있는 흰 칸은 검은 칸 보다 항상 많다. 따라서 62칸 체스판은 1×2 조각으로 덮을 수가 없다.

이렇게, 조작 과정 중에 변하지 않는 불변량(invariant)을 찾아 처음 상태와 목표 상태의 불변량이 다름을 보이는 식으로, 특정 상태로 만들기가 불가능하다고 증명하는 경우가 많다. 이와 비슷한 문제가 이번 장 곳곳에 등장한다. 증명해보고, 불가능하다는 것을 누군가에게 설명해보자. 납득시키기가 어려울 테지만, 이는 프로그래머가 가끔 해야하는 일이기도 하다.

불변량은 프로그램이 정확하게 작동한다는 것을 보이는 경우에도 쓰인다. 『생각하는 프로그래밍』 칼럼 4에서는 루프 불변식을 짧게 다루고 있다.

Q. ≡ 체스판 덮기 2

이번에는 원래의 64칸짜리 체스판에서 아무렇게나 검은 칸 하나, 흰 칸 하나를 고른다. 이 두 칸을 떼어내어 62칸 체스판을 만든다. 이 체스판은 1×2 조각으로 빈틈없이 덮을 수 있을까? '흰 칸과 검은 칸의 수가 같으므로 가능하다'고 증명하면 안 된다. 이때는 불가능하다는 증거를 못 찾았을 뿐이며 가능하다는 증거를 찾은 것은 아니다.

A. 항상 가능하다. 여러 가지 증명이 가능한데 여기서는 『아하! 바로 그거야』에 나온 방법을 소개한다.

그림 4-4에서는 체스판 칸들의 배열을 닫힌 곡선으로 볼 수 있다. 여기서 검은색 한 칸, 흰색 한 칸을 떼어내면 닫힌 곡선은 둘로 나뉘는데, 두 부분은 각각 1×2 조각으로 덮을 수 있다. 붙어있는 두 칸을 떼어냈을 경우는 당연히 1×2 조각으로 덮을 수 있다.

[그림 4-4]

❓ **생각해보기** ≡ 그림 4-5의 왼쪽 조각들을 조립해서 오른쪽의 4×5판을 만들려고 한다. 만드는 방법을 제시하거나 불가능함을 증명하라. 『Entertaining Mathematical Puzzles』에 있는 'The Five Tetrominoes'라는 문제다.

[그림 4-5]

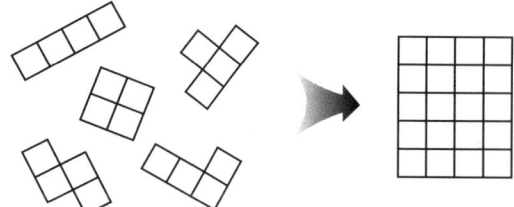

❓ **풀이가 있는 생각해보기** ≡ 아무렇게나 여러 칸을 떼어낸 체스판이 주어질 때, 1×2 조각으로 덮을 수 있는지를 빠르게 판단하는 방법이 있을까?

4.2 복면산

복면산(alphametic)은 문자를 이용하여 표현된 식에서 각 문자가 나타내는 숫자를 찾는 퍼즐이다. 각 문자는 0~9 사이의 숫자를 나타내며, 문자가 다르면 숫자도 다르다. 첫 번째 자리의 숫자는 0이 아니며(아래 문제에서는 S와 M이 0이 아니다) 해는 유일하다.

『재미있는 영재들의 수학퍼즐』에 복면산 문제가 많이 실려 있다.

Q. ≡ SEND + MORE = MONEY

그림 4-6은 최초의 복면산 퍼즐이라고 한다. 종이와 펜을 이용해서 직접 풀어보자.

[그림 4-6]

```
   S E N D
 + M O R E
 ---------
   M O N E Y
```

A. 네 자리 수 두 개를 더해서 20000 이상이 될 수 없으므로(9999+9999=19998) M은 1이다. 그리고 천의 자리에서 올림이 발생할 것이다. M과 더하여 올림이 있으려면 S는 8 또는 9여야 한다. 이때 O는 0또는 1인데, M이 이미 1이므로 O는 0이다. S는 8이거나(a) 9다(b). (a)라면 백의 자리에서 올림이 발생할 테고, E는 9, N은 0이다. O가 이미 0이므로 (a)는 불가능하고 (b)가 맞다.

```
(a)    1                  (b)    X
    8 E N D                    9 E N D
 +₁ 1 0 R E              +₁ 1 0 R E
  ---------               ---------
    1 0 N E Y                1 0 N E Y
```

백의 자리 E와 N은 다른 숫자니까 N과 R의 합에서 올림이 있었을 테고, E+1=N임을 알 수 있다. 그런데 N+R의 끝자리 E=N-1이다. 그렇다면 십의 자리로 올림이 있고 R이 8이거나(c), 십의 자리로 올림이 없고 R이 9일 것이다(d).

그런데 S가 이미 9이므로, R은 9가 아니다. 따라서 (d)는 불가능하고 (c)가 맞다.

```
(c)    X 1 1        (d)    X 1 X
       9 E N D             9 E N D
   +₁  1 0 8 E         +₁  1 0 9 E
      ─────────            ─────────
       1 0 N E Y           1 0 N E Y
```

9와 8이 나왔으므로 D는 7 이하고, D+E가 10 이상이어야 하므로 E는 3 이상이다. 이미 나온 수를 사용하지 않으면서 E+1=N을 만족하는 E와 N의 쌍은 (3, 4), (4 5), (5 6), (6 7)의 네 가지다. 이때 가능한 D와 Y를 구해보면 표 4-1과 같다. 이 중에서 다른 문자는 다른 숫자를 나타낸다는 조건을 만족하는 경우는 (E, N, D, Y)=(5, 6, 7, 2)뿐이고 이 복면산의 답은 그림 4-7이다.

[표 4-1]

E	N	D	Y
3	4	7	0
4	5	6	0
		7	1
5	6	7	2
6	7	4	0
		5	1

[그림 4-7]

```
     9 5 6 7
+    1 0 8 5
  ─────────
   1 0 6 5 2
```

Q. 프로그래밍으로 복면산 풀기

각 문자에 모든 가능한 숫자를 대입해서 복면산을 푸는 프로그램을 작성해보자. 첫 번째 자리의 수가 0이 나오는 경우를 제외하면, 가능한 해는 0, 1, ..., 9에서 문자의 종류만큼을 뽑는 순열과 같다.

A. 복면산에 사용된 문자는 D, E, M, N, O, R, S, Y 8개다. 이 여덟 개 문자에 대응되는 값을 각각 $x_0, x_1, ..., x_7$이라 하자(표 4-2).

[표 4-2]

D	E	M	N	O	R	S	Y
x_0	x_1	x_2	x_3	x_4	x_5	x_6	x_7

이제 다음 세 가지 조건(고등학교 수학에서 '부정방정식'이라고 부른다)을 만족하는 $x_0, x_1, ..., x_7$을 구한다.

(1) $x_0, x_1, ..., x_7$은 0 이상 9 이하의 자연수이고 서로 다르다.
(2) x_2, x_6은 0이 아니다.
(3) $1000x_6+100x_1+10x_3+x_0+1000x_2+100x_4+10x_5+x_1=10000x_2+1000x_4+100x_3+10x_1+x_7$

0에서 9까지의 순열을 모두 살펴보면서 조건 (2)와 (3)을 만족하는지 확인하는 프로그램을 작성해보자. '3.7 순열'에서 작성했던 perm() 함수를 이용하여 0, 1, ..., 9에서 8개($x_0, x_1, ..., x_7$)를 뽑는 순열을 모두 구한다. 그리고 순열이 조건 (2)와 조건 (3)을 만족하는지 살펴보자. 코드 4-1처럼 작성할 수 있다.

[코드 4-1]
```c
int check_alphametic(int x[])
{
    if (x[2] == 0)
        return 0;
    if (x[6] == 0)
        return 0;

    if (1000 * x[6] + 100 * x[1] + 10 * x[3] + x[0]
            + 1000 * x[2] + 100 * x[4] + 10 * x[5] + x[1]
            == 10000 * x[2] + 1000 * x[4] + 100 * x[3] + 10 * x[1] + x[7])
        return 1;
    return 0;
}

void perm_alphametic(int arr[], int len, int n, int k)
{
    // 코드 3-8의 perm()을 변형
```

```
    int i;

    if (len == k) {
        if (check_alphametic(arr))
            print_arr(arr, len);           // print_arr()은 코드 0-16 참고
        return;
    }

    for (i = len; i < n; i++) {
        swap_arr(arr, i, len);             // swap_arr()은 코드 0-7 참고
        perm_alphametic(arr, len + 1, n, k);
        swap_arr(arr, i, len);
    }
}
#define MAXN 10

int main()
{
    int arr[MAXN], n, k, i;

    n = 10;
    k = 8;
    for (i = 0; i < n; i++)
        arr[i] = i;
    perm_alphametic(arr, 0, n, k);
    return 0;
}
```

실행 결과는 다음과 같다. SEND + MORE = MONEY는 9567 + 1085 = 10652임을 알 수 있다.

```
75160892
```

? 생각해보기 ≡ 다음 복면산을 추론으로 풀고 프로그래밍으로 확인하라.

```
FORTY + TEN + TEN = SIXTY

EINS + EINS + EINS + EINS = VIER
```

? 생각해보기 ≡ 복면산을 나타내는 문자열을 입력받아서 풀도록 코드 4-1을 수정하라.

? 풀이가 있는 생각해보기 ≡ 복면산 퍼즐을 생성하는 프로그램을 작성해보자. "SEND+

MORE=MONEY", "FORTY+TEN+TEN=SIXTY", "COFFEE+COFFEE+COFFEE=THEOREM" (출처: 『재미있는 영재들의 수학퍼즐』) 처럼 문제의 단어들도 의미가 있는 것이 좋겠다. 어떤 방법이 있을까?

4.3 자기 자신을 나타내는 수열

길이가 4인 수열 1, 2, 1, 0은 재미있는 성질을 가지고 있다. 1, 2, 1, 0에서 0은 한 번 나오는데 이것은 첫 번째 수 1과 같고, 1, 2, 1, 0에서 1은 두 번 나오는데 두 번째 수 2와 같다. 마찬가지로 2는 1번 나오는데 세 번째 수 1과 같고, 3은 네 번째 수와 같이 0번 나온다. 길이가 5인 수열 2, 1, 2, 0, 0도 마찬가지 성질을 가지고 있다. 이런 수열을 자기 자신을 나타내는 수열이라고 부른다.

Q. 자기 자신을 나타내는 수열을 찾는 프로그램 작성하기

자연수 n을 입력받아서 길이가 n인 자기 자신을 나타내는 수열을 모두 찾는 프로그램을 작성하라. '3.6 중복순열' 문제를 이용하라.

A. 0, 1, ... , n-1 에서 n개를 뽑는 모든 중복순열에 대해서 자기자신을 나타내는지 살펴보도록 코드 4-2처럼 작성할 수 있다. check_self_descriptive() 함수는 배열의 수열이 자기자신을 나타내는지 확인한다.

```
[코드 4-2]
int check_self_descriptive(int arr[], int len)
{
    int i, j, count;

    for (i = 0; i < len; i++) {
        count = 0;
        for (j = 0; j < len; j++)
            if (i == arr[j])
                count++;
        if (count != arr[i])
            return 0;
    }
    return 1;
}

void rperm_self_descriptive(int arr[], int len, int n, int k)
{
    // 코드 3-7의 rperm() 함수를 변형
    int i;

    if (len == k) {
        if (check_self_descriptive(arr, len))
```

```
            print_arr(arr, len);           // print_arr()은 코드 0-16 참고
            return;
        }

        for (i = 0; i < n; i++) {
            arr[len] = i;
            rperm_self_descriptive(arr, len + 1, n, k);
        }
    }

    #define MAXN 20

    int main()
    {
        int arr[MAXN], n;

        scanf("%d", &n);
        rperm_self_descriptive(arr, 0, n, n);

        return 0;
    }
```

10 이하의 n에 대해서 자기 자신을 나타내는 수열을 구하면 표 4-3과 같다(n=1, 2, 3, 6일 때는 없다).

[표 4-3]

n	자기자신을 나타내는 수열
4	1, 2, 1, 0
	2, 0, 2, 0
5	2, 1, 2, 0, 0
7	3, 2, 1, 1, 0, 0, 0
8	4, 2, 1, 0, 1, 0, 0, 0
9	5, 2, 1, 0, 0, 1, 0, 0, 0
10	6, 2, 1, 0, 0, 0, 1, 0, 0, 0

코드 4-2는 n=4일 때, 그림 4-8의 오른쪽처럼 표시된 4^4개의 후보를 모두 만들어서 check_self_descriptive() 함수에서 확인한다.

이와 같이 재귀적으로 가능한 전체 문제 공간을 탐색하는 방법을 백트래킹 (backtracking)이라고 부른다. 3장에서 재귀적으로 순열, 조합을 구하는 프로그램은

모두 백트래킹의 일종으로 볼 수 있다.

[그림 4-8]

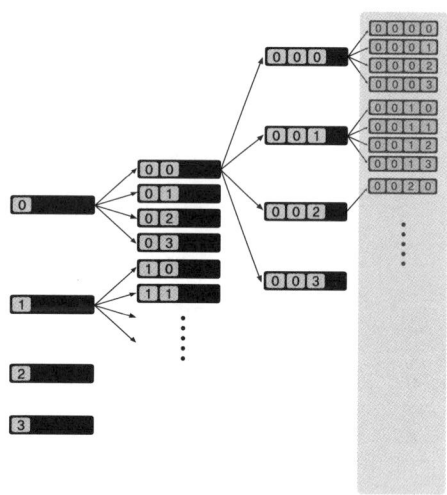

Q. 가지치기

코드 4-2는 n이 10보다 크면 너무 오래 걸린다. n^n개의 중복순열이 모두 자기자신을 나타내는지 확인하기 때문이다. 더 빠르게 할 수는 없을까?

A. n=4일 때, 첫 번째 수가 2, 두 번째 수가 3인 경우를 생각해보자(그림 4-9). 이때, 수열의 세 번째 수가 0이 될 수 있을까? 없다. 이미 2가 한 번 나왔기 때문이다. 수열에서 k번째 수는 앞에서(1, 2, ..., k-1번째 수에서) k가 나온 횟수보다 같거나 크다. 이

[그림 4-9]

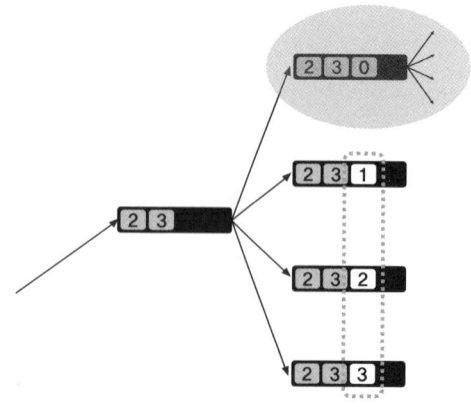

170   04 퍼즐

횟수보다 작은 값에 대해서는 아예 살펴보지 않으면 탐색해야 할 범위가 많이 줄어든다. 즉 그림 4-9의 타원에 속한 경우들은 살펴볼 필요가 없다.

코드 4-3의 rperm_self_descriptive2() 함수는 각 자리에 들어갈 수 있는 최소 값 t를 구하여, 만들어보는 중복순열의 수를 줄인다.

[코드 4-3]
```c
void rperm_self_descriptive2(int arr[], int len, int n, int k)
{
    int i, t = 0;

    if (len == k) {
        if (check_self_descriptive(arr, len))
            print_arr(arr, len);
        return;
    }
    for (i = 0; i < len; i++)
        if (arr[i] == len)
            t++;

    for (i = t; i < n; i++) {
        arr[len] = i;
        rperm_self_descriptive2(arr, len + 1, n, k);
    }
}
```

길이가 n인 자기자신을 나타내는 수열의 합은 n이라는 사실을 이용해서 살펴보는 경우를 더 줄일 수도 있다. k번째 수가 될 수 있는 최대 값은 n에서 1, 2, ... , k-1번째 수의 합을 뺀 것이다. 코드 4-4의 rperm_self_descriptive3()처럼 수정하면 확인해봐야 할 경우의 수가 더 줄어든다. rperm_self_descriptive3() 함수에서 s는 앞에서 나온 수들의 합이다.

[코드 4-4]
```c
void rperm_self_descriptive3(int arr[], int len, int n, int k)
{
    int i, t = 0, s = 0;

    if (len == k) {
        if (check_self_descriptive(arr, len))
            print_arr(arr, len);
        return;
```

4.3 자기 자신을 나타내는 수열

```
    }
    for (i = 0; i < len; i++) {
        if (arr[i] == len)
            t++;
        s += arr[i];
    }

    for (i = t; i <= n - s; i++) {
        arr[len] = i;
        rperm_self_descriptive3(arr, len + 1, n, k);
    }
}
```

길이가 10인 수열을 찾을 때(n=10 일 때), rperm_self_descriptive()는 10^{10}번, rperm_self_descriptive2()는 1,804,004,259번, rperm_self_descriptive3()는 100,598번 check_self_descriptive()를 호출하였다. 이렇게 몇 가지 조건들로 가지치기를 하여, 탐색 속도를 크게 높일 수 있다. 더 좋은 가지치기 방법을 찾아보자.

> **Note**
>
> 7 이상의 n에 대해 n-4, 2, 1, 0, ..., 0, 1, 0, 0, 0이 자기자신을 나타내는 유일한 수열임이 증명되어 있다고 한다. 《Self-descriptive number》를 참고하라. 이 사실을 이용하면 순식간에 답을 구하는 프로그램을 작성할 수 있다.

생각해보기 '3.3 도둑의 고민'이나 '추가 문제 3.g'의 N-Queen에도 가지치기를 적용해보자.

4.4 아인슈타인 퍼즐

여기서는 흔히 아인슈타인 퍼즐로 불리는 문제를 풀어보자 이 퍼즐은 아인슈타인이 만들었고, 전 세계 인구의 2%만이 풀 수 있다고 소개되는데, 이는 전혀 근거없는 얘기라고 한다(『재미있는 영재들의 수학퍼즐 2』, 《Zebra Puzzle》 참고). 국적이나 색상이 바뀐 여러 버전을 여기저기서 볼 수 있다.

문제의 배경이 되는 상황은 다음과 같다.

1. 색깔이 다른 다섯 채의 집이 일렬로 있다.
2. 각 집에는 서로 다른 국적을 가진 사람이 살고 있다.
3. 다섯 사람은 서로 다른 음료를 마시고, 서로 다른 담배를 피며, 서로 다른 동물을 기른다.

이때, 15개의 정보가 있다.

1. 영국인은 빨간 집에 산다.
2. 스웨덴인은 개를 기른다.
3. 덴마크인은 차를 마신다.
4. 초록 집은 하얀 집의 왼쪽 집이다.
5. 초록 집에 사는 사람은 커피를 마신다.
6. 펠멜 담배를 피우는 사람은 새를 기른다.
7. 노란 집 사람은 던힐 담배를 피운다.
8. 한 가운데 집에 사는 사람은 우유를 마신다.
9. 노르웨이인은 첫 번째 집에 산다.
10. 블렌드 담배를 피우는 사람은 고양이를 기르는 사람 옆 집에 산다.
11. 말을 기르는 사람은 던힐 담배를 피우는 사람 옆 집에 산다.
12. 블루 매스터 담배를 피우는 사람은 맥주를 마신다.
13. 독일인은 프린스 담배를 피운다.
14. 노르웨이인은 파란 집 옆 집에 산다.
15. 블렌드 담배를 피우는 사람은 생수를 마시는 사람과 이웃이다.

Q. ≡ 종이와 연필을 이용하여 풀기

얼룩말을 키우는 사람은 어느 나라 사람일까? 종이와 연필을 이용하여 풀어보자.

A. 다음과 같이 표를 그려놓고 채워가면서 문제를 풀자.

순서	0	1	2	3	4
국적					
색상					
음료					
담배					
동물					

정보 8, 9, 14를 적용한다.

순서	0	1	2	3	4
국적	노르웨이				
색상		파란			
음료			우유		
담배					
동물					

정보 4, 5에 따르면 3번이 초록 집에 살며 커피를 마시고, 4번이 하얀 집에 산다.

순서	0	1	2	3	4
국적	노르웨이				
색상		파란		초록	하얀
음료			우유	커피	
담배					
동물					

정보 1에 따라서 2번이 영국인이고 빨간집에 산다. 나머지 0번이 노란 집에 살며, 정보 7에 따라서 0번의 담배는 던힐이다. 정보 11에 따라서 1번이 키우는 동물이 말임을 알 수 있다.

순서	0	1	2	3	4
국적	노르웨이		**영국**		
색상	**노란**	파란	**빨간**	초록	하얀
음료			우유	커피	
담배	**던힐**				
동물			말		

정보 3에 따르면 덴마크인이 차를 마시므로, 1번이나 4번 중에 한 집이 차를 마신다.

정보 12에 따르면 블루 매스터 담배를 피는 사람이 맥주를 마시므로 역시 1번이나, 4번 중에 한 집이 맥주를 마신다. 1번이나 4번 집 중 한 집은 차를 마시고, 한 집은 맥주를 마신다. 따라서 0번은 생수를 마신다.

순서	0	1	2	3	4
국적	노르웨이		영국		
색상	노란	파란	빨간	초록	하얀
음료	**생수**		우유	커피	
담배	던힐				
동물			말		

정보 15에 따르면 1번이 블렌드 담배를 핀다.

순서	0	1	2	3	4
국적	노르웨이		영국		
색상	노란	파란	빨간	초록	하얀
음료	생수		우유	커피	
담배	던힐	**블렌드**			
동물			말		

정보 12에서 블루 매스터를 피우면서 맥주를 마시는 사람은 4번임을 알 수 있다. 정보 3에 따르면 1번이 덴마크인이며 차를 마신다.

순서	0	1	2	3	4
국적	노르웨이	덴마크	영국		

색상	노란	파란	빨간	초록	하얀
음료	생수	**차**	우유	커피	**맥주**
담배	던힐	블렌드			블루매스터
동물			말		

정보 13을 적용하면 3번이 독일임을 알 수 있고, 하나 빈 곳인 4번이 스웨덴이며, 정보 2에 따라서 개를 기른다.

순서	0	1	2	3	4
국적	노르웨이	덴마크	영국	**독일**	**스웨덴**
색상	노란	파란	빨간	초록	하얀
음료	생수	차	우유	커피	맥주
담배	던힐	블렌드		**프린스**	블루매스터
동물			말		**개**

정보 6과 정보 10을 적용하면 다음과 같이 표가 완성된다.

순서	0	1	2	3	4
국적	노르웨이	덴마크	영국	독일	스웨덴
색상	노란	파란	빨간	초록	하얀
음료	생수	차	우유	커피	맥주
담배	던힐	블렌드	**펠멜**	프린스	블루매스터
동물	**고양이**	말	**새**		개

마지막까지 비어있는 3번이 얼룩말을 키우는 집이고, 독일 사람이 살고 있다.

Q. 프로그래밍으로 풀기

모든 경우를 테스트하여 조건에 맞는 배치를 찾는 프로그램을 작성해보자.

A. '추가 문제 3.b'를 참고하라. 코드 4-5는 코드 3-13를 이용하여 작성한 것이다.

[코드 4-5]

```
#define N 5
```

```c
enum CATEGORY {COUNTRY, COLOR, BEVERAGE, CIGARETTE, PET};
enum eCOUNTRY {England, Germany, Sweden, Norway, Denmark};
enum eCOLOR   {Red, Green, Blue, Yellow, White};
enum eBEVERAGE {Tea, Water, Milk, Coffee, Beer};
enum eCIGARETTE {Blend, Dunhill, BlueMaster, PallMall, Prince};
enum ePET {Dog, Cat, Horse, Zebra, Bird};

int check_einstein(int solution[][N])
{
    if (solution[COUNTRY][England] != solution[COLOR][Red])
        return 0;      // rule 1
    if (solution[COUNTRY][Sweden] != solution[PET][Dog])
        return 0;      // rule 2
    if (solution[COUNTRY][Denmark] != solution[BEVERAGE][Tea])
        return 0;      // rule 3
    if (solution[COLOR][Green] != solution[COLOR][White] - 1)
        return 0;      // rule 4
    if (solution[COLOR][Green] != solution[BEVERAGE][Coffee])
        return 0;      // rule 5
    if (solution[CIGARETTE][PallMall] != solution[PET][Bird])
        return 0;      // rule 6
    if (solution[COLOR][Yellow] != solution[CIGARETTE][Dunhill])
        return 0;      // rule 7
    if (solution[BEVERAGE][Milk] != 2)
        return 0;      // rule 8
    if (solution[COUNTRY][Norway] != 0)
        return 0;      // rule 9
    if (abs(solution[CIGARETTE][Blend] - solution[PET][Cat]) != 1)
        return 0;      // rule 10;
    if (abs(solution[PET][Horse] - solution[CIGARETTE][Dunhill]) != 1)
        return 0;      // rule 11;
    if (solution[CIGARETTE][BlueMaster] != solution[BEVERAGE][Beer])
        return 0;      // rule 12
    if (solution[COUNTRY][Germany] != solution[CIGARETTE][Prince])
        return 0;      // rule 13
    if (abs(solution[COUNTRY][Norway] - solution[COLOR][Blue]) != 1)
        return 0;      // rule 14;
    if (abs(solution[CIGARETTE][Blend] - solution[BEVERAGE][Water]) != 1)
        return 0;      // rule 15;

    return 1;
}

void mperm_einstein(int arr[][N], int index, int len, int n, int r, int t)
{
    int i;

    if (index == t) {
```

```
            if (check_einstein(arr))
                print_mperm(arr, r, t);
            return;
        }

        if (len == r) {
            mperm_einstein(arr, index + 1, 0, n, r, t);
            return;
        }

        for (i = len; i < n; i++) {
            swap_arr(arr[index], i, len);   // swap_arr()은 코드 0-7 참고
            mperm_einstein(arr, index, len + 1, n, r, t);
            swap_arr(arr[index], i, len);
        }
}
int main()
{
    int arr[N][N], i, j;

    for(i=0; i<N; i++)
        for(j=0; j<N; j++)
            arr[i][j] = j;

    mperm_einstein(arr, 0, 0, N, N, N);
    return 0;
}
```

대부분의 독자는 아마도 결과를 기다리다가 프로그램을 꺼버렸을 것이다. 코드 4-5는 가능한 경우를 모두 만들어 보고 문제의 정보와 일치하는지 확인한다. 집이 네 채 이하면 그럭저럭 쉽게 풀릴 텐데, 안타깝게도 이 문제에는 집이 다섯 채 등장하여 $5!^5$=24,883,200,000가지 경우를 모두 만들어보고 확인해야 한다. '추가 문제 3.h'처럼 1초에 10^6가지 경우를 살펴본다고 하면 7시간 정도가 걸린다.

모든 경우를 다 살펴보지 않도록 프로그램을 수정해보자. 우리는 다섯 집에 사는 사람들의 국적을 결정하고, 색상을 결정하고, 음료를 결정하고, 담배를 결정하고, 동물을 결정한다. 이렇게 모든 경우를 살펴보기 때문에 $5!^5$가지의 경우를 봐야 하는 것이다.

어떤 방법이 있을까?

국적을 결정한 다음 확인할 수 있는 정보를 파악한다. 예를 들어서 '노르웨이 인은 첫 번째 집에 산다'는 정보를 확인해 보는 것이다. 만약 잘못되었다면 이에 해당하는

색상, 음료 등의 조건 등은 더 살펴볼 필요가 없다. 이와 같이 하면 확인해야 할 경우가 굉장히 줄어든다.

코드 4-6에서 check_einstein2() 함수는 인자로 level을 받는다. level이 0이면 국가가 결정된 상태이므로, 가능한 정보들이 맞는지 확인해본다 level이 1이면 국가에 더해서 집의 색깔이 결정되었을 때 확인할 수 있는 정보를 살펴본다.

```
[코드 4-6]
int check_einstein2(int solution[][N], int level)
{
    if (level == 0) {
        // COUNTRY
        if (solution[COUNTRY][Norway] != 0)
            return 0;  // rule 9
    } else if (level == 1) {
        // COUNTRY, COLOR
        if (solution[COUNTRY][England] != solution[COLOR][Red])
            return 0;  // rule 1
        if (solution[COLOR][Green] != solution[COLOR][White] - 1)
            return 0;  // rule 4
        if (abs(solution[COUNTRY][Norway] - solution[COLOR][Blue]) != 1)
            return 0;  // rule 14;
    } else if (level == 2) {
        // COUNTRY, COLOR, BEVERAGE
        if (solution[BEVERAGE][Milk] != 2)
            return 0;  // rule 8
        if (solution[COUNTRY][Denmark] != solution[BEVERAGE][Tea])
            return 0;  // rule 3
        if (solution[COLOR][Green] != solution[BEVERAGE][Coffee])
            return 0;  // rule 5
    } else if (level == 3) {
        // COUNTRY, COLOR, BEVERAGE, CIGARETTE
        if (solution[COLOR][Yellow] != solution[CIGARETTE][Dunhill])
            return 0;  // rule 7
        if (solution[CIGARETTE][BlueMaster] != solution[BEVERAGE][Beer])
            return 0;  // rule 12
        if (solution[COUNTRY][Germany] != solution[CIGARETTE][Prince])
            return 0;  // rule 13
        if (abs(solution[CIGARETTE][Blend] - solution[BEVERAGE][Water]) != 1)
            return 0;  // rule 15;
    } else if (level == 4) {
        // COUNTRY, COLOR, BEVERAGE, CIGARETTE, PET
        if (solution[COUNTRY][Sweden] != solution[PET][Dog])
            return 0;  // rule 2
        if (solution[CIGARETTE][PallMall] != solution[PET][Bird])
            return 0;  // rule 6
```

```
        if (abs(solution[CIGARETTE][Blend] - solution[PET][Cat]) != 1)
            return 0;   // rule 10;
        if (abs(solution[PET][Horse] - solution[CIGARETTE][Dunhill]) != 1)
            return 0;   // rule 11;
    }

    return 1;
}
```

코드 4-6은 매우 빨리 탐색을 끝낸다. check_einstein2()는 5,520번 호출된다. 앞의 프로그램에 비해 훨씬 적은 경우만 살펴보고 있음을 알 수 있다. 실행 결과는 다음과 같다.

```
23401 23104 10234 10423 40132
```

❓ 풀이가 있는 생각해보기 15개의 조건 중에 빠져도 되는 것이 있을까? 하나 이상의 조건을 제외하고 프로그램을 실행해서 몇 개의 답을 찾아내는지 확인하라.

4.5 8퍼즐

8퍼즐은 3×3 퍼즐판 위에서 1부터 8까지의 번호가 적힌 조각들을 순서대로 맞추는 퍼즐이다. 처음에는 그림 4-10a처럼 8개의 조각이 아무렇게나 섞여 있다. 빈칸을 이용하여 조각을 상, 하, 좌, 우로 옮길 수 있다. 예를 들어 '4'를 아래로 내리면 (b)와 같이 될 것이다(빈칸을 위로 옮긴다고 볼 수 있다). 여기서 '7'을 오른쪽으로 움직이면 (c)와 같이 된다(빈칸을 왼쪽으로 옮긴다고 볼 수 있다).

이렇게 상하좌우로 조각을 옮기다 보면, 언젠가는 (d)처럼 8개의 조각이 순서대로 놓일 것이다.

[그림 4-10]

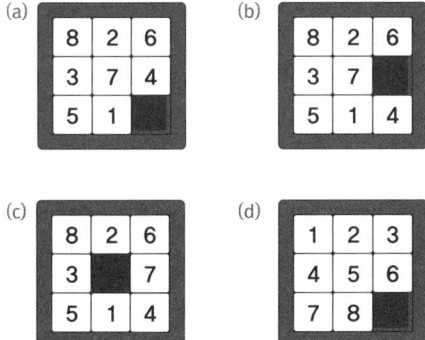

Q. 8퍼즐 맞추기

그림 4-11의 퍼즐은 몇 번의 움직임으로 맞출 수 있을까?

[그림 4-11]

A. 그림 4-12와 같이 6번 움직여서 맞출 수 있다. 빈칸의 움직임을 기준으로 보면, 조작법을 간단하게 나타낼 수 있다. 빈칸은 좌, 상, 상, 우, 하, 하로 움직였다. 이를 LUURDD로 나타내자.

[그림 4-12]

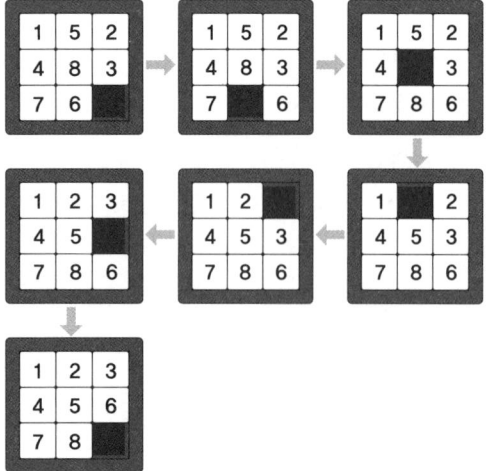

> **풀이가 있는 생각해보기** ≡ 그림 4-11의 퍼즐을 6번보다 적게 움직여서 맞추는 것은 불가능할까?

Q. ≡ 프로그래밍으로 맞추기

처음 8퍼즐의 상태를 입력받아서 퍼즐을 맞추기 위한 최소 이동 회수의 움직임을 출력하는 프로그램을 작성하라. 빈칸은 0으로 입력받는다. 퍼즐을 맞추는 것이 불가능하면 'impossible'을 출력한다.

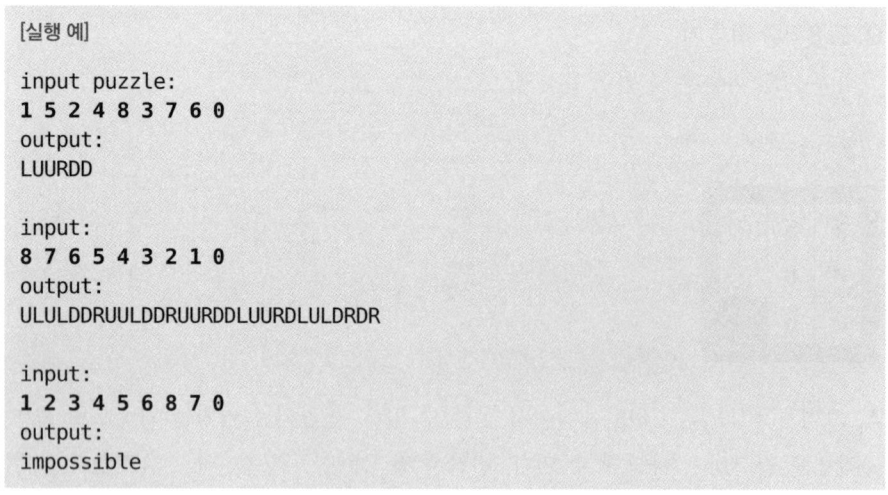

A. 이 문제는 재귀 호출을 이용한 백트래킹으로 풀기 어렵다. 여러 상태가 반복되며,

맞추는 방법을 찾아도 최단거리임이 보장되지 않는다.

앞에서와는 다른 접근이 필요하다. 퍼즐의 상태를 그래프로 나타내어 보자. 그림 4-11의 퍼즐에서 한 번의 움직임으로 만들 수 있는 상태는 그림 4-13과 같이 두 가지다(빈 칸은 0으로 나타낸다). 한 번의 움직임으로 갈 수 있는 상태는 화살표로 연결한다. 두 개의 상태에서 또 다시 한 번의 움직임으로 만들 수 있는 상태를 나타내면 그림 4-14와 같다.

[그림 4-13]

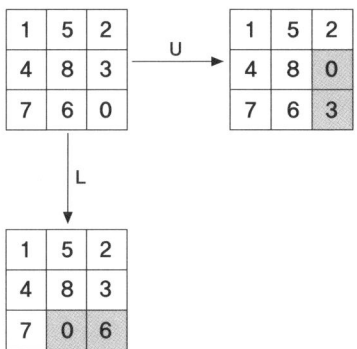

[그림 4-14]

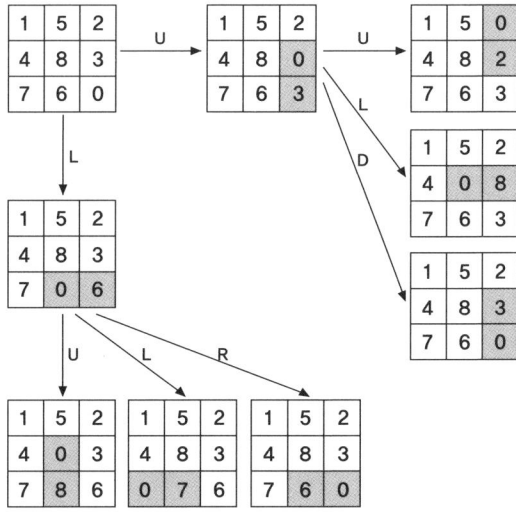

이런 식으로 8퍼즐의 모든 상태를 그려나가면 큰 그래프가 되며, 이 그래프를 상태 공간 그래프(state space graph)라고 부른다. 최소 움직임으로 퍼즐을 맞추는 방법

을 찾으려면 조각들이 순서대로 놓인 배치가 이 상태 공간 그래프의 어디에서 가장 먼저 나타나는지 찾아야 한다. 즉 상태 공간 그래프에서 너비우선탐색(breadth-first search)을 하는 문제로 볼 수 있다. 그림 4-14의 그래프는 같은 노드가 여러 번 그려져 있으므로 그림 4-15와 같이 그리는 것이 더 정확하다.

[그림 4-15]

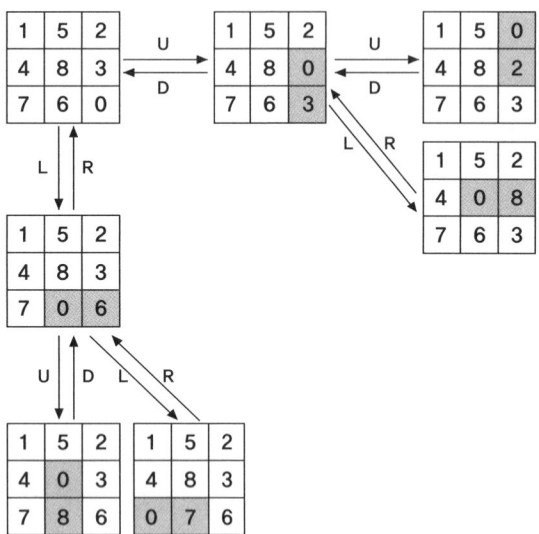

그래프를 너비우선탐색하기 위해서 '0.4 은행 대기번호 관리'에서 다루었던 큐 자료구조를 이용하자. 너비우선탐색을 위해 노드(퍼즐의 배열 상태)에 번호를 붙이고, 방문한 노드는 다시 방문하지 않아야 한다. 노드에 어떻게 번호를 붙일 수 있을까? 퍼즐의 상태는 0, 1, 2, ... , 8의 순열로 볼 수 있다. 따라서 0, 1, 2, ... , 8의 순열을 사전 순서로 늘어놓았을 때, 몇 번째인지로 노드의 번호를 붙이자. 순열을 사전 순서로 늘어놓을 때, 몇 번째인지 구하는 방법은 '추가 문제 3.d'를 참고하라.

M×N의 2차원 배열로 퍼즐이 주어질 때, 이 배열이 완전히 맞춰진 상태이면 1, 아니면 0을 반환하는 함수 check_puzzle()은 다음과 같다.

```
[코드 4-7]
#define M 3
#define N 3

int check_puzzle(int arr[M][N])
```

```
{
    int i;

    for (i = 0; i < M * N - 1; i++)
        if (arr[i / N][i % N] != i + 1)
            return 0;

    if (arr[M - 1][N - 1] != 0)
        return 0;

    return 1;
}
```

코드 4-8의 slide() 함수는 빈칸의 행에 x, 열에 y 만큼 더한 칸과 빈칸을 바꾼 배치를 반환한다. 빈칸의 행에 x, 열에 y 만큼 더한 것이 퍼즐의 범위 밖이면 NULL을 반환한다.

[코드 4-8]
```
void* slide(int arr[M][N], int x, int y)
{
    int (*p)[N];
    int i, j;
    int zm, zn, m, n;

    for (i = 0; i < M; i++)
        for (j = 0; j < N; j++)
            if (arr[i][j] == 0) {          // 0의 위치를 찾음
                zm = i;
                zn = j;
            }

    m = zm + x;
    n = zn + y;

    if (m < 0 || m >= M || n < 0 || n >= N)
        return NULL;

    p = malloc(sizeof(int) * M * N);
    memcpy(p, arr, sizeof(int) * M * N);

    p[zm][zn] = p[m][n];
    p[m][n] = 0;
    return p;
}
```

코드 4-9의 solve_puzzle() 함수는 초기 퍼즐의 상태를 인자로 받고, slide() 함수를

이용해서 그림 4-15와 같은 상태 공간의 그래프를 너비 우선 탐색한다. 큐 자료구조에 사용하는 enqueuep(), dequeuep() 함수는 코드 0-15, perm_count()는 코드 3-14를 참고하라. enqueue_state() 함수는 이웃한 상태들이 이미 나온 적이 없다면 큐에 넣고, 어느 상태에서 어떤 움직임으로 이동해왔는지를 from[] 배열과 move[] 배열에 표시한다.

[코드 4-9]
```c
#define MAXH 362880        // 9! = 362880 (가능한 모든 상태의 수)

char move[MAXH];
int from[MAXH];

void print_moves(int h)
{
    if (from[h] < 0)
        return;
    print_moves(from[h]);
    printf("%c", move[h]);
}

void enqueue_state(int previous_state_number, void *state, char m)
{
    // perm_count()는 코드 3-14 참고
    int state_number = perm_count(state, M * N);

    if (move[state_number])
        return;
    move[state_number] = m;
    from[state_number] = previous_state_number;
    // enqueuep()는 코드 0-15 참고
    enqueuep(state);
}

void solve_puzzle(int initial[M][N])
{
    int (*state)[N];
    int (*next_state)[N];

    enqueue_state(-1, slide(initial, 0, 0), 1);

    while ((state = dequeuep()) != NULL) {
        if (check_puzzle(state)) {
            print_moves(perm_count((int*) state, M * N));
            free(state);
            return;
```

```
        }
        int state_number = perm_count((int *) state, M * N);

        next_state = slide(state, -1, 0);
        if (next_state != NULL)
            enqueue_state(state_number, next_state, 'U');

        next_state = slide(state, 0, -1);
        if (next_state != NULL)
            enqueue_state(state_number, next_state, 'L');

        next_state = slide(state, 0, 1);
        if (next_state != NULL)
            enqueue_state(state_number, next_state, 'R');

        next_state = slide(state, 1, 0);
        if (next_state != NULL)
            enqueue_state(state_number, next_state, 'D');

        free(state);
    }
    printf("impossible\n");
}
int main()
{
    int initial[M][N];
    int i, j;

    for (i = 0; i < M; i++)
        for (j = 0; j < N; j++)
            scanf("%d", &initial[i][j]);

    solve_puzzle(initial);
    return 0;
}
```

> **생각해보기** 8퍼즐 배치 중에서 가장 많은 움직임이 필요한 것을 찾아보자.

> **생각해보기** 큐에 퍼즐 상태를 나타내는 2차원 배열을 저장하는 대신에 몇 번째 순열인지만 저장할 수 있을까?

Note

널리 알려진 15퍼즐은 더 큰 4×4 조각을 맞추는 문제다. 이때, 모든 배치를 맞출 수 있는 것은 아니다. 그림 4-16을 보자. 조각을 상하좌우로 움직이는 것으로는 (a)를 (b)로 만들 수가 없다. '4.1 체스판 덮기' 문제에서처럼 불변량을 찾아내어 두 상태의 불변량이 다르다는 것을 보여서 증명해야한다.

[그림 4-16]

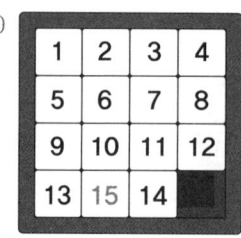

15퍼즐은 샘 로이드가 만든 것으로 알려져 있으나, 실제로 샘 로이드는 대중화하는 역할을 했을 뿐 최초로 제안한 사람은 다른 사람이라고 한다. 자세한 설명은 《15 puzzle》을 참고하라.

M=N=4인 15퍼즐은 M=N=3인 8퍼즐보다 얼마나 어려울까? 단순하게 계산해보면, 8퍼즐에서 가능한 배치는 9! =362,880가지로 모두 다 살펴보는 것이 가능하지만, 15퍼즐에서 가능한 배치는 16!=20,922,789,888,000로 모든 경우를 다 살펴보기가 쉽지 않다. 적당한 수의 움직임으로 15퍼즐을 맞추는 것은 어렵지 않으나, 최소의 움직임으로 맞추기란 꽤 어려우며 8퍼즐과 완전히 다르게 접근해야 한다. 생각할 수 있는 방법 중 하나가 A* 알고리즘이다. A* 알고리즘은 힌트를 이용하여 너비우선탐색을 할 때보다 훨씬 적은 노드를 살펴보고, 최단 거리를 찾는 그래프 탐색 알고리즘이다. 이를 상태 공간 그래프에 적용하여 더 적은 상태를 살펴보고도 최적의 이동을 찾을 수 있다. 최적해를 찾으려면 실제보다 남은 거리를 짧게 추정하는 힌트를 사용해야 하는데, 이동 회수의 하한으로 볼 수 있는 '모든 조각의 현재 위치와 목표 위치의 차이의 합'을 사용할 수 있다.

A* 알고리즘을 비롯한 다양한 문제 공간 탐색 방법은 여기서 다루지 않는다. 궁금한 독자는 『Foundations of Algorithms using Java Pseudocode』, 『쉽게 배우는 알고리즘』을 참고하라. '추가 문제 4.f'도 너비우선탐색으로 문제 공간을 탐색하는 문제다. 『Programming Challenges: 알고리즘 트레이닝 북』의 문제 58에서도 다루고 있다.

N×N 퍼즐을 최소 움직임으로 맞추는 방법을 찾는 문제는 NP-난해로 알려져 있다(「Finding a Shortest Solution for the N×N Extension of the 15-PUZZLE Is Intractable」).

🔒 4.6 추가 문제

4.a ≡ 소스를 컴파일하여 실행하면 출력이 소스파일 자신이 되는 프로그램을 작성하라. 사용가능한 라이브러리 함수는 printf()이다. 파일을 읽거나, 복사하는 명령을 이용해서는 안 된다. 많이 알려진 프로그래밍 퍼즐이다.

4.b ≡ 나이트 순회(knight's tour) 문제는 수학자 오일러가 제안한 오래된 퍼즐이다. 직사각형 모양의 장기판이 주어지면 왼쪽 맨 위 칸에서 시작하여 장기판의 모든 칸을 정확히 한 번씩 지나서 처음 자리로 돌아오는 나이트의 움직임을 찾는 것이다. 장기판의 가로, 세로 길이를 입력받고, 나이트 순회가 가능하면 장기판의 각 칸을 지나는 순서를 출력하고, 그렇지 않으면 해당 메시지를 출력하는 프로그램을 작성해보자. 《Knight's Tour》를 참고하라.

4.c ≡ 다음은 필자가 자주 들어본 퍼즐 문제들이다.

(1) 두 개의 방이 있다. 한 방에서는 다른 방을 볼 수 없다. 방 사이를 이동하는 데는 20초 정도 걸린다. 첫 번째 방에는 스위치가 세 개, 두 번째 방에는 전등이 세 개 있다. 그리고 첫 번째 방에 있는 스위치 하나에 두 번째 방의 전등이 하나씩 연결되어 있다. 첫 번째 방의 스위치 하나를 켜면 두 번째 방의 전등 하나가 켜지고, 스위치 하나를 끄면 두 번째 방의 전등 하나가 꺼질 것이다. 그러나 세 개의 전등이 각각 어느 스위치에 연결되어 있는지 모른다.

이제 어느 전등이 어느 스위치에 연결되어 있는지 알아보자.

먼저 첫 번째 방으로 들어간다. 첫 번째 방에서 원하는 만큼 스위치를 켜고 끄면서 원하는 만큼 오래 머무를 수 있다. 그리고 첫 번째 방을 나와서 두 번째 방으로 이동한다. 일단 두 번째 방에 도착하면 첫 번째 방으로 돌아갈 수 없다. 두 번째 방에서 세 개의 스위치가 각각 어느 전등에 연결되는지를 맞춰야 한다. 어떻게 대응관계를 알아낼 수 있을까?

(2) 천국으로 가는 문과 지옥으로 가는 문이 있다. 그리고 그 사이에 한 사람이 앉아 있는데, 이 사람이 천국에 사는 사람인지, 지옥에 사는 사람인지는 모른다. 천국에

사는 사람은 항상 진실을 말하고, 지옥에 사는 사람은 항상 거짓말을 한다. 당신은 그 사람에게 단 하나의 질문(예 또는 아니오로 대답가능한 질문)만 해서 천국으로 가는 길을 알아내야 한다. 뭐라고 질문해야 할까?

(3) 타는 데 정확히 한 시간이 걸리는 밧줄이 두 개 있다. 밧줄의 두께는 일정치 않고 두 밧줄은 길이도 다르다. 이 두 밧줄로 정확히 45분을 측정하는 방법은 무엇일까?

(4) 필자가 별로 좋아하지 않는 'IQ 테스트'에 가까운 문제다. 다음에 나올 수는 무엇일까?

```
10, 11, 12, 13, 14, 15, 16, 17, 20, 22, 24, 31, 100, 121, ?
```

(5) 맨홀 뚜껑이 둥근 이유는 무엇일까? 정해진 답이 있다기 보다는 설계가 주는 장단점을 설명하는 문제다. 마이크로소프트의 면접 문제였다고 한다.

4.d 재미있는 퍼즐 문제를 몇 개 소개한다. 천천히 생각하고 풀어보자.

(1) 굉장히 오래된 퍼즐이다. 가로, 세로가 각 세 칸인 작은 체스판의 위쪽 두 귀퉁이에 검은 나이트가, 아래쪽 두 귀퉁이에 흰 나이트가 있다. 검은 나이트를 아래 쪽에, 흰 나이트가 위 쪽에 오도록 할 수 있을까? 최소 몇 번 나이트를 움직이면 가능할까?

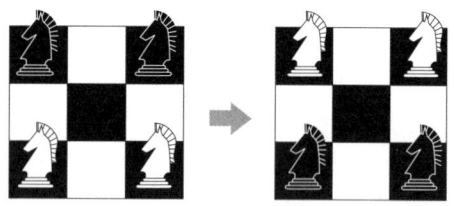

프로그램으로 풀어보자. M×N의 크기를 가지는 체스판이 있고, 이 체스판에 검은색, 흰 색 나이트가 각각 K개씩 놓여있다. M, N, K를 입력받고 흰 색 나이트의 위치(행, 열), 검은 색 나이트의 위치를 입력받아 나이트의 위치를 바꾸는 최소의 이동 과정을 출력하는 프로그램을 작성해보자.

[실행 예]
input:
3 3 2
1 1
1 3
3 1
3 3

output:
(1, 1)->(3, 2)
(1, 3)->(2, 1)
(3, 3)->(1, 2)
(3, 1)->(2, 3)
(3, 2)->(1, 3)
(2, 1)->(3, 3)
(1, 2)->(3, 1)
(2, 3)->(1, 1)
(1, 3)->(2, 1)
(3, 3)->(1, 2)
(3, 1)->(2, 3)
(1, 1)->(3, 2)
(2, 1)->(3, 3)
(1, 2)->(3, 1)
(2, 3)->(1, 1)
(3, 2)->(1, 3)

(2) 원을 부채꼴 여섯 개로 나누고, 각 부채꼴 위에 바둑돌을 하나씩 놓는다. 여섯 개의 바둑돌을 한 부채꼴 위로 옮기자. 단, 한 번에 바둑돌을 두 개씩 움직여야 하고, 그 중 하나는 시계 방향, 다른 하나는 시계 반대 방향으로 움직여야 한다.

최소한으로 움직인다면 몇 번의 움직임으로 바둑돌을 모두 모을 수 있을까? 『재미있는 영재들의 수학퍼즐 2』에 실려있는 문제다.

[그림 4-17]

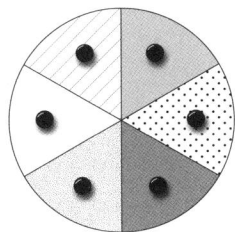

(3) ▤ 당신은 나에게 '예' 또는 '아니오'로 대답할 수 있는 질문을 하나 할 수 있다. 질문을 받으면 나는 '예' 또는 '아니오'로 대답하며, 그 대답은 반드시 진실이다. 내가 반드시 '예'라고 대답하면서 당신에게 100만원을 주어야 하는 질문은 무엇일까? 또, 내가 '예' 또는 '아니오'라고 마음대로 대답할 수 있지만 어떤 경우든 당신에게 100만원을 주어야 하는 질문은 무엇일까?

'당신은 아니오라고 대답합니까?'라는 질문에 나는 '예'라고도 '아니오'라고도 답할 수 없다는 사실을 이용하면 쉽게 풀 수 있다. 『사고력을 키워주는 논리퍼즐』에 있는 '강제논리'에 대한 문제다.

4.e ▤ 지수귀문도는 조선시대 학자 최석정이 고안한 육각형 모양의 마방진이다. 육각형 모양이 서로 맞물려 있는 형태로, 이 육각형 각 꼭짓점에 숫자가 있는데 모든 육각형의 꼭짓점 숫자의 합이 같아야 한다.

[그림 4-18]

 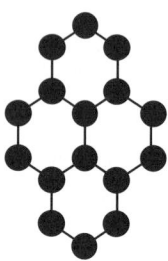

16개의 수로 지수귀문도를 만드는 방법은 매우 많고 육각형의 합도 여러 가지가 가능하다. 그림 4-19는 육각형 합이 46, 50인 두 개의 지수귀문도. 16개의 수로 지수귀문도를 만들 때, 가능한 지수귀문도의 수가 몇 개인지 구하는 프로그램을 작성해보자. 각 육각형의 합마다 몇 개가 있는지 출력한다.

16!가지 경우를 차례로 살펴보면서 찾는 방법은 오랜 시간이 걸릴 것이다. 수초 내로 모든 경우를 살펴보도록 프로그램을 개선하라. 여러 대칭을 처리하고, 속도를 올릴 수 있는 방법을 적용해보자.

4.f ▤ 영화 『다이하드 3』에 3갤런과 5갤런 물통을 이용하여 4갤런을 만드는 문제가 나온다. 여기서는 좀더 일반적인 상황을 다뤄보자. 세 개의 물통이 있다. 가장 큰 물

[그림 4-19]

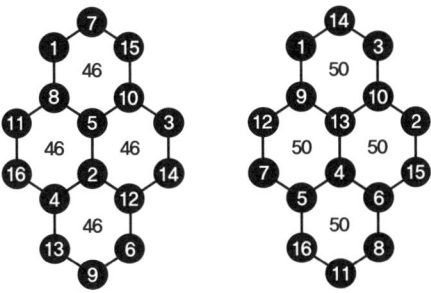

통은 물이 가득 차 있고, 나머지 두 물통은 비어 있다. 한 물통에서 다른 물통으로 물을 옮겨 붓는 과정을 여러 번 반복하면서, 한 물통에 원하는 양의 물이 남게 하려고 한다. 정확한 물의 양을 만들기 위해 물통 1에서 물통 2로 물을 부을 때 물통 1이 비거나 물통 2가 가득찰 때까지 붓는다.

입력으로 4개의 수를 받는다. 처음 세 수는 세 물통의 용량을 순서대로 받고 마지막 숫자는 만들고자 하는 물의 양을 받는다. 맨 처음엔 물통 1에 물이 가득 들어 있다. 물통 간에 물을 서로 부으면서 물통 2나 물통 3에 원하는 물의 양을 만들면 그 사이 과정을 출력하고 프로그램을 종료한다. 이미 나타난 상태가 반복해서 나타나면 안 된다. 원하는 물의 양을 만들 수 없는 경우에 'impossible' 메시지를 출력한다. 『Applied Combinatorics』(Tucker)에 있는 문제다.

4.7 일부 풀이

Q. 4.1 생각해보기

A. 아무렇게나 여러 칸을 떼어낸 체스판 (a)를 예로 생각해보자. 이 체스판의 각 칸을 노드로 하는 그래프를 만든다. (b)와 같이 노드의 이름을 붙이고 인접한 칸 사이에 에지(edge)를 그리면 (c)와 같은 이분 그래프(bipartite graph)가 된다.

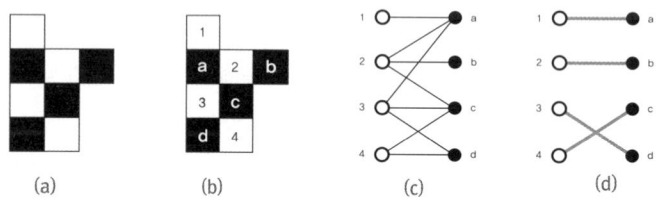

1×2 조각 하나를 체스판 위에 놓는 것은 (c)에서 에지를 하나 고르는 것과 같으므로, 체스판 (a)를 1×2 조각들로 덮을 수 있느냐는 질문은 이분 그래프 (c)에서 서로 만나지 않는 에지 4개, 즉 크기가 4인 매칭(matching)이 있느냐는 질문과 같다. 그림 (d)와 같은 매칭이 있으므로 체스판 (a)는 1×2 조각으로 덮을 수 있다.

이처럼 1×2 조각으로 체스판을 덮는 문제는 이분 그래프의 매칭으로 바꿀 수 있고, 이분 그래프의 매칭은 최대 흐름 문제(maximum flow problem)를 이용해서 빠르게 풀 수 있다.

Q. 4.2 생각해보기

A. 여러 가지 방법이 있다. 여기서는 20의 수분할('1.6 수분할' 참고)을 이용했다.

20의 수분할을 영어 표현으로 바꾼다. 예를 들어 "20 = 11 + 8 + 1"을 "twenty = eleven + eight + one"과 같이 나타내어 복면산 후보를 만든다. 그리고 이 복면산 후보 문제를 풀어본다. 만약 이 복면산 문제가 단어의 첫 글자로 쓰인 문자가 0이 아닌 해를 하나만 가지면, 이 후보는 복면산 문제로 볼 수 있다.

20의 수분할 627개를 후보로 보고 복면산 문제로 볼 수 있는지 확인해 본 결과 다음과 같이 16개의 복면산을 얻었다. 물론 이 복면산들이 좋은 퍼즐인지는 다른 얘기다.

```
one + one + one + one + one + one + one + three + three + seven = twenty
one + one + one + one + one + one + three + three + eight = twenty
```

```
one + one + one + one + two + two + five + seven = twenty
one + one + one + one + two + seven + seven = twenty
one + one + one + two + two + three + three + seven = twenty
one + one + one + three + three + eleven = twenty
one + one + one + three + seven + seven = twenty
one + one + two + two + two + five + seven = twenty
one + one + two + eight + eight = twenty
one + two + three + three + eleven = twenty
one + two + five + five + seven = twenty
two + two + two + three + three + eight = twenty
three + three + three + three + three + five = twenty
three + three + three + three + eight = twenty
three + three + three + eleven = twenty
six + seven + seven = twenty
```

Q. 4.4 생각해보기

A. 조건 중에서 하나라도 빠지면, 가능한 답이 두 개 이상 나온다.

Q. 4.5 생각해보기

A. 1에서 8번 조각의 현재 위치와 목표 위치의 차이를 생각해보자. '다른 조각이 없다면 몇 번 움직여서 목표 위치에 둘 수 있는가'를 생각한다. 이는 맨해튼 거리(Manhattan distance)로 볼 수 있다.

그림 4-11의 퍼즐 배치에서 조각 2의 목표 위치와의 차이는 1, 조각 6의 목표 위치와의 차이는 2이다(그림 4-20).

[그림 4-20]

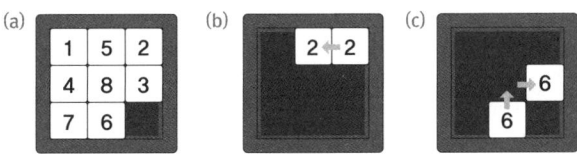

이 퍼즐 배치에서 모든 조각의 현재 위치와 목표 위치의 거리는 표 4-4와 같다. 모든 조각의 현재 위치와 목표 위치 사이의 거리의 합은 6이다. 조각 하나를 움직일 때, 이 거리의 합이 1 이상 줄어들 수 있을까? 매번 하나의 조각이 한 칸만 움직이기 때문에 1 이상 줄어들 수 없다. 따라서 6번 보다 적게 움직여서 그림 4-20a의 상태를 다 맞추기란 불가능하다. 그런데 우리는 6번 움직여서 맞추는 방법을 찾았으므로 6번의 움직임이 최소라고 확신할 수 있다.

어떤 8퍼즐 배치가 주어졌을 때, 이렇게 모든 조각의 현재 위치와 목표 위치의 거리의 합은 8퍼즐을 맞추기 위해 필요한 움직임의 최소 횟수보다 작거나 같다. 이 횟수만큼 움직이면 항상 맞출 수 있다는 의미는 아니다. 맞추는 방법이 있다면, 이만큼 또는 그보다 많이 움직여야 한다는 뜻이다.

[표 4-4]

조각	거리
1	0
2	1
3	1
4	0
5	1
6	2
7	0
8	1
합계	6

Q. 추가 문제 4.a

A. 웹에서 볼 수 있는 코드는 큰 따옴표 문자의 아스키 코드 값을 가정하는 경우가 많은데 코드 4-10과 같이 작성할 수 있다. 이와 같은 프로그램을 콰인(quine)이라고 한다.

[코드 4-10]

```
int main() {char c = '"'; char *s = "int main() {char c = '%c'; char *s = %c%s%c; printf(s, c, c, s, c);return 0;}"; printf(s, c, c, s, c);return 0;}
```

Q. 추가 문제 4.e

A. 결과는 다음과 같다. 가능한 배치의 수가 상하대칭인 이유는 무엇일까?

```
Total 687851136

40:        25920
```

```
41:      710208
42:     2127744
43:     6266304
44:    10249344
45:    20437056
46:    26904960
47:    43933824
48:    51929856
49:    66991680
50:    69280704
51:    90135936
52:    69280704
53:    66991680
54:    51929856
55:    43933824
56:    26904960
57:    20437056
58:    10249344
59:     6266304
60:     2127744
61:      710208
62:       25920
```

「300년 만에 풀린 최석정의 마법진」에서는 지수귀문도의 특수한 형태의 해를 소개하고 있다. 「A Hybrid Genetic Algorithm for the Hexagonal Tortoise Problems」는 지수귀문도를 다양한 크기와 모양으로 확장해서 지역 최적화 알고리즘과 유전 알고리즘으로 탐색하는 방법을 다루고 있다.

05 게임

이 장에서는 정보와 규칙이 공개된 게임에서 이기는 전략이 무엇인지 생각해보고, 재귀적 프로그래밍과 메모이제이션을 이용하여 최선의 전략을 찾는다. 추가 문제에서는 다양한 게임을 다룬다.

여기서 다루는 내용은 기초적인 알고리즘적 게임 이론(algorithmic game theory)이다. 이 분야는 게임 이론과 알고리즘 설계가 섞여 있는데, 1999년 알고리즘 분야의 국제학술대회인 STOC(ACM Symposium on Theory of Computing)에 처음 발표된 이후 폭발적인 성장을 했다. 인공지능에서 이기적, 이성적인 에이전트들 간의 상호작용을 다루는 멀티에이전트 시스템(multi-agent system)이 이 분야와 밀접한 관련이 있다. 게임에 들어가는 인공지능 에이전트의 전략을 알고리즘으로 나타내야 할 때는 여기서 다루는 문제에서 아이디어를 얻을 수 있을 것이다.

이 주제와 관련하여 깊이 있는 수학적 분석을 원하면 『Winning Ways for Your Mathematical Plays』를 참고하라. 또, 『인생을 바꾸는 게임의 법칙』은 식을 쓰지 않고, 비즈니스 서적처럼 게임이론을 설명하고 있다.

"브라이언, 경제학에서 진짜 문제가 무엇인가요?"
"체스!"
아서가 바로 대답했다.
체스처럼 두 사람이 하는 유한한 제로섬 게임에는 언제나 최선의 해가 존재한다는 게임 이론의 정리가 있다. 물론 실제로 그 해가 무엇인지, 어떻게 찾을 수 있는지는 모른다. 그러나 경제학자들은 이상적인 경제 주체가 즉시 그것을 찾아낼 수 있다고 본다. 경제 주체는 게임이 시작되면 체스판 앞에서 가능한 모든 수를 생각해 보고, 외통수로 장군을 부를 수 있는 모든 가능한 방법으로부터 역으로 수순을 정한다.

이렇게 역에서 다시 역으로 수순을 정하여 결국 가장 적합한 최초의 수를 찾아낸다. 예를 들어 가운데 폰(pawn)을 두 칸 앞으로 두는 순간 더 이상 게임을 할 필요가 없어진다. 이론적으로 이길 수밖에 없는 쪽은 승리를 선언할 것이다. 그가 이기리라는 것은 처음부터 알 수 있었다. 그리고 질 것을 알고 있었던 상대방도 곧 패배를 인정할 것이다. "누가 그런 체스를 둘 수 있겠어요?" 아서가 말했다.

-Mitchell Waldrop, 『Complexity』

5.1 동전 놓기

Q. 동전 놓기에서 이기는 법

두 사람이 동전 놓기 게임을 한다. 큰 원판이 하나 있고, 그 위에 두 사람이 동전을 하나씩 번갈아 가며 올려놓는다. 이미 원판 위에 놓인 동전과는 겹치게 놓을 수 없고, 원판 밖으로 동전의 일부가 나가도록 놓을 수도 없다. 더 이상 동전을 내려놓을 수 없는 사람이 진다.

동전을 먼저 내려놓는 첫 번째 사람에게는 반드시 '이기는 전략'이 있다. 무엇일까?

A. 첫 번째 사람은 원판의 중앙에 맨 처음 동전을 놓는다. 그 다음부터는 두 번째 사람이 방금 놓은 동전의 점대칭 지점에 동전을 놓는다(그림 5-1). 두 번째 사람이 놓는 지점의 반대편은 항상 비어 있다. 결국 게임이 진행되다 보면 두 번째 사람이 놓을 자리가 없게 된다. 첫 번째 사람이 이길 수 있는 게임이다.

앞으로 '이기는 전략(winning strategy)'이라는 말을 많이 사용할 것이다. '이기는 전략이 있다'는 말은 상대방이 앞으로 어떤 선택을 하든 내가 잘 대응해서 이길 수 있다는 의미다. 동전 놓기 게임이 시작했을 때, 첫 번째 사람에게는 이기는 전략이 있다.

비슷하게 바둑에서도 상대편이 둔 위치의 점대칭 위치에 돌을 놓는 '흉내바둑'이라는 전략이 있다(금지되어 있지 않다). 초반이 강한 상대를 만났을 때 프로기사들이 사용한 경우도 있다고 한다. 하지만 바둑은 동전 놓기보다 복잡하여 축을 이용하는 등의 흉내바둑을 중지시킬 수 있는 방법들이 있어 이기는 전략은 아니다. 만화 『고스트 바둑왕』에도 흉내바둑을 두는 장면이 나온다.

[그림 5-1]

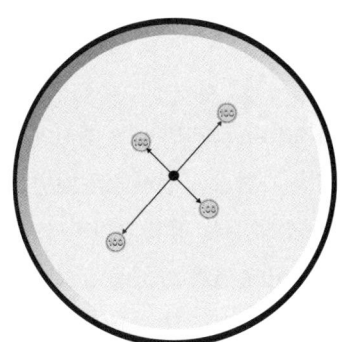

5.2 동전 가져가기

Q. 동전 가져가기에서 이기는 법

동전 40개가 있다. A, B 두 사람이 교대로 동전을 가져간다. 한 번에 하나 이상 5개 이하의 동전을 가져갈 수 있다. 마지막 동전을 가져가는 사람이 이긴다. A가 먼저 동전을 가져가기 시작한다면, A 또는 B에게 이기는 전략이 있을까?

A. A에게 이기는 전략이 있다. A는 처음에 4개의 동전을 가져간다. 그러면 동전이 36개 남는다. 그 다음부터 A는 자신의 차례에 '6 - B가 방금 가져간 동전의 갯수' 만큼을 가져간다. 이와 같이 A가 동전을 가져가면 B가 동전을 가져가려는 순간에는 항상 동전이 6의 배수(36, 30, ..., 0)만큼 남아있게 된다. 즉, B가 어떻게 동전을 가져가든지 A가 마지막 동전을 가져갈 수 있다.

동전이 6의 배수이면 B에게 이기는 전략이 있고, 아니면 A에게 이기는 전략이 있다는 것을 알 수 있다.

> **생각해보기** 이 전략을 이용하여 사람과 동전 가져가기 게임을 하는 프로그램을 작성하라.
>
> **생각해보기** 한 번에 하나 또는 3개의 동전을 가져갈 수 있다고 하자. 그렇다면 A 또는 B에게 이기는 전략이 있을까?

Q. 두 개의 접시에서 가져가기

두 개의 접시에 동전이 각각 20개, 30개가 놓여 있다. A, B 두 사람이 교대로 동전을 가져간다. 하나의 접시에서 동전을 하나 이상 원하는 만큼 가져갈 수 있다. 하지만 두 접시에서 섞어서 가져갈 수는 없다. 마지막 동전을 가져가는 사람이 이긴다. A가 먼저 가져간다면, A에게 이기는 전략이 있을까?

A. 있다. A는 먼저 두 번째 접시에서 10개의 동전을 가져간다. 그러면 양쪽 접시에 각각 20개의 동전이 남게 된다. 그 다음부터 A는 B가 방금 가져간 동전만큼을 매번 가져간다. 그러면 A의 차례가 끝나면 양쪽 접시에 남은 동전의 수는 항상 같아진다. 즉, 양쪽 접시가 모두 비게 되는 것은 A가 동전을 가져갈 때이고, A가 마지막 동전을 가져가게 된다.

유한 개의 물체(앞에서는 동전)가 있는 유한 개의 더미(앞에서는 접시)에서 시작하여 두 사람이 한 번에 한 더미에서 물체들을 제거해 나가는 게임을 님(Nim) 게임이라고 한다. 마지막 물체를 제거한 사람이 승자가 되는 경우도 있고, 패자가 되는 경우도 있다.

님 게임은 중국에서 시작되었고, 'nim'은 '가지다'라는 뜻의 독일어 nehmen에서 왔다고 생각된다. 『Hexaflexagons, Probability, Paradoxes, and the Tower of Hanoi』에 따르면 님 게임은 두 사람이 즐기는 수학 게임 중에서 가장 오래되고, 가장 인기있는 게임이다. 15세기에 유럽에서 님 게임에 대한 최초의 참고문헌이 나왔고, 1900년대 초에 완전한 분석이 이루어졌다(「A Game with a Complete Mathematical Theory」 참고). 님 게임의 다양한 변형이 최근에도 계속 연구되고 있다. 님 게임의 변형은 『Winning Ways for Your Mathematical Plays』를 참고하라.

5.3 이길 수 있을까

점심시간, 치밀해 부장은 잘몰라 대리를 불러 동전 가져가기 게임을 해서 진 사람이 점심을 사자는 제안을 했다. 그림 5-2처럼 동전이 각각 3개, 2개, 1개가 놓여있는 접시에서 두 사람이 교대로 동전을 가져간다. 하나의 접시에서 동전을 하나 이상 원하는 만큼 가져갈 수 있다. 여러 접시에서 섞어서 가져갈 수는 없다. 마지막 동전을 가져가는 사람이 이긴다.

치밀해 부장은 잘몰라 대리가 먼저 가져가게 해주겠다고 했다. 어쨌든 먼저 가져간다면 유리하지 않겠냐는 생각에 내기에 응한 잘몰라 대리는 지고 말았다.

[그림 5-2]

Q. ≡ 치밀해 부장의 제안 분석
잘몰라 대리가 동전을 먼저 가져가는 이 게임은 누구에게 유리한가? 잘몰라 대리에게 이기는 전략은 없을까?

A. 접시 위의 동전이 3개, 2개, 1개일 때는 '5.2 동전 가져가기'에서 설명했던 것과 같은 이기는 전략이 쉽게 떠오르지 않을 것이다. 동전 가져가기 게임을 일반적으로 분석할 수 있는 방법은 없을까?

먼저 게임을 진행하면서 나올 수 있는 접시 위 동전의 수를 모두 나열해보자. 접시의 순서를 생각하지 않으면 게임 중에 나올 수 있는 세 접시에 놓인 동전 수는 다음과 같이 14가지다(큰 수부터 작은 수의 순서로 적었다).

```
3 2 1
3 2 0
3 1 1
3 1 0
3 0 0
2 2 1
```

```
2 2 0
2 1 1
2 1 0
2 0 0
1 1 1
1 1 0
1 0 0
0 0 0
```

여기서는 이 상태들의 관계를 통해서 누가 이길 수 있는지를 분석할 것이다. 먼저 '이길 수 있는 상태'에 대해서 생각해보자. 어떤 상태가 '이길 수 있는 상태'라는 말은 '내 차례가 왔을 때 이 상태이면, 앞으로 상대방이 어떻게 하든 내가 이길 수 있다'는 의미다('5.1 동전 놓기'에서 동전을 먼저 내려놓는 사람은 이길 수 있는 상태다). 예를 들어서 동전의 수가 "1 0 0", "2 0 0", "3 0 0"이면 틀림없이 이길 수 있는 상태이다. "1 0 0"에서는 동전을 하나, "2 0 0"에서는 동전을 두 개, "3 0 0"에서는 동전 세 개를 집어가면 이기기 때문이다.

이를 그림으로 나타내자. 그림 5-3에서 회색 상자는 이길 수 있는 상태를 나타낸다. 화살표는 동전을 적당히 가져가서 어떤 상태에서 다른 상태로 옮겨갈 수 있음을 의미한다.

[그림 5-3]

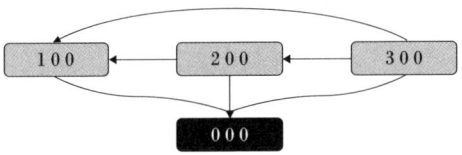

다른 상태는 어떨까? "1 1 0"을 생각해보자. "1 1 0"의 상황에서 할 수 있는 일은 접시에서 동전 하나를 가져가는 것뿐이다. 따라서 내가 "1 1 0"에서 동전을 가져가고 나면 상대방의 차례에는 "1 0 0" 상태가 되는데, 이는 이길 수 있는 상태다. "1 1 0"에서 내가 동전을 가져가면 상대방은 스스로의 힘으로 이길 수 있는 상태가 된다. 따라서 "1 1 0"은 이길 수 없는 상태다.

이길 수 없는 상태는 그림 5-4에서처럼 흰색으로 나타내자.

[그림 5-4]

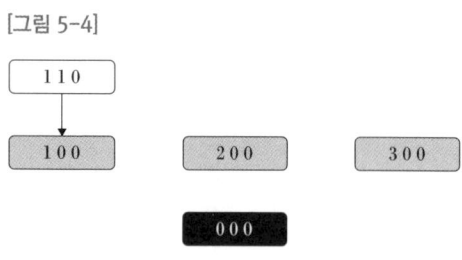

[그림 5-5]

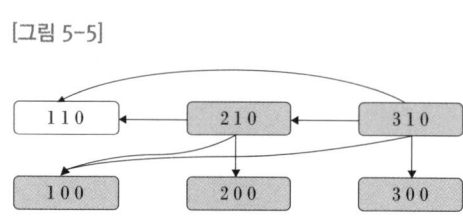

"2 1 0"이나 "3 1 0"은 어떨까? "2 1 0"에서 동전을 가져가서 만들 수 있는 상태는 "1 1 0", "2 0 0", "1 0 0"의 세 가지다. 내가 "2 0 0"이나 "1 0 0"의 상태로 상대방에서 넘겨주면 상대방은 이길 수 있는 상태가 되지만 내가 하나를 가져가서 "1 1 0"으로 만들면 상대방은 이길 수 없는 상태가 된다. "2 1 0"에서는 내가 잘 선택하면 상대방을 이길 수 없는 상태로 만들 수 있다. 따라서 "2 1 0"도 이길 수 있는 상태다. 내 차례가 왔을 때 "2 1 0"이 앞에 놓여 있으면, "이제부터 올바른 선택을 하면 이긴다"고 생각할 수 있다.

"3 1 0"은 어떨까? 3개가 있는 접시에서 2개를 가져오면 "1 1 0"이 남는다. 상대방에게 이길 수 없는 상태로 차례를 넘겨주는 것이다. 따라서 "3 1 0"도 역시 이길 수 있는 상태다(그림 5-5). 이와 같이 계속 그려나가면 모든 상태를 이길 수 있는 상태, 이길 수 없는 상태로 구별할 수 있다. "1 1 1", "2 1 1", "3 1 1"도 이길 수 있는 상태다(그림 5-6).

[그림 5-6]

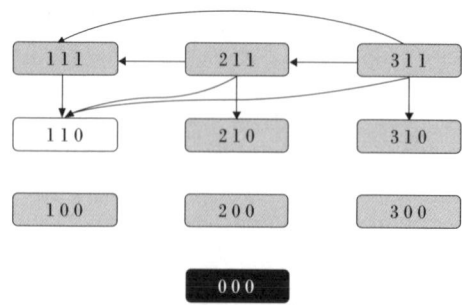

"2 2 0"은 이길 수 없는 상태다. 내가 동전을 가져가면 "2 1 0"이나 "2 0 0"이 되는데 둘 다 이길 수 있는 상태이기 때문이다. "2 2 0"에서 어떤 선택을 해도, 이후에 상대방은 스스로의 힘으로 이길 수 있다(그림 5-7).

[그림 5-7]

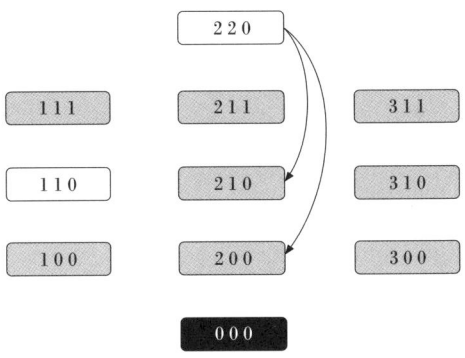

이제 이길 수 있는 상태, 이길 수 없는 상태를 판단하는 방법을 다음과 같이 설명할 수 있다.

> 어떤 상태에서 '이길 수 없는 상태'로 가는(상대방에게 넘겨주는) 방법이 하나라도 있으면 그 상태는 '이길 수 있는 상태'이고, '이길 수 없는 상태'로 가는 방법이 하나도 없으면 '이길 수 없는 상태'다.

이 규칙에 따라서 계속 상태를 구별해보자. "3 2 0"은 이길 수 있는 상태다. 하나를 가져가서 상대방을 이길 수 없는 상태("2 2 0")로 만들 수 있다. 이길 수 없는 상태로 가는 방법이 하나만 있으면 이길 수 있는 상태라고 생각해도 된다.

[그림 5-8]

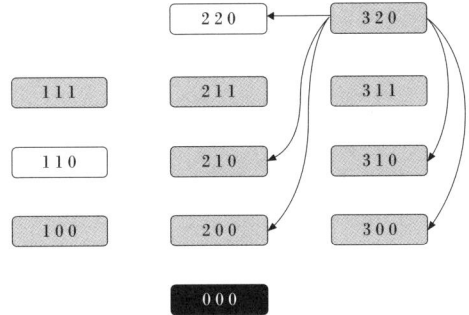

"3 2 1"은 이길 수 없는 상태다. "3 2 1"에서 내가 어떤 선택을 하든 상대방은 이길 수 있는 상태가 된다. 상대방이 실수하지 않는다면 나는 이길 수 없다(그림 5-9). 게임을 시작할 때 잘몰라 대리는 이길 수 없는 상태에 있다. 치밀해 부장은 이렇게 게임을 파악하고 잘몰라 대리에게 게임을 제안했을 것이다. 게임에서 동전을 먼저 가져가는 쪽이 이길 수 없다는 점이 재미있다.

[그림 5-9]

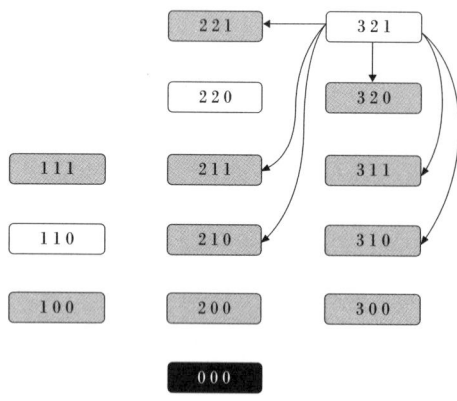

❓ **생각해보기** 동전을 세 개의 접시에 4개, 2개, 2개를 놓고 게임을 하는 경우를 분석하라.

❓ **생각해보기** 동전 배치 상태를 노드, 상태를 이은 화살표를 에지로 보면, 앞에서 그린 상태도들은 그래프로 볼 수 있다. '동전이 몇 개가 놓여있든 이 그래프에는 사이클(cycle)이 없다'라는 주장은 올바른가?

5.4 님 게임 분석

Q. ≡ 잘몰라 대리의 복수

치밀해 부장이 항상 이기는 게임을 하고 있었던 것을 알게 된 잘몰라 대리는 복수를 위해 새로운 게임을 제안하려고 한다.

　게임 방식은 다음과 같다. 먼저 잘몰라 대리가 4개의 접시에 동전을 마음대로 집어서 올려 놓는다. 접시 하나에 최대 50개의 동전을 놓을 수 있으며 동전을 올려놓지 않을 수도 있다. 잘몰라 대리가 4개의 접시에 동전을 올려놓고 나면 치밀해 부장은 게임을 할지 말지 선택한다. 게임을 하겠다고 하면 치밀해 부장이 먼저 동전을 가져간다. 게임을 하지 않겠다고 말하면 역할이 바뀐다. 이제 치밀해 부장이 동전을 집어서 4개의 접시에 올려놓고 잘몰라 대리에게 게임을 할지 물어보고, 잘몰라 대리는 게임을 할지 말지 선택한다. 이렇게 계속 차례를 바꿔가면서 게임을 반복한다.

　계속 게임에 지기만 했던 잘몰라 대리를 위해 4개 접시에 있는 동전의 수를 입력받고 처음 동전을 집어오는 사람이 이길 수 있는 상태인지를 알아내는 프로그램을 작성하라. 잘몰라 대리는 치밀해 부장이 놓은 동전의 수를 프로그램에 입력해보고 이길 수 있는 상태이면 게임에 응할 것이다. 자신이 동전을 올려 놓을 때는 이길 수 없는 상태로 올려놓아야 한다.

```
[실행 예]
3 2 1 0
Not winning state!
5 6 7 8
Winning state!
```

'5.3 이길 수 있을까'에서 보았듯이 동전이 3개, 2개, 1개, 0개가 놓여있으면 처음 가져가는 사람은 '이길 수 없는 상태'에 있다. 동전이 5개, 6개, 7개, 8개 놓여있으면 처음 가져가는 사람은 이길 수 있는 상태에 있다.

A. 동전이 놓여있는 상태 S가 이길 수 있는 상태면 win(S)는 1, 아니면 0이라 하자. 예를 들어서 win("2 0 0")=1, win("1 1 1")=1, win("3 2 1")=0이다.

　move(S)는 동전이 놓여있는 상태 S에서 동전을 한 번 가져가서 만들 수 있는 상태들의 집합이라고 하자. 예를 들어서 move("2 1 1")={"1 1 1", "1 1 0", "2 1 0"}이고,

move("1 1 0")={"1 0 0"}이다.

이때, win(S)에 대해 식 5-1이 성립한다. '상태 S에서 이길 수 없는 상태로 가는 방법이 하나라도 있으면 상태 S는 이길 수 있는 상태이고, 이길 수 없는 상태로 가는 방법이 없으면 이길 수 없는 상태다'는 말을 식으로 나타낸 것이다. win(S)=max$_{a \in move(S)}$ (1-win(a))로 표현할 수도 있다.

[식 5-1]

상태 S가 있을 때,

a∈move(S)이고 win(a)=0을 만족하는 a가 있으면 win(S)=1, 아니면 win(S)=0

식 5-1과 같은 점화식을 프로그램으로 옮기는 연습은 앞에서 많이 해보았다. 코드 5-1과 같이 작성할 수 있다. 코드 5-1의 win() 함수는 현재 상태가 이길 수 있는 상태인지 계산한다. win() 함수에서는 dishes[] 배열을 인자로 받아서 값을 바꿔서 재귀 호출하고, 다시 원래대로 돌려두는데, 이는 C 언어에서 dishes[] 배열을 수정하면 원래 호출한 함수의 배열의 값이 바뀌기 때문이다. 이 프로그램은 누가 이길 수 있는지만 알려준다. 매번 어떻게 동전을 가져와야 하는지는 다음 문제에서 살펴보자.

[코드 5-1]

```c
#define NUM_DISH 4

int win(int dishes[])
{
    int num_coins, i, j;

    for (i = 0; i < NUM_DISH; i++) {
        num_coins = dishes[i];

        for (j = 1; j <= num_coins; j++) {
            dishes[i] = num_coins - j;
            // i번째 접시에서 1, 2, ... 개의 동전을 가져와 본다.
            if (win(dishes) == 0) {
                // 이길 수 없는 상태로 만들 수 있다면
                dishes[i] = num_coins;
                return 1;
            }
        }
        dishes[i] = num_coins;
    }
```

```
        return 0;
}
int main()
{
    int dishes[NUM_DISH], i;

    for (i = 0; i < NUM_DISH; i++)
        scanf("%d", &dishes[i]);
    if (win(dishes))
        printf("Winning state!\n");
    else
        printf("Not winning state!\n");
    return 0;
}
```

> **생각해보기** 코드 5-1의 win() 함수에서 재귀 호출의 종료 조건은 무엇인가?

Q. 빠르게 수정하기

위 프로그램은 느리다. "10 10 10 10" 입력도 결과를 얻기 힘들다. 이유는 무엇인가? 프로그램을 더 빠르게 수정하라. 1장과 2장을 참고하라.

A. 중복 계산이 문제이므로 메모이제이션을 이용하여 코드 5-2와 같이 수정한다. solved[] 배열을 선언하지 않고 memo[] 배열의 값을 모두 -1로 초기화하도록 작성할 수도 있다. win_memo()는 메모이제이션을 적용한 함수다. solved[] 배열이 1이면, memo[] 배열에 저장된 값을 반환하면 된다. win_memo() 함수는 "50 50 50 50"의 경우도 이기는 전략이 있는지 없는지 순식간에 알아낸다. 메모이제이션을 하지 않는 경우와 속도 차이는 엄청나다.

```
[코드 5-2]
#define MAX_COIN 50

int solved[MAX_COIN + 1][MAX_COIN + 1][MAX_COIN + 1][MAX_COIN + 1];
int memo[MAX_COIN + 1][MAX_COIN + 1][MAX_COIN + 1][MAX_COIN + 1];

int win_memo(int dishes[])
{
    int num_coins, i, j;

    if (solved[dishes[0]][dishes[1]][dishes[2]][dishes[3]] == 1)
```

```
            return memo[dishes[0]][dishes[1]][dishes[2]][dishes[3]];

    solved[dishes[0]][dishes[1]][dishes[2]][dishes[3]] = 1;
    for (i = 0; i < NUM_DISH; i++) {
        num_coins = dishes[i];

        for (j = 1; j <= num_coins; j++) {
            dishes[i] = num_coins - j;
            if (win_memo(dishes) == 0) {
                dishes[i] = num_coins;
                return memo[dishes[0]][dishes[1]][dishes[2]][dishes[3]] = 1;
            }
        }
        dishes[i] = num_coins;
    }
    return memo[dishes[0]][dishes[1]][dishes[2]][dishes[3]] = 0;
}
```

> **Note**
>
> C 언어에서는 할당문이 값을 갖는다. 코드 5-2의 "return memo[dishes[0]][dishes[1]][dishes[2]][dishes[3]] = 1;"도 memo[] 배열에 1을 저장하고, 1을 반환한다. 여기서는 코드를 간결하게 쓰기 위해 이렇게 작성하였다.

생각해보기 호출 트리를 그려서 중복 계산이 있음을 보여라. "n n n n"을 입력으로 주고 win() 함수를 실행하면 win() 함수가 몇 번 호출될까?

생각해보기 4개의 접시에 담겨 있는 동전의 갯수가 "a a b b"인 상태는 이길 수 없는 상태다. 왜 그럴까? "a a b c"인 상태($b \neq c$)는 항상 이길 수 있는 상태다. 왜 그럴까?

생각해보기 4차원 배열이 아닌 자료구조로 메모이제이션을 구현하는 방법을 설명하라.

Q. ≡ 님 게임을 하는 프로그램 작성하기

이제 게임을 하는 프로그램을 작성해보자. 4개의 접시에 동전이 각각 n_0개, n_1개, n_2개, n_3개 놓여있다. 한 접시에는 최대 50개의 동전이 놓여 있다. 한 번에 하나의 접시에서 동전을 하나 이상 원하는 만큼 가져갈 수 있지만 여러 개의 접시에서 섞어서 가져갈 수는 없다. n_0, n_1, n_2, n_3을 입력받아서 사람과 이 게임을 하는 프로그램을 작성하라. 프로그램은 승리를 확신하는 순간(사람이 어떤 선택을 하든 이길 수 있을 때)에 'I will win!'이라고 출력한다. 사람이 먼저 동전을 가져가기 시작한다.

```
[실행 예]
input num coins: 4 3 2 1
State: 4 3 2 1
Your turn: 0 3                  0번째 접시에서 3개를 가져온다.
State: 1 3 2 1
I will win!
My turn: 0 1
State: 0 3 2 1
Your turn: 2 1
State: 0 3 1 1
I will win!
My turn: 1 3
State: 0 0 1 1
Your turn: 3 1
State: 0 0 1 0
I will win!
My turn: 2 1
State: 0 0 0 0
I win
```

A. 코드 5-3과 같이 작성할 수 있다. 앞에서 작성했던 프로그램과 유사하지만 이번에는 몇 번째 접시에서 몇 개의 동전을 가져오는지를 포함하고 있는 move_t 구조체를 반환하도록 프로그램을 작성했다. best_move_nim() 함수는 최선의 전략을 반환한다.

코드 5-3은 아이디어를 간명하게 보여주기 위해, 사용자의 잘못된 입력을 비롯한 여러 가지 오류 상황을 검사하지 않고 있다. 실제 사용될 프로그램을 작성한다면 반드시 다양한 입력에 대비해야 한다.

[코드 5-3]
```c
#define MAX_COINS 50
#define NUM_DISH 4

typedef struct {
    int win;         // 이길 수 있는 상태인지
    int dish;        // 어느 접시에서
    int get;         // 몇 개를 가져올 것인지
} move_t;

move_t memo[MAX_COINS + 1][MAX_COINS + 1][MAX_COINS + 1][MAX_COINS + 1];
int solved[MAX_COINS + 1][MAX_COINS + 1][MAX_COINS + 1][MAX_COINS + 1];

move_t best_move_nim(int dishes[])
{
    int num_coins, i, j, l;
```

```c
    move_t p;

    if (solved[dishes[0]][dishes[1]][dishes[2]][dishes[3]])
        return memo[dishes[0]][dishes[1]][dishes[2]][dishes[3]];

    solved[dishes[0]][dishes[1]][dishes[2]][dishes[3]] = 1;
    for (i = 0; i < NUM_DISH; i++) {
        num_coins = dishes[i];

        for (j = 1; j <= num_coins; j++) {
            dishes[i] = num_coins - j;
            p = best_move_nim(dishes);
            if (p.win == 0) {
                dishes[i] = num_coins;
                return memo[dishes[0]][dishes[1]][dishes[2]][dishes[3]] =
                    (move_t) {1, i, j};
            }
        }
        dishes[i] = num_coins;
    }

    for (i = 0; i < NUM_DISH; i++) {       // 이길 수 없는 경우
        if (dishes[i] > 0) {                // 동전이 하나라도 있는 접시를 찾음
            l = i;
            break;
        }
    }

    return memo[dishes[0]][dishes[1]][dishes[2]][dishes[3]] = (move_t) {0, l, 1};
}

int main()
{
    int user_dish, user_get, dishes[NUM_DISH], i;
    move_t my_move;

    printf("input num coins: ");
    for (i = 0; i < NUM_DISH; i++)
        scanf("%d", &dishes[i]);

    printf("State: ");
    print_arr(dishes, NUM_DISH);            // print_arr()은 코드 0-16 참고
    while (1) {
        printf("Your turn: ");
        scanf("%d %d", &user_dish, &user_get);
        dishes[user_dish] -= user_get;
        printf("State: ");
        print_arr(dishes, NUM_DISH);

        if (all_is(dishes, NUM_DISH, 0)) {   // all_is() 함수는 코드 0-17 참고
```

```
            printf("You win\n");
            break;
        }

        my_move = best_move_nim(dishes);
        if (my_move.win == 1)
            printf("I will win!\n");
        printf("My turn: %d %d\n", my_move.dish, my_move.get);
        dishes[my_move.dish] -= my_move.get;
        printf("State: ");
        print_arr(dishes, NUM_DISH);

        if (all_is(dishes, NUM_DISH, 0)) {
            printf("I win\n");
            break;
        }
    }
    return 0;
}
```

> **Note**
>
> 'return (move_t) {0, -1, 0};'과 같은 표현이 생소한 사람도 있을 텐데, 이는 C99 표준으로, 'compound literal'이라고 불린다. 이와 같은 방법으로 이름이 없는 구조체를 반환할 수 있다. 여기서는 코드를 짧게 작성하기 위해 사용하였다. 'return (move_t) {.win = 0, .dish = -1, .get = 0};' 또는 'move_t r; r.win = 0; r.dish = -1; r.get = 0; return r;'과 같이 작성할 수도 있다.

생각해보기 사용자의 잘못된 입력에 대한 처리를 추가해보자.

생각해보기 이길 수 없는 상태에서도 포기하지 않고 최대한 상대방이 실수할 확률이 높은 쪽으로 게임을 진행하는 프로그램을 생각해보자.

> **Note**
>
> 지금까지와 같은 재귀적 분석으로 2인 게임(two-person game)에서 이기는 전략이 있는지를 알 수 있다. 여기서는 님 게임에 적용했지만, 사실 님 게임은 다음과 같이 XOR(Exclusive OR)을 이용하여 이기는 전략을 찾을 수 있다.
>
> 각 접시의 동전 수를 이진수로 적는다. 동전이 12, 9, 5개 있으면 이진수로 각각 1100, 1001, 101이다. 다음과 같이 세 이진수를 적고, 각 자리에서 XOR 연산을 하자(여

러 개의 0 또는 1을 XOR했을 때, 1의 개수가 홀수이면 1, 짝수이면 0이다).

```
[각 자리에서 XOR한 결과]
1100
1001
 101
─────
0000
```

이렇게 XOR한 값으로 이길 수 있는 상태인지 이길 수 없는 상태인지 알 수 있다. "12, 9, 5"와 같이 XOR한 값이 모든 자리에서 0이면 이길 수 없는 상태다. 다음과 같이 "3 2 1"도 이길 수 없는 상태임을 알 수 있다.

```
[각 자리에서 XOR한 결과]
11
10
01
──
00
```

하나 이상의 자리에서 1이면 이길 수 있는 상태다. "5 6 7 8"의 경우는 이길 수 있다.

```
0101
0110
0111
1000
────
1100
```

이유를 생각해보자. XOR한 값이 모든 자리에서 0인 배치를 안전한 배치(safe combination), XOR한 값이 적어도 하나의 자리에서 1인 배치를 안전하지 않은 배치(unsafe combination)라고 하자("safe combination", "unsafe combination"은 「A Game with a Complete Mathematical Theory」에 나오는 용어다). 그러면 다음이 성립한다.

> 1. 안전한 배치에서 동전을 가져오면 항상 안전하지 않은 배치가 된다.
> 2. 안전하지 않은 배치에서 안전한 배치로 가는 방법이 항상 존재한다.

안전한 배치에서 동전을 가져오면 항상 안전하지 않은 배치가 된다. 하나 이상의 자리에서 1이 0으로 바뀌거나 0이 1로 바뀌기 때문이다.

안전하지 않은 배치에서는, 안전한 배치로 만들려면 어떤 접시에서 동전을 얼마나 없애야 하는지 계산하여 동전을 가져오면 된다. 안전하지 않은 배치인 "5 6 7 8"의 경우 마지막 접시가 이진수 100이 되도록 가져오면 안전한 배치가 된다. 따라서 마지막 접시에서 4개를 가져와서 "5 6 7 4"의 안전한 배치로 만드는 방법이 있다. 엄밀한 증명은 「A Game with a Complete Mathematical Theory」를 참고하라.

[그림 5-10]

내 차례에 안전하지 않은 배치로 동전이 놓여있다면 나는 이길 수 있다. 적당히 동전을 가져와서 안전한 배치로 상대방에게 넘겨준다. 그러면 상대방이 동전을 가져가서 안전하지 않은 배치로 다시 내 차례가 온다. 나는 다시 안전한 배치로 상대방에게 넘겨준다. 이 과정을 계속 반복하면 결국 내가 이기게 된다(모두 0인 배치는 내가 가져가면서 나타나므로).

세 접시에 동전이 각각 5, 4, 3개 놓여 있는 경우에 이 전략을 적용해보자. "5 4 3"은 다음과 같이 안전하지 않은 배치(이길 수 있는 상태)다.

```
101
100
011
―――
010
```

A는 적당히 동전을 가져와서 안전한 배치(이길 수 없는 상태)로 만들어 B에게 차례를 넘겨줘야 한다. 3개가 있는 접시에서 2개를 가져오면 안전한 배치(이길 수 없는 상태)가 된다.

```
101
100
001
---
000
```

B가 5개 있는 접시에서 3개를 가져온다.

```
010
100
001
---
111
```

A는 4개가 있는 접시에서 1개를 가져와서 다시 안전한 배치로 만든다.

```
010
011
001
---
000
```

B는 3개가 있는 접시에서 2개를 가져오면 안전하지 않은 배치가 된다.

```
010
001
001
---
010
```

A는 다시 2개가 있는 접시에서 2개를 가져와서 안전한 배치로 만든다. 이제 두 개의 접시에 동전이 하나씩 남아 있다. A가 이겼음을 알 수 있다.

```
000
001
001
---
000
```

5.5 케일즈

케일즈(Kayles)는 여러 개의 빈 칸에 동전을 놓고, 두 사람이 번갈아 동전을 가져가는 게임이다. 한 번에 하나의 동전을 가져가거나 이웃한 두 개의 동전을 가져갈 수 있다. 마지막 동전을 가져가는 사람이 이긴다.

A와 B가 여덟 칸에 동전을 모두 놓고 게임을 하는 경우를 살펴보자.

0	1	2	3	4	5	6	7
O	O	O	O	O	O	O	O

A가 1, 2번 칸의 동전을 가져간다.

0	**1**	**2**	3	4	5	6	7
O			O	O	O	O	O

다음으로 B는 3번 칸의 동전을 가져간다.

0	1	2	**3**	4	5	6	7
O				O	O	O	O

A는 7번 칸의 동전을 가져간다.

0	1	2	3	4	5	6	**7**
O				O	O	O	

B는 4, 5번 칸의 동전을 가져간다. 이제 B의 승리가 확실하다.

0	1	2	3	**4**	**5**	6	7
O						O	

A는 0번 칸의 동전을 가져간다.

0	1	2	3	4	5	6	7
						O	

B가 마지막 남은 동전을 가져가면서 이겼다. 케일즈에 대한 자세한 설명은 《Kayles》, 『Winning Ways for Your Mathematical Plays』를 참고하라.

Q. ≡ 이기는 전략

먼저 시작한 A가 졌지만, 사실 이 게임은 먼저 동전을 가져가는 사람이 항상 이길 수 있는 방법이 있다. 무엇일까?

A. A는 가운데 부분에서 동전을 가져가서 동전이 놓여진 길이가 같은 두 부분으로 만들면 된다. 예를 들어서 다음과 같이 n=8인 경우, 3, 4번 칸의 동전을 가져간다. A가 두 개의 동전을 가져가면 다음과 같이 동전이 놓여있다.

0	1	2	3	4	5	6	7
O	O	O			O	O	O

(0, 1, 2)와 (5, 6, 7)로 세 개씩 두 부분으로 나뉘어 있다. 이것이 우리가 원하는 상태다 (n이 홀수이면 가운데 하나의 동전만 가져가면 된다). 이제부터 A는 B가 가져가는 부분과 대응되는 반대편에 놓인 동전을 가져가서 양쪽을 같은 모양으로 유지하면 된다.

예를 들어, 다음 차례에 B가 0, 1번 칸의 동전을 가져가면, A는 5, 6번 칸에 놓인 동전을 가져간다.

0	1	2	3	4	5	6	7
		O					O

B의 차례가 올 때는 항상 양쪽에 같은 수의 동전이 남아 있다. 따라서 마지막 동전은 언제나 A가 가져간다. 이 전략으로 A는 반드시 이길 수 있다.

Q. ≡ 게임하는 프로그램 작성하기

앞에서는 n개의 칸에 모두 동전이 놓여 있었다. 이번에는 어떤 칸에 동전이 놓여 있는지를 입력받고 사람과 게임을 하는 프로그램을 작성하라. 프로그램은 이길 수 있는 기회가 오면 반드시 이길 수 있어야 한다. 또 프로그램은 승리를 확신하는 순간, 'I will win!'이라고 출력한다. n≤24로 가정하라.

```
[실행 예]
input n: 8
1 1 1 1 0 1 1 1
```

```
State: 0123_567
Your turn: 0 2         0번째 칸부터 2개의 동전을 가져온다.
State: __23_567
I will win!
My turn: 5 1
State: __23__67
Your turn: 6 1
State: __23___7
I will win!
My turn: 2 1
State: ___3___7
Your turn: 3 1
State: _____7
I will win!
My turn: 7 1
State: _____
I win
```

A. 앞의 문제와 비슷하게 접근할 수 있다. 메모이제이션으로 해를 저장하는데, 동전이 놓인 상태(coin[] 배열)를 하나의 값으로 나타내기 위해 numbering() 함수를 사용했다. 8차원 배열을 사용할 수는 없기에 동전이 놓여있는지 여부에 따라 각 상태를 하나의 이진수로 바꾼다. 예를 들어서 다음과 같이 동전이 놓여 있으면 오른쪽부터 읽어서 이진수 11011101_2로 보며, 이는 십진수 221이므로 memo[221]에 해를 저장한다.

0	1	2	3	4	5	6	7
O		O	O	O		O	O

코드 5-4가 그와 같이 작성한 프로그램이다.

```
[코드 5-4]
#define MAX_COINS 24

typedef struct {
    int win;          // 이길 수 있는 상태인지
    int pos;          // 어느 칸에서
    int get;          // 몇 개 가져올 것인지
} move_t;

#define MEMO_LEN (((unsigned)1)<<(MAX_COINS+1))    // 상태를 나타내는 이진수의 범위

move_t memo[MEMO_LEN];
```

```c
int solved[MEMO_LEN];

int numbering(int coins[], int num_coin)
{
    int s = 0, b = 1, i;

    for (i = 0; i < num_coin; i++) {
        if (coins[i] == 1)
            s += b;
        b *= 2;
    }
    return s;
}

move_t best_move_kayles(int coins[], int num_coin)
{
    move_t p;
    int l, n, i;

    n = numbering(coins, num_coin);
    if (solved[n])
        return memo[n];

    solved[n] = 1;
    for (i = 0; i < num_coin; i++) {
        if (coins[i] == 1) {              // 동전 하나를 가져오는 경우
            coins[i] = 0;
            p = best_move_kayles(coins, num_coin);
            coins[i] = 1;

            if (p.win == 0)                // 하나를 가져와서 이기는 방법을 찾은 경우
                return memo[n] = (move_t) {1, i, 1};
        }

        if (coins[i] == 1 && i + 1 < num_coin && coins[i + 1] == 1) {
            // 동전 2개를 가져오는 경우
            coins[i] = coins[i + 1] = 0;
            p = best_move_kayles(coins, num_coin);
            coins[i] = coins[i + 1] = 1;

            if (p.win == 0)                // 2개를 가져와서 이기는 방법을 찾은 경우
                return memo[n] = (move_t) {1, i, 2};
        }
    }

    for (i = 0; i < num_coin; i++) {
        if (coins[i] > 0) {
            l = i;
            break;
        }
```

```
    }
    return memo[n] = (move_t) {0, l, 1};
    // 이길 수 없는 경우에는 동전이 있는 접시에서 하나를 가져옴
}

void print_coins(int coins[], int num_coin)
{
    int i;

    printf("State: ");
    for (i = 0; i < num_coin; i++) {
        if (coins[i])
            printf("%d", i % 10);
        else
            printf("_");
    }
    printf("\n");
}

int main()
{
    int coins[MAX_COINS], user_pos, user_get, n, i;
    move_t my_move;

    printf("input n:");
    scanf("%d", &n);
    for (i = 0; i < n; i++)
        scanf("%d", &coins[i]);
    print_coins(coins, n);
    while (1) {
        printf("Your turn: ");
        scanf("%d %d", &user_pos, &user_get);
        for (i = 0; i < user_get; i++)
            coins[user_pos + i] = 0;
        print_coins(coins, n);
        if (all_is(coins, n, 0)) {
            printf("You win\n");
            break;
        }

        my_move = best_move_kayles(coins, n);
        if (my_move.win == 1)
            printf("I will win!\n");
        printf("My turn: %d %d\n", my_move.pos, my_move.get);
        for (i = 0; i < my_move.get; i++)
            coins[my_move.pos + i] = 0;
        print_coins(coins, n);
        if (all_is(coins, n, 0)) {         // all_is() 함수는 코드 0-17을 참고
            printf("I win\n");
```

```
                break;
        }
    }
    return 0;
}
```

각 게임의 상태에 대해서, 어떻게 해야 하는지 move_t형으로 모두 저장하는 대신, 이길 수 있는 상태인지만 저장할 수도 있다. 어느 위치에서 몇 개 가져오는지는 필요할 때 찾도록 수정할 수도 있다. 코드 5-5의 best_move_kayles2() 함수를 보자. 동전 배열이 이길 수 있는 상태인지만 memo해 두고, 그 때 이기는 수(move_t)는 필요할 때만 계산한다. 이기는 수는 main() 함수에서만 필요하다.

[코드 5-5]
```
int memo[MEMO_LEN];

void init_memo()
{
    int i;

    for (i = 0; i < MEMO_LEN; i++)
        memo[i] = -1;
}
move_t best_move_kayles2(int coins[], int num_coin, int needmove)
{
    move_t p;
    int l, n, i;

    n = numbering(coins, num_coin);

    if (needmove == 0 && memo[n] != -1)
        return (move_t) {memo[n], -1 -1};

    for (i = 0; i < num_coin; i++) {
        if (coins[i] == 1) {
            coins[i] = 0;
            p = best_move_kayles2(coins, num_coin, 0);
            coins[i] = 1;

            if (p.win == 0) {
                memo[n] = 1;
                return (move_t) {1, i, 1};
            }
        }
```

```
            if (coins[i] == 1 && i + 1 < num_coin && coins[i + 1] == 1) {
                coins[i] = coins[i + 1] = 0;
                p = best_move_kayles2(coins, num_coin, 0);
                coins[i] = coins[i + 1] = 1;

                if (p.win == 0) {
                    memo[n] = 1;
                    return (move_t) {1, i, 2};
                }
            }
        }
    }

    for (i = 0; i < num_coin; i++) {
        if (coins[i] > 0) {
            l = i;
            break;
        }
    }
    memo[n] = 0;
    return (move_t) {0, l, 1};
}
```

Q. ≡ 메모이제이션 공간 절약

동전이 놓인 상태를 이진수로 나타내는 것은 메모리 낭비가 심하다. 더 좋은 방법이 없을까?

A. 코드 5-4와 코드 5-5는 메모이제이션을 위해 메모리를 매우 많이 사용한다. n칸 짜리 게임을 메모이제이션하기 위해 크기가 2^{n+1}인 배열을 사용하고 있다. 큰 n에 대해서 동작하는 프로그램을 작성하려면 게임의 상태를 표현하는 방법을 바꿔야 할 것이다.

다음 경우들은 놓여 있는 모습은 다르지만, 이길 수 있는 상태인지는 모두 같다. 각 경우에 대한 결과를 따로 저장할 필요가 없다. 동전의 배치가 칸 수의 수분할 방법 중 몇 번째인지를 이용해서 해의 상태를 나타내면 된다. 30칸 짜리 케일즈의 해를 메모이제이션하기 위해서 기존의 방법은 크기가 2^{31}인 배열을 쓰지만, 30의 수분할은 5604개로, 이 방법은 비교할 수 없을 정도로 적은 메모리를 사용한다.

어떤 수분할이 몇 번째인지 계산하는 방법은 '추가 문제 3.f'를 참고하라.

0	1	2	3	4	5	6	7
O		O	O			O	O

0	1	2	3	4	5	6	7
O	O		O	O		O	

0	1	2	3	4	5	6	7
O	O			O		O	O

❓ 생각해보기 몇 번째 수분할인지로 상태에 번호를 붙이는 방법은 낭비가 없을까?

5.6 합리적인 선택

게임에 참가한 사람들이 완전히 합리적인 존재라는 가정은 게임을 분석할 때, 자주 이용하는 가정이다. 완전히 합리적인 존재들은 항상 자신이 얻는 이익을 극대화하려고 한다. 그리고 다른 사람들도 그렇게 합리적인 존재라는 것을 알고, 다른 사람들이 자신이 그렇게 합리적인 존재라는 것을 안다는 사실을 안다.

완전히 합리적인 존재들이 벌이는 게임은 결과를 역으로 추론하면서 분석한다. 아래 문제들을 풀면서 이해해보자.

Q. 100만 원 나누기

100만 원이 있다. A가 100만 원을 어떻게 나눌지 결정하면 B는 그 결정을 받아들일지 말지 선택한다. B가 결정을 받아들이기로 하면 A의 제안대로 돈이 분배되고, B가 거부하면 두 사람 모두 돈을 한 푼도 받을 수 없다. A는 어떻게 제안하겠는가?

A. A는 99만 9,999원을 갖고, B에게 1원을 주겠다고 제안할 것이다. B가 이 제안을 받아들이면 1원을 받고, 거부하면 0원을 받는다. 따라서 B는 이 제안을 받아들일 것이다. 합리적인 존재는 침착하게 자신의 이익을 극대화한다.

Q. 역방향 추론

갑과 을이 게임을 한다. 두 사람은 차례대로 선택을 하게 되는데, D(drop)를 선택해서 게임을 끝내거나 A(accept)를 선택해서 게임을 계속할 수 있다. 그림 5-11의 화살표를 따라가면서 게임을 진행한다. 게임이 끝나면 두 사람은 사각형 안에 표시된 숫자만큼 보상을 받는다.

[그림 5-11]

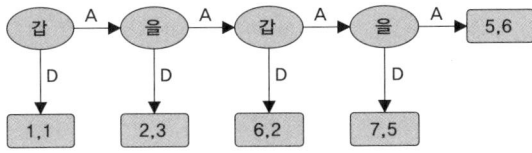

예를 들어서 그림 5-12처럼 처음에 갑이 A를 택해서 게임을 계속 진행하고, 을이 A를

[그림 5-12]

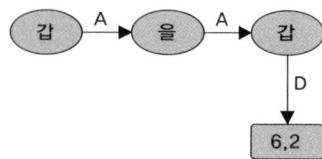

택하고, 다시 갑이 자신의 차례에서 D를 택해서 게임을 끝내면 갑과 을은 각각 6과 2의 보상을 받는다.

갑과 을이 합리적으로 판단할 때, 그림 5-11과 같은 게임은 어떻게 끝나겠는가?

A. 역으로 추론해나간다. 갑이 A, 을이 A, 다시 갑이 A를 선택하여 을이 마지막으로 선택해야 하는 상황을 생각해보자. 을의 차례는 그림 5-13a에서 진하게 표시했다.

[그림 5-13]

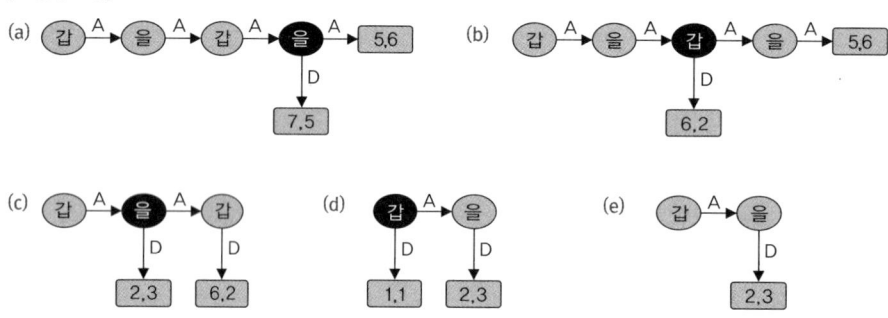

이때 을은 어떤 선택을 하겠는가? 을의 입장에서 A를 택하면 6, D를 택하면 5를 받게 된다. 을은 갑이 얼마를 받는지 신경쓰지 않고 자신의 이익을 크게 하는 데만 집중한다. 따라서 이 시점에 을은 A를 택할 것이 확실하다.

이제는 갑이 A, 을이 A를 선택하여 갑이 선택해야 하는 상황인 그림 5-13b를 생각해보자. 이 시점에 갑이 D를 택하면 6을 받게 되고, A를 택하면 게임이 계속되어 을이 선택하게 된다. 그런데 을은 자신의 차례가 오면 틀림없이 A를 선택하게 될 것임을 갑은 알고 있다. 따라서 갑은 A를 택하면 5를 받고, D를 택하면 6의 보상이 돌아온다고 생각한다. 이 시점에 갑은 D를 선택할 것이다.

이제 갑이 A를 선택하여 을이 선택해야 하는 상황인 그림 5-13c를 생각해보자. 마찬가지로 을은 A를 택하면 갑이 다음에 D를 선택하여 2를 받고, D를 택하면 3을 받는다는 것을 안다. 따라서 이 시점에 을은 당연히 D를 선택할 것이다.

이제 맨 처음 갑의 상황인 그림 5-13d에 대해서 생각하면 된다. 갑이 처음에 D를 선택하면 1의 보상을 받고, A를 선택하면 을이 D를 선택해서 2를 받을 것이다. 따라서 그림 5-13e와 같이 갑은 A를 선택하고, 을은 D를 선택해서 게임을 끝낼 것이다.

합리적인 갑과 을은 게임을 이렇게 끝낸다는 것이 논리적인 결론이다. 이와 같이 게임을 끝부터 역순으로 생각하면서 두 사람의 선택을 예측하는 방법을 역방향 추론(backward induction)이라고 한다.

생각해보기 위와 같은 게임을 입력받아 게임의 결과를 예상하는 프로그램을 작성해보자. 최대 선택의 횟수 n을 입력받고, 선택의 결과에 따른 보상의 쌍 n+1개를 입력받는다. 아래의 실행 예제는 그림 5-11의 게임을 입력한 것이다.

```
[실행 예]
input n: 4
1 1
2 3
6 2
7 5
5 6

equilibrium: A-D
```

두 사람이 하는 제로섬(two-person zerosum game)이 아닌 게임의 분석에 대해서 소개했다. 위와 같이 게임의 균형(equilibrium)을 재귀적으로 구할 수 있다.

앞의 결론은 논리적으로 보이지만 한편으로는 이상하다. 두 사람 모두 보상을 더 받을 수 있는데(7과 5, 5와 6 등), 2와 3을 받고 게임이 끝난다. 좀더 극단적인 그림 5-14와 같은 경우를 생각해보자. 매번 어떤 사람이 A를 선택할 때마다 자신의 보상은 1이 작아지고 상대방의 보상은 2가 커진다. 이 게임은 위와 같은 분석 방법에 따르면 어떻게 끝날까? 이는 지네 게임(centipede game)으로 불리며 죄수의 딜레마(prisoner's dilemma)와 마찬가지로 결과에 대한 해석과 실험이 많다. 궁금한 독자는 「Games of Perfect Information, Predatory Pricing, and the Chain Store Paradox」, 《Centipede Game》을 참고하라.

[그림 5-14]

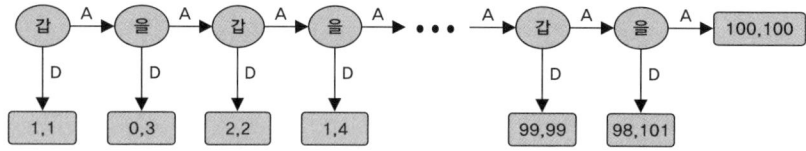

Q. ≡ 해적의 규칙

'해적의 규칙'은 해적들이 금화를 나눠 갖는 방법이다. 규칙은 다음과 같다. 해적들이 모이면 서열이 가장 높은 해적이 금화를 어떻게 나눠가질지를 제안하고 이 제안을 표결에 부친다. 해적의 과반수가 찬성하면 금화를 제안에 따라 나누고 해적들은 헤어지며, 그렇지 않으면 제안했던 해적이 바다로 던져진다.

제안이 받아들여지지 않아 서열이 가장 높은 해적이 바다로 던져지면 금화 나누기가 다시 시작된다. 남아 있는 해적 중 서열이 가장 높은 해적이 금화를 어떻게 나눌지 제시하고, 또 표결을 한다. 과반수가 찬성하면 제안에 따라 나누고, 그렇지 않으면 제안한 해적이 바다로 던져진다.

이렇게 가장 높은 서열의 해적이 제안하고 표결하는 과정이 반복된다. 과반수 이상 해적이 제안에 찬성하거나, 한 명의 해적만이 남아 금화를 모두 가지게 되어야 금화 나누기가 끝난다. 해적들은 금화를 최대로 가지고 싶어하는 완전히 합리적인 존재들이다. 같은 수의 금화를 받는다면 다른 해적이 바다로 던져지는 것을 더 좋아한다. 그리고 돈을 하나도 못 받고 사는 것이 바다로 던져지는 것보다 낫다고 생각한다.

투표에는 제안한 해적도 참가하며, 찬성표와 반대표의 수가 같으면 부결된다.

두 명의 해적이 1,000개의 금화를 발견했다. 금화 나누기는 어떻게 끝날까?

A. 두 해적 중에서 서열이 높은 해적이 뭐라고 제안하든, 다른 해적은 반대할 것이다. 제안을 부결시키면 혼자 남아 금화를 모두 가지고 다른 해적이 바다로 던져지는 것을 즐길 수 있기 때문이다.

Q. ≡ 세 명의 해적이 1,000개의 금화를 발견했다. 첫 번째 해적은 어떻게 분배하자고 제안했을까?

A. 첫 번째 해적의 제안이 받아들여지지 않으면 첫 번째 해적은 바다로 던져지고 둘만 남는다. 둘만 남으면 두 번째 해적은 금화를 하나도 못 갖고 죽게 된다. 두 번째 해적은 이를 잘 알고 있고, 첫 번째 해적이 뭐라고 하든 찬성할 것이다.

따라서 첫 번째 해적은 1000:0:0으로 나누자고 제안할 것이다.

Q. ≡ 다섯 명의 해적이 금화 1,000개를 발견했다. 첫 번째 해적은 어떻게 제안했을까?

A. 네 명의 해적이 있는 경우를 생각해보자. 넷 중 서열이 가장 높은 해적의 제안이 받아들여지지 않으면 세 명이 남게 되고, 금화는 1000:0:0으로 나눠질 것이다. 이를 알고 있는 두 번째 해적은 첫 번째 해적이 어떤 제안을 하든 반대할 것이고, 세 번째, 네 번째 해적은 금화를 1씩 주겠다고만 하면 찬성할 것이다.

네 명의 해적이 있다면 첫 번째 해적은 998:0:1:1로 나누자고 제안할 것이다.

다섯 명의 해적이 있다면 어떨까? 첫 번째 해적은 다른 두 해적이 자신의 제안에 찬성하도록 만들어 과반수 찬성을 얻어야 한다. 자신의 제안이 받아들여지지 않으면 네 명이 남고, 네 명은 998:0:1:1로 나눠갖게 되므로, 네 명 중 두 명에게 이보다 높은 결과를 제안해야 한다.

가능한 제안 중에서 자신에게 돌아오는 몫이 가장 많은 것은 다음 두 가지다. 첫 번째 해적은 두 가지 중 하나를 제안할 것이고, 다른 두 해적이 찬성하여 분배는 끝날 것이다.

997:0:1:2:0

997:0:1:0:2

Note

널리 알려진 문제로, 문제 해설은 『재미있는 영재들의 수학퍼즐』을 참고했다. 원래는 5명의 해적이 나온다. 궁금한 독자는 「A Puzzle for Pirates」, 《Pirate Game》도 참고하라.

앞 문제들에서는 한 사람은 이기고 한 사람은 지는 게임을 다루었는데, 이번 문제에서는 '완전히 합리적인' 플레이어들의 선택을 예상해 보았다. 상대편이 합리적이든 아니든 상관없이 '이기는 전략'은 승리를 보장하지만, 이번 문제의 분석결과는 현실성이 없다고도 할 수 있다. 첫 번째 해적이 '997:0:1:0:2'로 나누자고 제안하면 다른 두 해적이 찬성할까? 첫 번째 해적이 이렇게 논리적인 제안을 하면, 세상에 살고 있는 보통의 해적들은 비웃으면서 첫 번째 해적을 바다에 던져버릴 것이다.

이처럼 두 사람이 하는 제로섬 게임이 아닌 경우, 합리적인 존재 가정에 기반한 게임 전략 분석 결과는 받아들이기 어려울 수 있다. 이런 가정에 대해서는 많은 논란과 설명이 있는데 이를 정리하는 것은 이 책의 범위 밖의 일이다. 더 깊이 공부하고 싶은 독자는 『게임이론: 전략과 정보의 경제학』, 『An Introduction to Game Theory』를 참고하라. 『How Would You Move Mount Fuji?』에서 이런 가정에 기반한 퍼즐 문제에 대해서 짧게 설명하고 있다.

이 문제를 여기서 소개한 이유는 이와 같은 가정에 기반한 분석이 여러 게임 상황을 이해하는 데 도움이 되기 때문이다. 잘 이해하면 인공지능 에이전트 등을 설계할 때 변형하여 사용할 수 있을 것이다.

❓ **생각해보기** 해적의 규칙이 '제안을 표결에 붙여서 1/2 이상의 해적이 찬성하면 금화를 그대로 나누는 것'으로 바뀌었다고 하자(과반수 이상이 아니라 반수 이상). 다섯 명의 해적이 1,000개의 금화를 발견했을 때, 가장 서열이 높은 해적은 어떻게 제안하겠는가?

❓ **생각해보기** 당신을 포함한 10명이 숫자 맞추기 게임을 한다. 모든 사람은 0 이상 100 이하의 숫자를 종이에 하나씩 적는다. 다른 사람이 적은 숫자는 볼 수 없다. 10명이 적은 숫자 평균의 2/3를 넘지 않으면서, 평균의 2/3에 가장 가까운 숫자를 적은 사람이 승자가 된다. 당신은 얼마를 적겠는가?
《Guess 2/3 of the Average》를 참고하라.

5.7 추가 문제

5.a 틱택토(tic-tac-toe) 게임은 두 사람이 3×3 격자에 자신의 돌을 교대로 내려놓는 게임이다. 한 사람의 돌이 가로나 세로, 대각선으로 3개가 연속되면 게임에서 승리한다. 사람과 틱택토를 하는 프로그램을 작성하라. 매번 최선의 수를 두는 프로그램을 작성해야 한다.

두 사람이 합리적으로 진행하면, 틱택토 게임은 비기게 된다.

```
[실행 예]
Your turn: 0 0
====
O


====

My turn: 1 1
====
O
 X


====

Your turn: 0 1
====
OO
 X


====

My turn: 0 2
====
OOX
 X


====

Your turn: 1 0
====
OOX
OX


====
```

```
I will win!
My turn: 2 0
====
OOX
OX
X
====

I win
```

5.b 접시에 n개의 금화와 m개의 은화, 총 n+m개의 동전이 놓여 있다. 두 사람이 차례대로 동전을 가져가는데, 한번에 하나 또는 2개의 동전을 가져갈 수 있다. 마지막 금화를 가져가는 쪽이 이긴다면 어느 쪽에게 필승전략이 있을까? 두 접시에 n개, m개의 동전이 놓여있고 마지막 동전을 가져가는 사람이 이기는 앞의 게임과는 다르다. 이 게임에서는 은화가 남아 있어도 게임이 끝난다.

확률적인 요소가 들어간 좀더 까다로운 문제는 '추가 문제 8.i'를 보자.

5.c 일렬로 무한히 늘어선 타일 위에서 악마와 천사가 쫓고 쫓기고 있다. 천사는 악마로부터 도망치려 하고 악마는 천사를 꼼짝 못하게 가두려고 한다. 천사는 무한히 긴 타일 위에서 움직인다. 악마는 천사가 현재 위치해 있는 타일을 제외한 타일을 한 번에 하나씩 박살낼 수 있으며 천사는 박살난 타일로 이동할 수 없다. 천사와 악마에게 한 턴씩 돌아가고, 한 턴에 천사는 한 칸을 이동할 수 있고, 악마는 타일을 하나 깰 수 있는 게임을 생각하면 된다.

악마는 천사를 꼼짝 못하게, 즉 움직일 곳이 없게 만들고 싶어한다. 만약 천사가 한 번에 한 칸씩만 움직인다면, 악마는 쉽게 천사를 가둘 수 있다. 우선 천사의 바로 오른쪽 타일 하나를 박살낸다. 천사는 왼쪽으로 움직일 수밖에 없는데, 악마는 천사의 바로 왼쪽 타일 하나를 박살낸다. 그럼 천사는 다시 한 칸 오른쪽으로 이동할 수밖에 없다. 다시 천사의 왼쪽 타일 하나를 더 박살낸다. 천사는 이제 더 이상 갈 곳이 없다. 한 칸씩 움직이는 천사는 악마가 쉽게 가둘 수 있다.

어떤 천사는 날개를 갖고 있어 최대 n칸까지 날아갈 수 있다. 왼쪽으로 n칸 오른쪽으로 n칸의 범위 안에 박살나지 않은 타일이 있다면 그 중 하나로 이동할 수 있다. 악마는 여전히 한번에 하나의 타일을 박살낼 수 있다.

이때 천사는 악마를 피해 도망갈 수 있을까. 즉, 악마는 천사가 도망가지 못하게 할 수 있을까? 만약 악마가 천사를 꼼짝 못하게 만들 수 있다면, 악마가 타일을 박살내는 구체적인 방법을 설명하라. 만약 천사가 도망갈 수 있다면, 천사를 꼼짝 못하게 타일을 박살내는 방법이 없음을 설명하라.

5.d 세 사람 이상이 가위바위보를 하면 보통 다음과 같이 최종 승자를 가린다. 참가자들이 동시에 가위, 바위, 보 중에 하나를 낸다. 가위, 바위, 보 중에 두 가지만 나왔다면 승부가 갈린다. 이때, 지는 쪽을 낸 사람들은 탈락하고 남은 사람들만이 계속 승부를 가린다. 만약 가위, 바위, 보가 모두 나오거나, 모든 사람이 같은 것을 내면 당연히 탈락하는 사람 없이 가위바위보를 계속한다. 지는 쪽을 내는 사람들이 계속 탈락하고 마지막 남은 한 사람이 최종 승자가 된다.

이제 A, B, C, D, E, 다섯 사람이 2,000원씩 내고 가위바위보를 한다. 위에서 설명한 대로 최종 승자 한 명을 가려내고, 최종 승자가 10,000원 전부를 가져가기로 했다. 그런데 평소 A를 미워하던 B, C, D, E, 네 사람은 합심하여 A가 이기는 것을 방해하려고 한다. 그리고 B, C, D, E 중 한 사람이 최종 승자가 되면 상금은 2,500원씩 나눠 가지기로 했다.

그러나 네 사람이 작당을 한다고 해서 A의 승리를 항상 막을 수 있는 것은 아니다. A가 운이 좋다면 네 사람을 모두 이기고 최종 승자가 될 수도 있다.

B, C, D, E는 게임 시작 전에 모여 A의 최종 승리 확률을 최소로 하려고 머리를 맞대고 있다. 마음에 들지 않지만, 네 사람에게 조언을 해주자. 네 사람이 취할 수 있는 가장 좋은 전략은 무엇일까?

가위바위보 게임이 진행이 되지 않는 것은 B, C, D, E가 원하는 바가 아니며, A는 생각없이 가위, 바위, 보를 각각 같은 확률로, 매회 독립으로 낸다고 하자.

5.e 헥스(Hex)는 그림 5-15a와 같은 육각형 배열 위에서 하는 게임이다. 게임을 하는 사람을 각각 흑과 백이라고 하자. 두 사람은 육각형의 배열 위에 자신의 변을 두 개씩 가진다.

흑부터 시작하여 흑과 백은 차례대로 빈 육각형에 자기 색깔의 말을 내려놓는다. 그림 5-15b는 흑, 백, 흑이 차례대로 하나씩 말을 내려놓은 모습이다. 이와 같이 게임이 진행되는데, 흑 또는 백이 자신의 말을 사용하여 마주보는 두 변을 연결하면 이긴다. 그림 5-15c는 흑이 이긴 모습이다. 그림 5-15d와 같이 흑은 두 변을 연결시킬 수 있기 때문이다.

[그림 5-15]

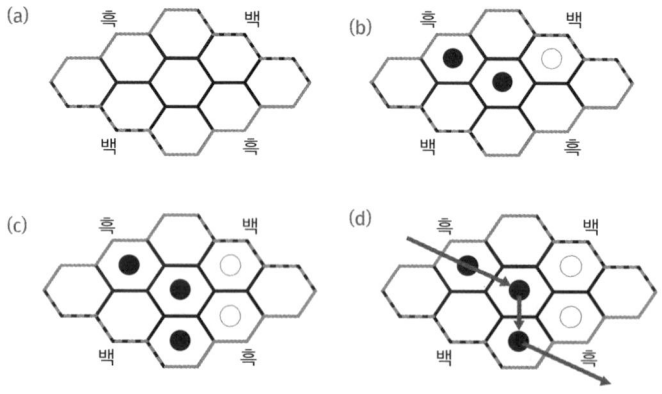

[그림 5-16]

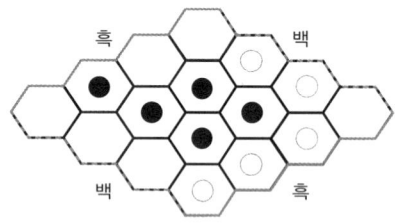

좀더 큰 판을 생각할 수도 있다. 앞의 경우를 3×3이라 하면 4×4에서 하는 게임도 생각할 수 있다. 그림 5-16은 4×4에서 백이 이긴 경우다.

(1) 2×2에서는 누가 이길까?

(2) 흑과 백이 모든 육각형에 말을 다 놓았음에도 승부가 나지 않는 경우는?

(3) 흑 또는 백에게 항상 이길 수 있는 방법이 존재하는가?

5.f ≡ n개의 동전이 있다. 처음 시작하는 사람은 n개 미만의 동전을 마음대로 가져갈 수 있다. 교대로 하나 이상의 동전을 가져가며, 마지막 동전을 가져간 사람이 이긴다. 동전을 가져가는 방법은 두 가지다.

첫 번째 방식에서 다음 사람은 앞 사람이 방금 가져간 동전의 2배 미만의 동전을 가져갈 수 있다. 두 번째 방식에서 다음 사람은 앞 사람이 방금 가져간 동전의 2배 이하의 동전을 가져갈 수 있다.

두 가지 방식에서 첫 번째, 혹은 두 번째 사람이 이기는 전략을 설명하라.

힌트: 첫 번째 방식에서, n이 2의 거듭제곱 꼴이면 두 번째 사람이 반드시 이길 수 있고 n이 2의 거듭제곱이 아니면 첫 번째 사람이 반드시 이길 수 있다. 두 번째 방식에서, n이 피보나치 수이면 두 번째 사람이 반드시 이길 수 있고 n이 피보나치 수가 아니면 첫 번째 사람이 반드시 이길 수 있다.

5.g 그림 5-17과 같이 6×6 크기의 판에서 여우가 거위를 잡고 거위는 도망가는 게임을 한다. 여우와 거위는 선을 따라서 한 번씩 이동한다. 거위가 먼저 움직이는 경우, 여우는 거위를 쉽게 잡을 수 있다.

여우가 먼저 움직이는 경우에는 어떨까? 여우가 열 번보다 적게 움직여서 거위를 잡을 수 있을까? 『Entertaining Mathematical Puzzles』에 있는 문제다.

[그림 5-17]

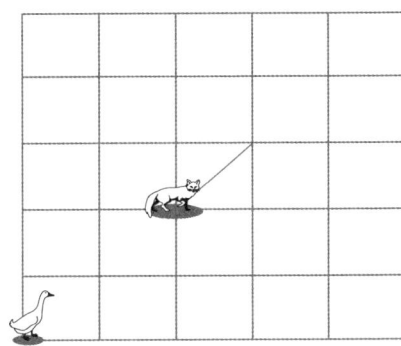

🔓 5.8 일부 풀이

Q. 추가 문제 5.c

A. 천사가 유한한 범위에서 이동한다면 악마는 천사를 항상 꼼짝 못하게 만들 수 있다. 천사의 이동 거리 n=10인 경우를 예로 들어 살펴보자. 그림 5-18과 같이 천사가 있다. 천사의 현재 위치에서 왼쪽으로 100칸 떨어진 곳을 A라고 하자. 악마는 여기서 시작해서 왼쪽으로 한 칸씩, 차례로 10칸의 타일을 박살낸다. 천사의 현재 위치와 A의 거리는 100이므로 10턴 내에 천사가 A로 달려와서 왼쪽으로 뛰어 넘어가기란 불가능하다. 10턴 후 A에 천사가 도착하더라도 천사는 10칸 이상을 뛰어넘을 수 없기 때문이다.

[그림 5-18]

이제 천사는 왼쪽으로 무한히 움직일 수 없게 되었다. 악마가 다음에 할 일도 마찬가지다. 천사의 현재 위치에서 오른쪽으로 100칸만큼 떨어진 곳의 타일을 박살내기 시작해서 10칸을 박살낸다. 천사는 오른쪽으로의 움직임에도 제한이 생긴다. 천사는 유한한 갯수의 타일 안에 갇히게 된다. 이제는 매우 쉽다. 유한한 수의 타일을 아무거나 하나씩 깨기만 하면, 곧 천사는 움직일 수 없는 상태가 되고 만다.

천사가 한 턴에 좌우로 n칸 범위 내에서 움직일 수 있다면 n^2칸 만큼 떨어진 곳에서 타일을 깨기 시작한다. n이 유한하면 악마가 천사를 꼼짝 못하게 하는 것이 항상 가능하다.

추가로 다음 두 가지 질문도 생각해보자.

(1) 천사가 한 턴에 n칸 움직일 수 있을 때, 악마는 이 전략으로 최대 몇 개의 타일을 깨면 천사를 움직이지 못하게 만들 수 있는가? n에 관한 식으로 나타내라.

(2) 2차원으로 확장해서 생각해보자. 천사는 위, 아래, 대각선으로 n칸의 범위 내에서 움직일 수 있고, 악마는 무한히 펼쳐진 2차원 위의 타일을 하나씩 깰 수 있다. 천사는 도망갈 수 있을까?

이 문제는 "Angel Problem"이라고 불린다. 이 문제의 역사와 2차원 이상에서 어느 쪽이 이기는지 알고 싶다면 「The Angel Problem Games」을 참고하라.

Q. 추가 문제 5.d
A. 다음과 같은 전략이 가장 좋다(대칭적인 전략이 여러 개 있다).

첫 판에 B는 가위를 내고, C, D, E는 바위를 낸다. A가 가위를 냈다면 A는 탈락한다. A가 바위를 냈다면 B는 탈락하고 A, C, D, E가 남아 두 번째 판이 진행된다. 두 번째 판에서는 C가 가위를 내고, D, E는 바위를 낸다. A가 바위를 냈다면 C는 탈락하고 세 번째 판이 진행된다. 세 번째 판에서 D는 가위를 내고, E는 바위를 낸다. A가 또 바위를 냈다면 E만 남아서 A와 승부를 겨룬다.

이렇게 하면 A는 매번 이기는 쪽과 동일한 것을 내야 하며 A가 우승할 확률은 $\frac{1}{16}$ 이다.

물론 실제로 이 전략을 쓸 때 매번 가위와 바위만 나온다면 A가 뭔가 이상하다고 생각할 것이다. 그러므로 한 사람이 지고 나머지 사람이 이기는 조합을 매번 바꿔가면서 미리 정해둬야 한다.

Q. 추가 문제 5.e
A. (1) 먼저 시작하는 쪽이 이긴다.

(2) 비기는 것은 불가능하다. 한 사람이 이길 수 없을 때는 상대방이 대각선으로 횡단하는 경로를 완성시켰을 경우, 즉 이겼을 경우뿐이다.

헥스는 피트 하인(Piet Hein)이 제안한 게임으로 이후에 존 내쉬(John Nash)가 다시 독립적으로 생각했다고 한다. 흑에게 승리 전략이 확실히 있지만, 그것이 무엇인지는 정확히 알기 어렵다는 점에서 흥미로운 게임이다. 흑에게 승리 전략이 있다는 간단한 증명과 헥스의 여러 가지 변형은 『Hexaflexagons, Probability, Paradoxes, and the Tower of Hanoi』를 참고하라.

이 게임에는 앞에서 언급한 대칭 전략이 잘 통하지 않는다.

06 정렬과 비교

정렬은 데이터를 일정한 순서대로 늘어놓는 것으로 컴퓨터 과학에서 매우 자주 쓰인다. 데이터를 정렬해두면 필요한 값을 빨리 찾을 수 있다. 값의 빈도를 세거나 값이 유일한지 판단하고, n 번째로 큰 원소를 찾기 위해서도 사용할 수 있다. 이렇게 정렬은 중요하지만 잘 작성하기가 의외로 쉽지 않다.

예전에 넘겨받았던 코드에서 정렬과 관련하여 문제가 생겼던 적이 있다. 프로그램은 대부분의 입력에 1초 내로 응답하는데 어떤 입력에서는 몇 분이 지나도 끝나지 않았고, 가끔 메모리 오류가 발생했다. 원인은 직접 작성한 퀵 정렬 함수에 있었다. 특수한 입력에서 분할 함수가 원소를 잘 나누지 못해서 정렬이 매우 오래 걸렸고, 퀵 정렬 함수가 너무 많이 재귀 호출되어 스택 오버플로로 메모리 오류가 발생하고 있었다.

요즘 널리 쓰이는 프로그래밍 환경은 대부분 좋은 정렬 함수와 탐색 함수를 제공하는데, 가능하면 이를 사용하는 것이 좋다. 하지만 대량의 데이터를 다루다 보면 상황에 맞는 정렬 알고리즘을 직접 구현하거나 정렬 알고리즘을 약간 변형하여 필요한 프로그램을 작성해야 할 수 있다. 여러 가지 알고리즘 중 가장 적합한 것을 고르고, 특별한 입력에서 느려지지 않게 작성해야 한다. 정렬과 탐색 알고리즘을 잘 이해하면 제공되는 정렬을 쓰는 것과 새롭게 작성하는 것 사이의 장단점을 정확하게 판단하여 빠르고 정확한 프로그램을 작성할 수 있다.

이번 장에서는 대표적인 정렬 알고리즘을 설명하고 정수 배열을 정렬하는 코드를 작성한다. 또 최대·최소 값을 구하고, 여러 값을 비교하는 문제도 생각해본다.

> 만약 시스템에서 제공하는 정렬이 여러분의 필요를 충족시키면,
> 직접 작성하는 것은 생각도 하지 말라.
>
> -존 벤틀리, 『생각하는 프로그래밍』

6.1 토너먼트

토너먼트(tournament)는 두 사람이 창을 들고 말을 탄 채로 다투어 다른 사람을 말에서 떨어뜨린 쪽이 승리하는 중세시대 마상시합에서 유래한 말이다. 현재는 참가자들이 둘씩 맞붙어 패한 쪽이 탈락하기를 계속하여, 마지막에 남은 참가자가 우승하는 경기 진행 방식을 일컫는다.

다음 상황을 생각해보자. 천하제일 프로그래밍대회에 A, B, ..., H의 여덟 팀이 참가하여 효율적인 프로그램을 작성하는 경기를 토너먼트 방식으로 치른다. 그림 6-1의 대진표에 따르면 총 일곱 경기를 치르게 된다.

[그림 6-1]

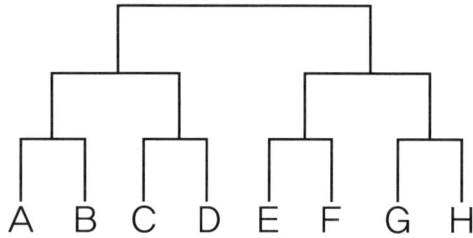

Q. 토너먼트 경기수

천하제일 프로그래밍대회 주최 측은 경기가 많아질수록 관람료 수입이 늘 것이라는 욕심에 그림 6-2처럼 이상한 대진표를 만들어 보았지만 여전히 7경기를 치르게 되어 있다. 대진표를 바꾸어 더 많은 경기를 할 수 있을까?

[그림 6-2]

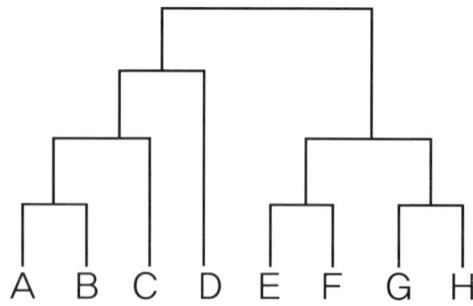

A. 토너먼트에서는 한 경기 후 항상 한 팀이 탈락한다. 7팀이 탈락하면 우승팀이 하나 남고 대회가 끝난다. 따라서 어떤 대진표로 토너먼트를 진행해도 항상 7경기를 하게 된다. n팀이 참가한 토너먼트는 n-1 경기를 치르면 우승팀이 가려진다.

❓ 생각해보기 ≡ 천하제일 프로그래밍 대회에 참가한 팀들은 실력 차이가 커서, 경기에서 이변이 일어나는 일은 없다고 한다. 예를 들어, 실력이 가장 우수한 팀은 어떤 팀과 경기를 해도 이기고, 실력이 두 번째로 뛰어난 팀은 첫 번째 팀 외에는 항상 이긴다. 그림 6-1과 그림 6-2의 대진표에서 실력이 두 번째로 뛰어난 팀이 준우승할 확률은 각각 얼마인가?

❓ 생각해보기 ≡ 실력이 두 번째로 뛰어난 팀이 결승전에 오르기 전에 실력이 가장 우수한 팀을 만난다면, 준우승을 할 수 없다. 천하제일 프로그래밍 대회는 실력이 두 번째로 뛰어난 팀을 확실히 찾아서 준우승 팀으로 삼으려고 한다. 그림 6-1의 대진표에서 일곱 번의 경기 후 우승팀이 정해졌다고 하자. 실력이 두 번째인 팀을 알아내려면, 경기를 몇 번 더 해야 할까? 앞의 생각해보기와 마찬가지로 실력이 좋은 팀이 자신들보다 못한 팀에게 지는 일은 없다.

6.2 최소 횟수 비교

Q. 최대 레코드 찾기

어떤 레코드를 처리하는 프로그램을 작성하려고 한다. 두 레코드 크기를 비교하는 compare_record() 함수를 이용해서 값이 가장 큰 레코드와 가장 작은 레코드를 찾는 기능을 구현해야 한다. compare_record() 함수는 실행 시간이 오래 걸리므로 가능한 적게 호출해야 프로그램이 느려지지 않는다.

n개의 레코드 중에서 가장 큰 레코드를 찾으려면 compare_record() 함수를 몇 번 호출해야 할까? 여기서는 n이 짝수라고 가정하자.

A. compare_record()를 n-1번 호출해야 한다. n-1번보다 적게 호출하여 최대 레코드를 찾기란 불가능하다.

'6.1 토너먼트'를 생각해보자. 우승팀이 정해지려면 나머지 n-1개 팀이 탈락해야 한다. n-1개 팀이 탈락하려면 n-1번의 경기가 이루어져야 한다. 마찬가지로 최대 레코드를 찾으려면 n-1개 레코드가 최대가 아님이 밝혀져야 한다. 한 번 비교를 하면 하나의 레코드가 최대가 아님이 밝혀진다. 따라서 n-1번의 비교가 이루어져야 최대 레코드를 찾을 수 있다.

n개의 레코드 중에서 가장 작은 레코드를 찾을 때도 역시 compare_record() 함수를 n-1번 호출해야 한다.

Q. 최대 최소 동시에 찾기

n개의 레코드 중에서 최대 레코드와 최소 레코드를 동시에 찾는 루틴을 작성하려고 한다. 다음과 같은 방법을 쉽게 떠올릴 수 있다. 먼저 compare_record() 함수를 n-1번 사용해서 가장 큰 레코드를 찾는다. 그러면 n-1개의 레코드가 남고, compare_record()를 다시 n-2번 사용하면 가장 작은 레코드를 찾을 수 있다. 이렇게 하면 compare_record()를 2n-3번 사용하여 최대 레코드와 최소 레코드를 찾는다.

코드 6-1은 최대, 최소 레코드를 찾는 find_max_min() 함수를 작성해서 compare_record()가 몇 번 호출되는지 확인할 수 있도록 간단하게 만든 프로그램이다. compare_record()는 두 레코드를 입력받아 앞의 레코드가 크면 양수, 뒤의 레코드가 크면 음수, 같으면 0을 반환한다. 실제 상황에서는 record_t와 compare_record() 함수가 더욱 복잡할 것이다.

코드 6-1을 실행해 보면 find_max_min()은 10,000개의 레코드 중 최대, 최소 레코드를 찾기 위해 compare_record()를 19,997번 호출한다는 것을 알 수 있다. compare_record()를 2n-3번보다 더 적게 호출해서 최대, 최소 레코드를 찾도록 find_max_min()을 수정해보자.

[코드 6-1]

```c
int compare_called = 0;

typedef struct {
    int weight;
} record_t;

typedef struct {
    int maxi;
    int mini;
} result_t;

int compare_record(record_t a, record_t b)
{
    compare_called++;
    return a.weight - b.weight;
}

result_t find_max_min(record_t records[], int n)
{
    int maxi = 0, mini = 0, i;
    for (i = 1; i < n; i++)
        if (compare_record(records[i], records[maxi]) > 0)
            maxi = i;
    for (i = 1; i < n; i++) {
        if (i == maxi)
            continue;
        if (compare_record(records[i], records[mini]) < 0)
            mini = i;
    }
    return (result_t) {maxi, mini};
}

#define NUM_RECORD 10000
#define WEIGHT_MAX 100000

void initialize_records(record_t records[], int n)
{
    int i;
```

```
        for (i = 0; i < n; i++)
            records[i].weight = rand() % WEIGHT_MAX;
}

int main()
{
    record_t records[NUM_RECORD];
    result_t result;
    int i;

    initialize_records(records, NUM_RECORD);
    result = find_max_min(records, NUM_RECORD);
    printf("min: %d  max: %d  compare_record() called %d times\n",
            result.mini, result.maxi, compare_called);
    printf("%d %d\n", records[result.mini].weight,
            records[result.maxi].weight);
    return 0;
}
```

A. 처음 두 원소를 비교하여 큰 쪽을 max, 작은 쪽을 min으로 한다. 그 다음부터 새로운 원소를 두 개씩 가져와서 비교한다. 두 원소를 비교해서 큰 원소를 big, 작은 원소를 small이라 하고, big을 max와 비교하고, small을 min과 비교한다. big이 max보다 크면 max를 big으로 바꾸고, small이 min보다 작으면 min을 small로 바꾼다.

코드 6-2의 find_max_min2()는 이와 같은 방법으로 최대 최소를 찾는다. find_max_min()은 2개의 새로운 원소를 보고 현재까지의 max와 min을 수정하기 위해 compare_record()를 4번 호출했지만 find_max_min2()는 3번 호출한다.

[코드 6-2]
```
result_t find_max_min2(record_t records[], int n)
{
    int maxi, mini, big, small, i;

    if (compare_record(records[0], records[1]) > 0) {
        maxi = 0;
        mini = 1;
    } else {
        maxi = 1;
        mini = 0;
    }

    for (i = 2; i < n; i += 2) {
        if (compare_record(records[i], records[i + 1]) > 0) {
```

```
            big = i;
            small = i + 1;
        } else {
            big = i + 1;
            small = i;
        }
        if (compare_record(records[big], records[maxi]) > 0)
            maxi = big;
        if (compare_record(records[small], records[mini]) < 0)
            mini = small;
    }
    return (result_t) {maxi, mini};
}
```

find_max_min2()는 10,000개의 레코드 중 최대, 최소 레코드를 찾기 위해 14,998번 비교 함수를 호출한다. 이는 find_max_min()의 약 $\frac{2}{3}$이다. 두 레코드의 크기를 한 번 비교하는 것이 매우 오래 걸린다면, 이와 같은 방법으로 비교 횟수를 줄이는 것이 프로그램의 성능 향상에 큰 도움이 된다.

Q. 비교 횟수

find_max_min2()는 compare_record()를 몇 번 호출하는가? n에 대한 식으로 나타내라.

A. compare_record()를 $\frac{3n}{2}-2$번 호출한다.

❓ 생각해보기 find_max_min2()는 n이 2 이상인 짝수일 때만 올바르게 동작한다. 홀수인 n에 대해서도 올바르게 동작하도록 수정하라.

6.3 삽입 정렬

삽입 정렬(insertion sort)은 이미 정렬된 배열에 새로운 원소를 하나씩 삽입하여 길이를 늘려가며 정렬하는 방법이다. 평균적으로 n^2에 비례하는 시간이 걸린다. 길이가 8인 배열을 삽입 정렬하는 예를 살펴보자.

| 5 | 2 | 1 | 8 | 3 | 6 | 4 | 7 |

삽입 정렬은 길이가 1인 부분 배열에서 시작한다. 길이 1인 배열은 이미 정렬되어 있다.

| 5 |

원소 하나를 추가하면 길이가 2인 부분 배열이 된다.

| 5 | 2 |

방금 추가한 원소 2를 올바른 위치에 끼워 넣으면 길이가 2인 정렬된 배열 [2, 5]가 된다.

| 2 | 5 |

세 번째 원소 1을 더한다.

| 2 | 5 | 1 |

원소 1을 적절한 위치에 삽입하여 정렬된 3개짜리 배열 [1, 2, 5]를 얻는다.

| 1 | 2 | 5 |

이 과정을 반복하면 정렬된 전체 배열을 얻는다.

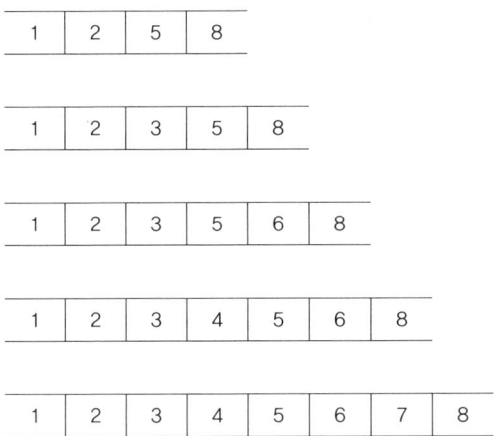

이처럼 삽입 정렬은 다음 두 가지 과정의 반복으로 이루어진다.

(1) 원소를 하나 추가.
(2) 추가된 원소를 적절한 위치에 삽입.

추가된 원소를 정렬된 배열의 적절한 위치에 삽입하는 insert() 함수부터 작성하자. insert() 함수는 배열과 그 길이를 입력으로 받는다. 입력 배열은 방금 추가된 마지막 원소를 제외하고는 정렬되어 있다. 이 조건에 맞는 입력 배열은 다음과 같은 것들이 있다.

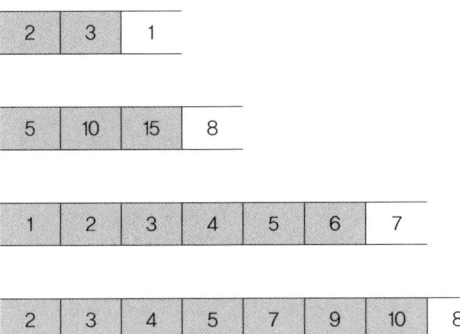

Q. 삽입 함수 작성

배열의 마지막 원소를 적절한 위치로 옮겨 정렬된 상태로 만드는 insert() 함수를 작성해보자. insert() 함수는 앞의 입력을 각각 다음과 같이 바꾼다.

1	2	3

5	8	10	15

1	2	3	4	5	6	7

2	3	4	5	7	8	9	10

A. 코드 6-3과 같이 작성할 수 있다.

```
[코드 6-3]
void insert(int arr[], int last)
{
    int temp, i;

    temp = arr[last];
    for (i = last; i > 0 && arr[i - 1] > temp; i--)
        arr[i] = arr[i - 1];
    arr[i] = temp;
}
```

? 생각해보기 insert() 함수에서 "i > 0 && num[i - 1] > temp"를 "num[i - 1] > temp && i > 0" 과 같이 바꾸어도 될까?

Q. 삽입 정렬 작성

insert() 함수를 이용하여 삽입 정렬 함수 insertion_sort()를 작성해보자.

A. 다음과 같이 insert()를 차례로 호출한다.

[코드 6-4]
```
void insertion_sort(int arr[], int len)
{
    int i;

    for (i = 1; i < len; i++)
        insert(arr, i);
}
```

❓ **생각해보기** insertion_sort() 내에서 함수 호출이 일어나지 않도록 insert()의 코드를 insertion_sort()에 포함시키자.

❓ **생각해보기** insert() 함수 루프 안의 "num[i] = num[i-1]"가 몇 번 실행될까? '추가 문제 1.d', '추가 문제 8.d'를 보자.

❓ **풀이가 있는 생각해보기** 삽입 정렬은 평균적으로 n^2에 비례하는 시간이 걸리는 느린 정렬 알고리즘이라 잘 쓰지 않는다. 하지만 어떤 입력에서는 매우 빠를 수 있는데, 어떤 경우일까?

📌 **Note**

정렬의 기준이 되는 키 값이 같은 원소를 처리하는 방법에 따라 안정 정렬(stable sort)과 불안정 정렬(unstable sort)로 나눌 수 있다. 안정 정렬은 키 값이 같은 원소 간의 순서가 정렬 후에도 유지된다. 예를 들어서, 다음과 같은 다섯 명의 성적을 시험 점수를 기준으로 내림차순 정렬한다고 하자.

A, 85
B, 77
C, 85
D, 44
E, 90

안정 정렬의 결과는 E-A-C-B-D로, A가 C보다 앞에 나온다는 것이 보장된다. 하지만 불안정 정렬에서는 A와 C 중 어느 것이 앞에 나올지 알 수 없다. C 언어가 제공하는 qsort()는 불안정 정렬이다.

생각해보기 코드 6-4의 삽입 정렬은 안정 정렬인가?

> **Note**
>
> 정렬 알고리즘은 매우 많다. 『Introduction to Algorithms』, 『쉽게 배우는 알고리즘』, 『Foundations of Algorithms using Java Pseudocode』에서 버블 정렬, 선택 정렬, 병합 정렬, 힙 정렬 등 다른 정렬 알고리즘의 아이디어를 살펴보자.

6.4 퀵 정렬

퀵 정렬(quicksort)은 1962년, 호어(C. A. R. Hoare)가 소개했다(「Quicksort」참고). n개의 데이터를 퀵 정렬할 때, 최악의 경우 n^2시간, 평균적으로 n log n 시간이 소요된다. 복잡도가 다른 알고리즘보다 앞서는 것은 아니지만 실제로 돌렸을 때, 다른 정렬 알고리즘보다 빨라 가장 많이 쓰인다.

퀵 정렬을 작성하기 위해 먼저 분할(partition) 함수를 작성하자. 분할 함수는 배열을 입력받아 배열의 원소 하나를 기준 원소(pivot)로 삼고 그보다 작은 원소들을 왼쪽, 큰 원소들을 오른쪽으로 옮긴다(같은 원소들은 아무 쪽에나 놓일 수 있다). 기준 원소는 중간에 놓고, 기준 원소의 위치를 반환한다. 다음과 같이 여덟 개의 원소가 있는 배열을 예로 들어보자.

| 5 | 2 | 1 | 8 | 3 | 6 | 4 | 7 |

어느 원소를 기준 원소로 잡아도 상관없다. 여기서는 첫 번째 원소(5)를 기준 원소로 하자. 5보다 작은 원소들은 왼쪽, 5보다 큰 원소들은 오른쪽에 오도록 하고, 5는 중간에 둔다.

| 2 | 1 | 3 | 4 | 5 | 8 | 6 | 7 |

2, 1, 3, 4의 순서가 서로 바뀌거나, 8, 6, 7의 순서가 서로 바뀔 수도 있다. 예를 들어 다음과 같은 배열도 모두 올바른 분할 결과다.

| 1 | 2 | 3 | 4 | 5 | 6 | 7 | 8 |

| 4 | 2 | 1 | 3 | 5 | 8 | 6 | 7 |

| 2 | 3 | 4 | 1 | 5 | 7 | 6 | 8 |

| 1 | 2 | 4 | 3 | 5 | 6 | 7 | 8 |

| 4 | 3 | 2 | 1 | 5 | 8 | 7 | 6 |

그리고 분할 함수는 기준 원소 5의 위치 4를 반환한다(배열의 위치는 0에서 시작한다).

여기서는 기준 원소를 5로 선택했지만, 어떤 원소를 기준 원소로 선택해도 된다. 아래는 모두 올바른 분할 함수의 결과다.

분할 함수 실행 후 배열	반환 값
1 2 5 8 3 6 4 7	0
2 1 3 4 5 8 6 7	3
5 2 1 3 4 6 7 8	5
6 2 1 7 3 5 4 8	7

Q. ≡ 분할 함수 작성

기준 원소 하나를 선택하여 기준 원소 이하의 원소들은 왼쪽, 기준 원소 이상의 원소들은 오른쪽에 오도록 하고, 기준 원소를 중간에 두고, 그 위치를 반환하는 함수를 작성하라.

A. 그림 6-3과 같은 방법을 생각할 수 있다. 원래 배열 A와 동일한 크기의 배열 B를 만들고 배열의 첫 번째 원소를 기준 원소로 선택한다(a). 그리고 배열 전체를 살펴보면서 기준 원소보다 작은 원소를 순서대로 배열 B로 복사한다(b). 그리고 기준 원소보다 같거나 큰 원소를(기준 원소도 포함해서) 순서대로 그 뒤에 복사한다(c). 그리고 B에서 A로 전체 내용을 복사한다(d). 이 방법은 추가로 배열을 사용하지만(제자리 정렬이 아니다) 선형 시간에 배열을 분할한다. 코드 6-5처럼 작성할 수 있다.

[그림 6-3]

(a)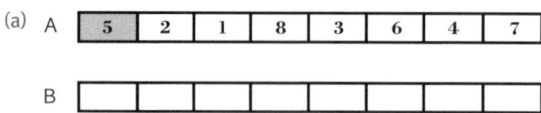

(b)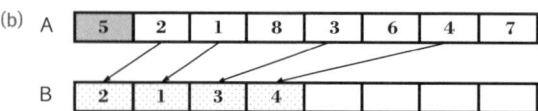

(c)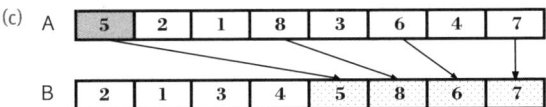

(d)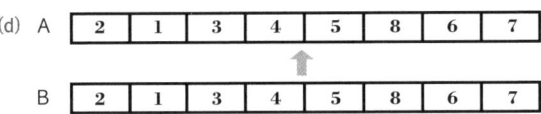

[코드 6-5]
```c
int partition(int arr[], int len)
{
    int arr2[len], arr2_len, p, i;

    arr2_len = 0;
    for (i = 1; i < len; i++)
        if (arr[i] < arr[0]) {
            arr2[arr2_len] = arr[i];
            arr2_len++;
        }

    p = arr2_len;                       // 분할 위치

    for (i = 0; i < len; i++)
        if (arr[i] >= arr[0]) {
            arr2[arr2_len] = arr[i];
            arr2_len++;
        }

    for (i = 0; i < len; i++)
        arr[i] = arr2[i];
    return p;
}
```

추가적인 배열을 사용하지 않는 방법은 partition2() 함수다.

[코드 6-6]
```c
int partition2(int arr[], int len)
{
    int p, i;

    p = 0;
```

```
    for (i = 1; i < len; i++)
        if (arr[i] < arr[0])
            swap_arr(arr, ++p, i);   // swap_arr()은 코드 0-7 참고
    swap_arr(arr, 0, p);
    return p;
}
```

partition2() 함수로 배열을 나누는 과정을 그림으로 살펴보면 좀더 쉽게 이해가 될 것이다. partition2() 함수는 처음부터 배열을 살펴보면서 새로 나타나는 원소를 기준 원소 이하의 것들과 기준 원소보다 큰 것으로 나눈다. 아래 그림에서 회색 음영은 기준 원소 이하인 부분배열 A, 점으로 채워진 부분은 기준 원소보다 큰 원소들의 부분배열 B이다.

첫 원소부터 보자. 첫 원소가 기준 원소(4)이므로 처음 원소는 A에 포함된다.

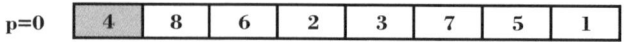

그 다음 원소(8)는 기준 원소보다 크기 때문에 B에 포함된다.

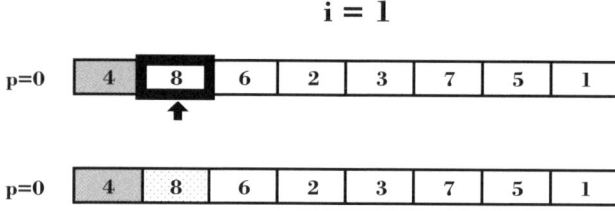

그 다음 원소(6)도 B에 포함된다.

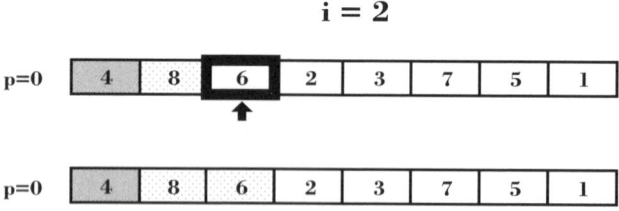

그 다음으로 기준 원소(4)보다 작은 원소(2)를 만났다. A와 B를 연속적으로 유지하면서 이 원소를 A에 포함시키려면 어떻게 해야 할까?

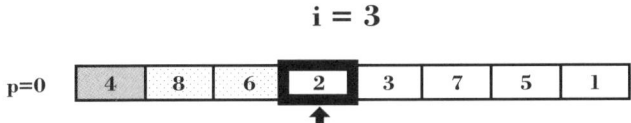

다음과 같이 B의 첫 원소와 위치를 바꾼다.

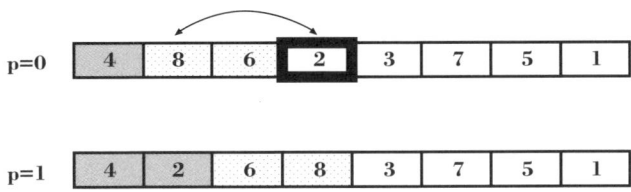

A는 4와 2, B는 6과 8이다. 그 다음 원소(3)에 대해서도 마찬가지로 B의 첫 원소와 위치를 바꾸어 A에 포함시킨다.

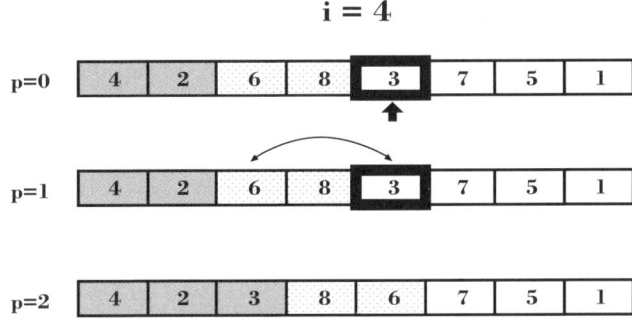

다른 원소들도 차례로 A 또는 B에 포함시킨다.

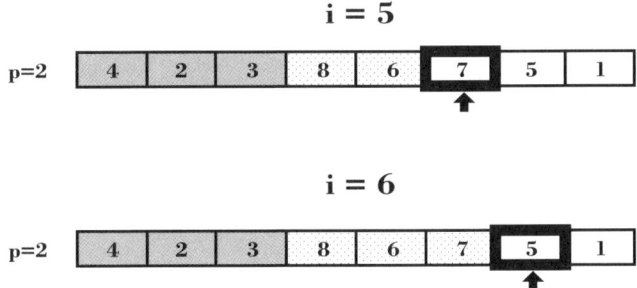

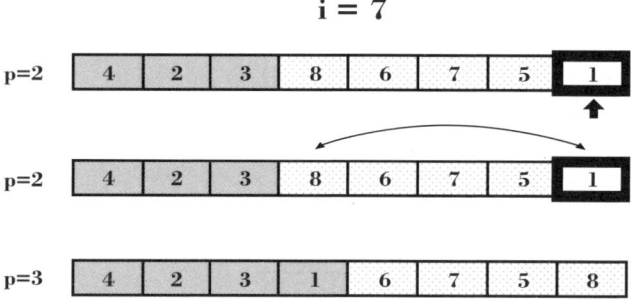

마지막 원소까지 반복하면 전체 배열은 연속된 두 개의 부분배열 A와 B로 나뉜다. A는 기준 원소 이하 원소들의 부분배열, B는 기준 원소보다 큰 원소들의 부분배열이다. 마지막으로 기준 원소와 A의 마지막 원소를 교환하면 분할이 끝난다.

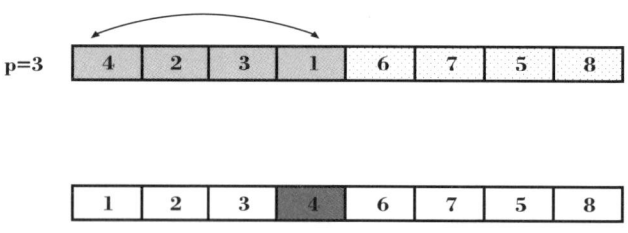

> **생각해보기** partition2()는 모든 원소가 같은 값인 배열을 어떻게 분할하는가?

Q. 퀵 정렬 작성

퀵 정렬은 배열에 분할 함수를 적용한다. 어떤 배열 A를 퀵 정렬하는 과정을 다음과 같이 재귀적으로 생각할 수 있다. 길이가 1 이하일 때 종료 조건이 적용되는 재귀적 프로그래밍을 생각하면 된다.

> (1) A의 길이가 1 이하이면 이미 정렬되어 있음.
> (2) 아니면 분할 함수로 A를 두 개의 배열 B1, B2로 분할하고, B1과 B2를 각각 퀵 정렬한다.

앞에서 작성한 분할 함수를 이용하여 정수(int)형의 배열을 퀵 정렬하는 함수를 작성하라.

A. 코드 6-7과 같이 구현한다. 배열 [4, 6, 3, 5, 1, 0, 2, 7]를 퀵 정렬하는 경우, 그림 6-4와 같이 quicksort()가 재귀적으로 호출되면서 정렬될 것이다. 실제 라이브러리 qsort()는 비재귀적으로 작성되어 있는데, 이는 「Engineering a Sort Function」를 참고하라. 여기서는 정렬을 익히기 위해 직접 작성해보지만, C의 qsort(), C++ STL의 sort(), stable_sort()와 같은 라이브러리 함수를 사용할 수 있다면 그대로 쓰는 것이 좋다. 다음 문제를 풀어보면 알 수 있겠지만, 다양한 입력에 대해 빠르고 잘 작동하는 정렬 함수를 만들기가 상당히 어렵기 때문이다.

퀵 정렬 알고리즘의 수학적 분석은 『Introduction to Algorithms』, 『Foundations of Algorithms using Java Pseudocode』, 『The Art of Computer Programming. Volume 3: Sorting and Searching』 등을 참고하라.

> **생각해보기** 분할 함수 partition(), partition2()를 이용하는 퀵 정렬은 안정 정렬일까?
>
> **생각해보기** C 언어에서 제공하는 qsort() 함수를 찾아보고, 사용 방법을 알아보자.

[코드 6-7]
```c
void quicksort(int arr[], int len)
{
    int p;
    if (len <= 1)
        return;
    p = partition2(arr, len);
    quicksort(arr, p);                      // 분할된 앞 부분 정렬
    quicksort(arr + p + 1, len - p - 1);    // 분할된 뒷 부분 정렬
}
```

[그림 6-4]

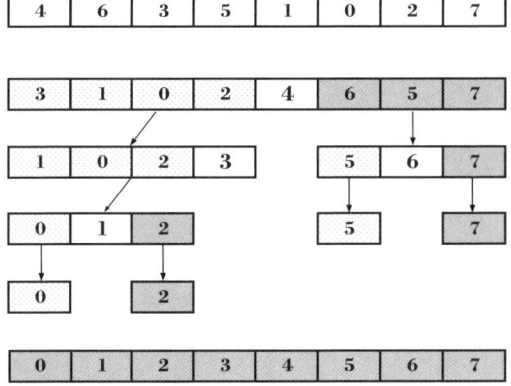

Q. 부분 정렬

웹 검색엔진은 계산된 적합도에 따라서 문서를 정렬한다. 사용자가 1페이지를 클릭하면 1번째에서 10번째 결과를, 10페이지를 클릭하면 91번째에서 100번째 결과를 보여준다. 데이터베이스에서도 SELECT 쿼리에 top을 쓰면 상위 몇 개의 레코드를 보여준다.

이렇게 정렬된 결과의 특정 순위에 해당하는 데이터를 보는 방법 중 하나는 배열 전체를 정렬해서 원하는 범위의 데이터를 보여주는 것이다. 하지만 몇 개의 데이터를 보기 위해 수백만, 수천만 개의 데이터를 모두 정렬하는 것은 시간 낭비다.

이럴 때 부분 정렬을 사용할 수 있다. 부분 정렬 함수는 배열과 위치 i, j가 주어지면 배열의 위치 i에서 위치 j까지 위치에 맞는 원소가 오도록 한다. 예를 들어 배열 [6, 12, 8, 2, 10, 0, 4]를 2에서 4까지 부분 정렬하면 배열의 2, 3, 4번째 원소는 각각 2, 3, 4번째로 작은 원소인 4, 6, 8이 된다. 다른 원소들의 순서는 상관없다.

앞에서 작성한 퀵 정렬 함수를 수정하여 정수 배열을 부분 정렬하는 함수를 작성해 보자.

A. 코드 6-7을 코드 6-8처럼 수정한다. 배열 전체를 퀵 정렬하는 데 걸리는 시간은 n log n에 비례하지만, 상수 길이의 배열 일부를 부분 정렬하는 것은 n에 비례하는 시간이 걸린다.

```
[코드 6-8]
void partial_quicksort(int arr[], int len, int i, int j)
{
    int p;

    if (len <= 1)
        return;
    p = partition2(arr, len);

    if (p < i)
        partial_quicksort(arr + p + 1, len - p - 1, i - p - 1, j - p - 1);
    else if (j < p)
        partial_quicksort(arr, p, i, j);
    else {
        partial_quicksort(arr, p, i, p - 1);
        partial_quicksort(arr + p + 1, len - p - 1, 0, j - p - 1);
    }
}
```

길이가 n인 배열에서 k번째로 작은 값을 찾는 함수는 배열의 k번째 위치를 부분 정렬하여 반환한다. 이와 같이 k번째 작은 원소의 값을 찾는 알고리즘을 선택 알고리즘이라고 부른다. 이 알고리즘은 평균적으로 전체 원소의 수 n에 비례하는 시간(선형시간)에 k번째 작은 값을 찾는다. 이는 전체 배열을 정렬하여 k번째 원소를 찾는 방법보다 빠르다. 최악의 경우에도 선형시간에 동작하는 알고리즘은 『Introduction to Algorithms』, 『쉽게 배우는 알고리즘』을 참고하라.

[코드 6-9]
```c
int selection(int arr[], int len, int k)
{
    partial_quicksort(arr, len, k - 1, k - 1);
    return arr[k - 1];
}
```

> **생각해보기** 부분 정렬 함수를 어떻게 테스트할 수 있을까?

> **생각해보기** 퀵 정렬의 분할 함수에서 이런 선택 알고리즘을 이용하여 기준 원소를 선택할 수 있다. 그러면 퀵 정렬의 성능에는 어떤 영향을 미칠까?

> **생각해보기** 큰 배열에서 k개의 상위 원소를 고르는 여러 방법을 생각해보고, 장단점을 비교해보자. k개의 상위 원소 리스트를 유지하면서 전체 입력을 살펴보는 방법, 부분 정렬, 힙 자료구조를 쓰는 것을 비교해보자.

6.5 퀵 정렬 개선

Q. ≡ 퀵 정렬이 느릴 때

앞에서 정수 배열을 퀵 정렬하는 함수를 작성했다. 작성한 퀵 정렬이 여러 입력에 대해 정렬을 잘하는지 확인해보자. 표 6-1은 필자의 컴퓨터에서 길이가 10만인 정수 배열을 코드 6-7의 quicksort() 함수로 퀵 정렬할 때 걸리는 시간이다. 단조증가 수열은 "0, 1, 2, 3, ..."과 같은 수열이고 단조감소 수열은 "..., 3, 2, 1, 0"과 같은 수열이다.

랜덤한 정수를 정렬할 때는 퀵 정렬이 매우 빠르지만 값이 모두 같은 입력, 단조증가하는 입력, 단조감소하는 입력에서는 너무 느리다. 단조증가 수열, 단조감소 수열, 모두 0인 수열을 퀵 정렬하는 데 이렇게 오래 걸리는 이유는 무엇일까?

[표 6-1]

입력	랜덤한 수열	단조증가 수열	단조감소 수열	모두 0인 수열
걸린 시간(초)	0.05	20.3	20.3	19.0

A. partition()과 partition2() 함수는 배열의 첫 원소를 기준 원소로 사용하는데 단조증가, 단조감소 입력에서는 이 값이 각각 최소, 최대로, 길이가 n인 배열을 0:n-1, n-1:0과 같이 나눈다. 값이 모두 0인 입력도 0:n-1로 나눈다. 그러면 퀵 정렬은 n^2에 비례하는 시간을 사용한다. 이는 분할 함수가 배열을 적당한 비율로 나눌 때에 비해 매우 느린 것이다.

Q. ≡ 분할 함수 개선

위 입력에서도 퀵 정렬이 빠르게 실행되도록 partition2() 함수를 수정하라.

A. 배열의 첫 원소를 기준 원소로 삼는 대신, 임의로 기준 원소를 골라보자. partition3()은 코드 6-6의 partition2() 함수를 수정한 것이다 배열의 첫 원소를 배열 내에서 랜덤하게 고른 원소와 바꾼다. 한 줄만 추가했지만 단조증가하거나 단조감소하는 배열을 잘 나눈다.

[코드 6-10]
```
int partition3(int arr[], int len)
```

```
{
    int p, i;

    swap_arr(arr, 0, rand() % len);        // swap_arr()은 코드 0-7 참고
    p = 0;
    for (i = 1; i < len; i++)
        if (arr[i] < arr[0])
            swap_arr(arr, ++p, i);
    swap_arr(arr, 0, p);
    return p;
}
```

기준 원소를 하나 고르는 대신, 배열의 원소를 임의로 몇 개 골라서 그 중간 값을 기준 원소로 쓰는 방법을 사용하기도 한다. partition3()을 분할 함수로 길이 10만개의 정수 배열을 퀵 정렬 하는 데 걸린 시간은 표 6-2와 같다. 입력이 모두 같은 값일 때 partition3()은 여전히 가장 왼쪽의 원소를 반환한다. 동일한 값인 입력을 처리하기가 좀 까다롭다. partition4()는 기준 원소와 동일한 원소들의 중간 위치를 반환하는 부분을 추가하여 해결한다. 많이 쓰는 방법은 아니다.

[표 6-2]

입력	랜덤한 수열	단조증가	단조감소	모두 0인 수열
걸린 시간(초)	0.05	0.04	0.04	19.1

[코드 6-11]
```
int partition4(int arr[], int len)
{
    int p, q;

    p = partition3(arr, len);
    q = p;
    while (q < len - 1 && arr[q + 1] == arr[p])
        q++;
    p = (p + q) / 2;
    return p;
}
```

코드 6-12의 partition5() 함수와 같이 작성할 수도 있다. partition5()를 분할 함수로 선택하여, 길이 10만 개의 정수 배열을 퀵 정렬하는 데 걸린 시간은 표 6-3과 같다. 모

든 원소가 동일한 경우에도 잘 나누는 것을 확인할 수 있다.

직접 퀵 정렬을 작성하면 이처럼 특정한 입력에 대해 분할 함수가 잘 동작하지 않는 경우가 많다. 오래 걸릴 뿐 아니라, 스택 오버플로가 발생할 수도 있다. 정렬 함수를 직접 작성할 때는 다양한 입력을 넣어가며 확인해봐야 한다. 다양한 입력에 대해 잘 작동하는 분할 함수를 작성하고, 튜닝으로 정렬 알고리즘의 성능을 향상시키는 문제는 대부분의 알고리즘 교과서에서는 다루지 않는다. 「Engineering a Sort Function」, 『생각하는 프로그래밍』을 참고하자.

[표 6-3]

입력	랜덤한 수열	단조증가	단조감소	모두 0인 수열
걸린 시간(초)	0.05	0.04	0.04	0.04

[코드 6-12]
```c
int partition5(int arr[], int len)
{
    int i, j, t;

    swap_arr(arr, 0, rand() % len);
    t = arr[0];

    i = 0;
    j = len;
    while (1) {
        do {
            i++;
        } while (i < len && arr[i] < t);

        do {
            j--;
        } while (arr[j] > t);

        if (i > j)
            break;
        swap_arr(arr, i, j);
    }
    swap_arr(arr, 0, j);      // swap_arr()은 코드 0-7 참고
    return j;
}
```

6.6 과반수 원소

길이가 n개인 배열에 어떤 원소가 $\frac{n}{2}$개보다 많이 있으면 그 원소를 그 배열의 과반수 원소(majority element)라고 한다. 배열 [2, 1, 2, 2, 3]의 과반수 원소는 2이다. 배열 [1, 2, 3, 4, 4, 4]의 과반수 원소는 없다.

Q. 과반수 원소 구하기

사용자로부터 0 이상의 정수(int)들을 입력받아 과반수 원소가 있는지, 있다면 무엇인지 출력하는 프로그램을 작성해보자. 큰 배열에서도 결과를 빠르게 얻을 수 있어야 한다.

[실행 예]
```
input n: 5
2 1 2 2 3
Majority element is 2

input n: 6
1 2 3 4 4 4
No majority element
```

A. 코드 6-13의 majority() 함수는 배열에서 각 원소가 몇 번 나타나는지 세어서 과반수 원소를 찾는다.

[코드 6-13]
```
#define N 1000000
#define NO_MAJORITY (-1)

int majority(int arr[], int len)
{
    int i, j, count;

    for (i = 0; i < len; i++) {
        count = 0;
        for (j = 0; j < len; j++)
            if (arr[i] == arr[j])
                count++;
        if (count > len / 2)
            return arr[i];
```

```
        }
        return NO_MAJORITY;
}

int main()
{
    int num[N], n, i, r;
    printf("input n: ");
    scanf("%d", &n);
    for (i = 0; i < n; i++)
        scanf("%d", &num[i]);
    r = majority(num, n);
    if (r == NO_MAJORITY)
        printf("No majority element\n");
    else
        printf("Majority element is %d\n", r);
    return 0;
}
```

쉽게 생각할 수 있는 방법이지만 이중 루프를 사용하기 때문에 n^2에 비례하는 시간이 걸린다. 더 빠른 방법은 정렬을 이용하는 것이다. 먼저 n log n시간에 정수 배열을 정렬한다. 정렬이 되어 있으면 같은 값들이 연속해서 나타나므로 각 값이 몇 번 나타나는지 알기 쉽다. 각 값들이 몇 번 나타나는지 세어서 $\frac{n}{2}$번 이상 나타나는 원소가 있으면 프로그램을 멈추고 그 원소를 출력한다.

조금 더 생각해보면 모든 값들에 대해 출현 빈도를 셀 필요가 없음을 알 수 있다. 과반수 원소가 있다면 정렬 후 배열의 $\frac{n}{2}$번째 원소는 반드시 과반수 원소이기 때문이다. majority2()는 배열 중앙의 원소를 찾아서 그 원소가 실제로 $\frac{n}{2}$번보다 많이 나타났는지를 확인한다. 퀵 정렬하는 시간 n log n으로 전체 실행 시간이 결정된다.

[코드 6-14]
```
int majority2(int arr[], int len)
{
    int i, count = 0;

    quicksort(arr, len);
    for (i = 0; i < len; i++)
        if (arr[i] == arr[len / 2])
            count++;
    if (count > len / 2)
        return arr[len / 2];
    return NO_MAJORITY;
}
```

Q. 과반수 원소 빠르게 구하기

majority2()처럼 정렬을 사용하지 않고 더 빠르게 과반수 원소를 찾는 방법은 없을까?

A. 앞에서 작성했던 부분 정렬 알고리즘을 사용한다. 만약 배열에 과반수 원소가 존재하면 $\frac{n}{2}$번째 원소는 과반수 원소일 것이다. 따라서 $\frac{n}{2}$번째 원소를 부분 정렬 알고리즘으로 찾고 이 원소가 전체 배열에서 과반수 이상 나타나는지 확인한다. 앞에서 작성했던 부분 정렬 알고리즘은 n에 비례하는 시간(선형시간)에 동작한다. 따라서 프로그램은 전체적으로 선형시간에 동작할 것이다. 코드 6-15의 majority3() 함수는 선형시간 알고리즘으로 매우 빠르다.

[코드 6-15]
```c
int majority3(int arr[], int len)
{
    int i, count = 0;

    partial_quicksort(arr, len, len / 2, len / 2);
    // partial_quicksort()는 코드 6-8 참고
    for (i = 0; i < len; i++)
        if (arr[i] == arr[len / 2])
            count++;
    if (count > len / 2)
        return arr[len / 2];
    return NO_MAJORITY;
}
```

> **생각해보기** 전체의 $\frac{1}{4}$보다 많이 있는 원소를 모두 출력하는 방법은 어떤 것이 있을까?

Note

선형시간에 과반수 원소를 구하는 다른 방법 중 하나를 소개한다. 16개의 원소가 있는 배열을 생각해보자. 이 배열의 과반수 원소는 3이다.

1 1 3 3 3 3 2 3 3 3 5 3 1 1 2 3

원소를 둘씩 짝짓는다.

```
1 1 | 3 3 | 3 3 | 2 3 | 3 3 | 5 3 | 1 1 | 2 3
```

짝지어진 두 원소를 비교해서 같으면 하나만 남기고, 다르면 없앤다.

```
1 | 3 3 | - | 3 | - | 1 | -
```

정리하면, "1 3 3 3 1"로, 여전히 3이 과반수 원소임을 알 수 있다.

배열 A의 원소를 둘씩 짝지어서 두 원소가 같으면 하나만 남기고 다르면 없애서 새로운 배열 B를 만든다고 하자. 만약 A에 과반수 원소 x가 존재한다면 B에도 과반수 원소 x가 존재한다(역은 성립하지 않음). 이를 이용하여 원소를 반으로 줄여나가는 과정을 계속하면 과반수 원소 후보 하나를 얻는다. 원래의 배열에 과반수 원소가 있다면, 이 후보 원소여야 한다.

매번 이 과정을 반복해 나가되, 만약 중간 과정에 길이가 홀수인 배열이 나오면 마지막 원소가 과반수인지 아닌지 확인한다. 과반수 원소가 아니면 그냥 버리고, 나머지 원소만 하나씩 묶어서 반복하면 된다.

예를 들어서 중간에 "1 3 3 3 1"이 남으면, 마지막 원소인 1이 과반수 원소인지 확인한다. 1은 과반수 원소가 아니므로, "1 3 3 3"을 남기고 계속 진행한다.

```
1 3 3 3 1
1 3 | 3 3
 - | 3
```

결국엔 원소가 하나만 남을 것이다. 이 원소가 과반수 원소이거나, 과반수 원소는 존재하지 않는다. 따라서 마지막 남은 원소가 원래 배열에서 $\frac{n}{2}$번 보다 많이 나타나는지 확인한다.

이 방법으로 선형시간(n 시간)에 과반수 원소를 찾을 수 있다. 그리고 원소들 간의 크기 비교가 불가능하고, 두 원소가 같은지 다른지만 알 수 있는 경우에도(흔한 경우는 아니지만) 과반수 원소를 찾을 수 있다는 점에서 정렬을 이용하는 방법보다 일반적이다.

❓ 풀이가 있는 생각해보기 ≡ 위에서 설명한 방법에 따라 과반수 원소를 구하는 majority4() 함수를 작성해보자.

> **생각해보기** 위에서 설명한 방법이 최악의 경우에도 선형시간에 과반수 원소를 구한다는 것을 설명해보라.

과반수 원소가 없는 100만개의 랜덤한 정수 입력에서 앞의 함수들이 사용하는 시간은 표 6-4와 같다. majority() 함수는 매우 느리다. majority4() 함수는 코드 6-23를 사용하였다.

[표 6-4]

함수	majority()	majority2()	majority3()	majority4()
걸린 시간(초)	5330	0.27	0.04	0.02

6.7 더욱 빠르게 정렬하기

Q. ≡ 영어 점수 정렬하기

퀵 정렬은 n개의 데이터를 평균적으로 n log n 시간에 정렬하는 알고리즘으로, 정렬 알고리즘 중에 가장 자주 사용한다. 하지만 정렬하려는 데이터에 특별한 성질이 있다면 이를 이용하여 더욱 빠르게 정렬하는 것이 가능하다.

다음 경우를 생각해보자. 매번 수십만 명이 응시하는 어느 공인 영어 시험 점수는 1,000점 만점이다. 응시자들의 점수를 입력하면 오름차순으로 정렬하여 출력하는 프로그램을 작성하려고 한다. 입력은 응시자 수와 응시자의 점수다. 정렬된 시험점수를 출력하는 프로그램을 최대한 효율적으로 작성해보자.

[실행 예]
```
input n: 10
input scores: 685 283 728 594 836 828 553 701 700 899
output: 283 553 594 685 700 701 728 828 836 899
```

A. 코드 6-16과 같이 퀵 정렬을 이용할 수 있다.

[코드 6-16]
```c
int main()
{
    int *scores, n, i;

    printf("input n: ");
    scanf("%d", &n);
    scores = (int *) malloc(sizeof(int) * n);

    printf("input scores: ");
    for (i = 0; i < n; i++)
        scanf("%d", &(scores[i]));
    quicksort(scores, n);        // quicksort()는 코드 6-7 참고
    printf("output: ");
    print_arr(scores, n);        // print_arr()은 코드 0-16 참고
    free(scores);
    return 0;
}
```

하지만 정렬 대상이 0 이상 1,000 이하의 정수로 제한되는 데 퀵 정렬을 이용하기

는 좀 아깝다. 점수의 빈도를 세고(distribution counting) 각 점수가 나온 횟수만큼 출력만 해도 정렬이 된다. 다음과 같이 distribution_couting() 함수를 작성하고, distribution_counting(scores, n)를 호출한다.

[코드 6-17]
```c
#define MAX_SCORE 1000

void distribution_counting(int scores[], int n)
{
    int count[MAX_SCORE + 1], t = 0, i, j;
    for (i = 0; i <= MAX_SCORE; i++)
        count[i] = 0;
    for (i = 0; i < n; i++)
        count[scores[i]]++;
    for (i = 0; i <= MAX_SCORE; i++)
        for (j = 0; j < count[i]; j++) {
            scores[t] = i;
            t++;
        }
}
```

100만 개의 영어 시험 점수를 quicksort()와 distribution_counting()으로 정렬하는 데 드는 시간을 비교하면 표 6-5와 같다. distribution_counting()이 더 **빠르다**. 정렬 대상의 수가 많아지면 시간의 차이는 더욱 커진다. 이 경우처럼 단순하게 분포를 세는 것으로 정렬을 할 수도 있다.

[표 6-5]

함수	qsort()	quicksort()	distribution_counting()
걸린 시간(초)	0.81	0.73	0.46

? 생각해보기 원소들의 값이 특정한 범위의 정수이더라도, 위와 같은 분포 세기가 퀵 정렬보다 더 느린 경우는 없을까?

Q. 계수정렬

시험 점수만 정렬하는 프로그램은 별로 쓸모가 없다. 학생의 이름(길이가 20 이내라고 한다)과 점수가 있는 입력을 받아 점수에 대해 오름차순으로 정렬하여 출력하는 프로그램을 작성하라. 동점자가 있으면 입력 파일에 먼저 나오는 학생을 먼저 출력한다.

```
[실행 예]
input n: 10
input scores: kim 685 cho 283 park 728 choi 594 hwang 836 jung 828 lee
553 kang 701 ha 700 seo 899
output:
cho 283
lee 553
choi 594
kim 685
ha 700
kang 701
park 728
jung 828
hwang 836
seo 899
```

A. 앞에서 설명한 분포 세기는 한정된 상황에만 적합하다. 시험 점수를 기준으로 정렬하되 이름도 입력받아서 결과로 출력하는 경우도 분포 세기처럼 선형시간에 정렬할 수 있을까? 약간 바꾸면 가능하다. 간단한 예제로 생각해보자. 0 이상 4 이하의 값을 오름차순으로 정렬한다. 입력(배열 A)은 다음과 같다.

(3, kim) , (1, lee), (4, park), (1, choi), (0, sun), (2, jung), (2, cho), (1, ko)

먼저 값을 센다(배열 C).

원래의 배열 A를 보면서 각 원소가 몇 번 나타났는지를 기록하여 배열 C에 저장한다. 배열 D는 어떤 원소 이하의 원소가 몇 번 나타났는지를 기록하여 저장한다. 그리고 배열 A의 원소를 맨 뒤에 있는 것부터 하나씩 배열 B로 옮긴다. 배열 B로 옮길 때는 배열 D에서 해당 키 값에 들어있는 숫자를 배열 B에서의 위치로 삼는다. 그리고

A	3 kim	1 lee	4 park	1 choi	0 sun	2 jung	2 cho	1 ko

	0	1	2	3	4
C	1	3	2	1	1

	0	1	2	3	4
D	1	4	6	7	8

배열 D의 해당 값을 1 감소시킨다.

맨 처음 A[7]에 있는 "1, ko"부터 복사하는데, 배열 D[1]은 4이므로, B[3]에 옮긴다. 그리고 배열 D[1]의 값을 1 감소시킨다(a). 마찬가지로 A[6]에 있는 "2, cho"를 복사한다. D[2]는 6이므로 B[5]에 복사하고, D[2]를 1만큼 감소시킨다(b). 이를 계속해서 반복한다.

추가적인 공간(배열 B)을 사용했지만 선형시간에 안정적으로 정렬하였다. 이를 계수 정렬(counting sort)이라고 한다. 점수와 같이 정렬의 기준이 되는 값을 키(key), 이름과 같은 나머지 부분을 부가 정보(satellite data)라고 한다.

[그림 6-5]

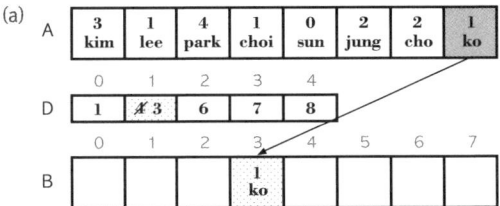

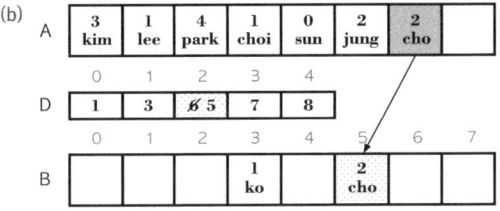

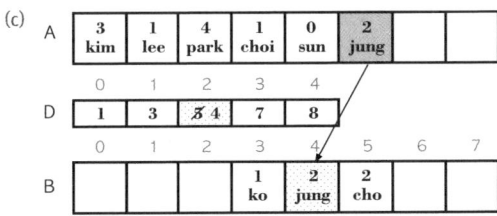

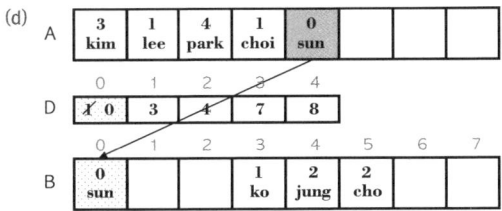

[코드 6-18]

```c
#define MAX_SCORE   1000
#define NAME_LEN    20

typedef struct {
    int score;
    char name[NAME_LEN];
} record_t;

void counting_sort(record_t records[], int n)
{
    int count[MAX_SCORE + 1], i;
    record_t *sorted;

    sorted = (record_t *) malloc(sizeof(record_t) * n);
    for (i = 0; i <= MAX_SCORE + 1; i++)
        count[i] = 0;
    for (i = 0; i < n; i++)
        count[records[i].score]++;
    for (i = 1; i <= MAX_SCORE; i++)
        count[i] += count[i - 1];
    for (i = n - 1; i >= 0; i--) {
        sorted[count[records[i].score] - 1] = records[i];
        count[records[i].score]--;
    }

    for (i = 0; i < n; i++)
        records[i] = sorted[i];
    free(sorted);
}

int main()
{
    record_t *records;
    int n, i;

    printf("input n: ");
    scanf("%d", &n);
    records = (record_t *) malloc(sizeof(record_t) * n);

    printf("input scores: ");
    for (i = 0; i < n; i++)                  // 이름과 점수를 입력받음
        scanf("%s %d", records[i].name, &(records[i].score));

    counting_sort(records, n);

    printf("output:\n");
    for (i = 0; i < n; i++)
        printf("%s %d\n", records[i].name, records[i].score);
```

```
    free(records);
    return 0;
}
```

> **생각해보기** 점수에 대한 내림차순으로 정렬하도록 프로그램을 수정하라.

연결리스트를 이용할 수도 있다. 0에서 4까지 다섯 개의 연결리스트를 만들고, 배열을 처음부터 읽으면서 해당하는 연결리스트의 뒤에 추가한다.

(3, kim) , (1, lee), (4, park), (1, choi), (0, sun), (2, jung), (2, cho), (1, ko)

위 입력에 대해서 그림 6-6과 같이 연결리스트를 만들고, 연결리스트를 처음부터 읽으면서 다시 배열에 저장하면 정렬이 완료된다. 이 방법은 버킷 정렬(bucket sort)의 특별한 경우이며, 비둘기집 정렬(pigeonhole sort)이라 부르기도 한다.

[그림 6-6]

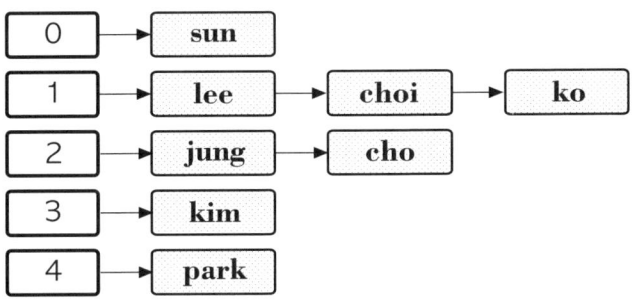

> **풀이가 있는 생각해보기** 위에서 설명한 방법으로 정렬하는 프로그램을 작성하라.

퀵 정렬은 평균적인 경우 n log n 시간에 정렬을 하는 반면, 앞에서 설명한 정렬 알고리즘들은 선형시간에 정렬을 한다. 대신 정렬하고자 하는 키 값이 특별한 성질을 갖고 있어야 한다. 랜덤하게 생성한 100만 개의 점수와 이름 쌍을 계수 정렬, 버킷 정렬(코드 6-24 참고), qsort()를 이용하여 정렬한 시간을 비교해보면 표 6-6과 같다. 입력 데이터가 많으면 시간 차이가 더욱 커질 것이다. 정렬 부분의 성능이 중요할 때 데이터의 범위가 제한되어 있다면, 이와 같은 방식으로 정렬할 수는 없는지 생각해보라.

『Introduction to Algorithms』, 『The Art of Computer Programming. Volume 3:

Sorting and Searching』, 『쉽게 배우는 알고리즘』에서 비교 정렬의 하한과 계수 정렬, 버킷 정렬, 기수 정렬(radix sort) 등 선형시간 정렬 알고리즘에 대한 분석을 읽어보자.

[표 6-6]

함수	qsort()	counting_sort()	bucket_sort()
걸린 시간(초)	2.10	0.73	1.01

6.8 탐색

Q. ≡ 이진 탐색

정렬된 정수 배열에서 순차 탐색(sequential search)과 이진 탐색(binary search)을 수행하는 함수를 작성하라. 찾는 값이 배열에 있으면 값이 있는 위치(0 이상)를 반환하고, 없으면 -1을 반환한다. 배열에 찾는 값이 여러 개 있으면 그중 하나의 위치만 반환한다.

A. 순차 탐색은 sequential_search()와 같이 구현할 수 있다. 배열의 처음부터 끝까지 살펴보면서 찾는 값이 있는지 본다. 배열이 정렬되어 있지 않으면 순차 탐색을 할 수밖에 없다.

[코드 6-19]
```
int sequential_search(int v, int arr[], int len)
{
    int i;

    for (i = 0; i < len; i++)
        if (arr[i] == v)
            return i;
    return -1;
}
```

코드 6-20은 이진 탐색을 구현한 것이다.

[코드 6-20]
```
int binary_search(int v, int arr[], int len)
{
    int low, high, mid;

    low = 0;
    high = len - 1;
    while (low <= high) {
        mid = (low + high) / 2;
        if (v < arr[mid])
            high = mid - 1;
        else if (v > arr[mid])
            low = mid + 1;
```

```
            else
                return mid;
    }
    return -1;
}
```

Q. ≡ 비교 횟수
순차 탐색과 이진 탐색을 사용할 경우 최악의 경우 몇 번의 비교가 이루어지는가?

A. n개의 원소가 있을 때, 순차 탐색의 경우는 최악의 경우 n번의 비교가 필요하다. 찾는 원소가 없거나 맨 마지막에 있을 때, 모든 원소를 다 비교해야 하기 때문이다.

이진 탐색의 경우, 길이가 n인 정렬된 배열에서 특정 원소를 찾을 때 최악의 경우 비교 횟수를 B_n이라고 하자. 그렇다면 $B_n = B_{n/2} + 1$이 성립한다. 한 번 비교를 하면, 길이가 $\frac{n}{2}$인 배열로 검색 대상이 줄어들기 때문이다.

$B_n = B_{n/2} + 1 = B_{n/4} + 1 + 1 = B_{n/8} + 1 + 1 + 1 = \cdots$ 이고, $n = 2^k$라고 하면, $B_n = k = \log_2 n$이 된다.

❓ 생각해보기 ≡ 코드 6-20의 binary_search()는 정렬된 배열에서 우리가 원하는 값이 여러 개있으면 그 중에서 어떤 위치든 돌려주도록 작성되었다. 예를 들어서 배열이 표 6-7과 같을 때, binary_search(7)의 결과는 6, 7, 8 중 하나였다. 이를 가장 앞의 위치(예제에서는 6)가 반환되도록 수정하라. $\log_2 n$에 비례하는 시간이 걸리는 이진 탐색의 장점이 없어지면 안 된다.

[표 6-7]

위치	0	1	2	3	4	5	6	7	8	9
값	1	2	2	4	6	6	7	7	7	9

❓ 생각해보기 ≡ 코드 6-20의 binary_search(x)는 x의 위치를 찾아준다. 이 함수가 배열에 x 이하의 원소 중 가장 큰 원소를 찾아주도록 수정해보자, 같은 값이 여러 개이면 하나의 위치만 출력한다. 표 6-7과 같은 배열에서 binary_search(3)은 1 또는 2, binary_search(5)이면 3이 반환되어야 한다.

❓ 풀이가 있는 생각해보기 ≡ 코드 6-20의 binary_search()에 버그는 없을까?

Q. ≡ 삼진 탐색

배열을 이등분하는 대신 삼등분하여 검색하면 검색 시간은 어떻게 될까? 삼진 탐색(ternary search) 알고리즘을 작성하라. 최악의 경우 몇 번의 비교가 필요한지 계산하고, 실제 검색 시간을 비교하라.

A. 코드 6-21은 정렬된 정수 배열에 대해 삼진 탐색을 수행하는 소스코드다. 길이가 n인 정렬된 배열에서 특정 원소를 삼진 탐색으로 찾을 때 최악의 경우 비교 횟수를 T_n이라고 하면 $T_n = T_{\frac{n}{3}} + 2$이 성립한다. 최악의 경우 두 번의 비교가 이루어지고, 검색 대상인 배열이 $\frac{1}{3}$만 남기 때문이다. 이 경우 $T_n = 2\log_3 n$이 된다.

보통, 삼진 탐색과 같은 다진 탐색은 이진 탐색보다 좋을 것이 없다. 하지만 디스크 액세스가 대부분의 시간을 소모하는 경우에는 다진 탐색이 유리한 경우도 있다. 다진 외부 탐색트리인 B-tree가 이런 방식을 채택한 자료구조다. B-tree는 『Introduction to Algorithms』를 참고하라.

[코드 6-21]
```c
int ternary_search(int v, int arr[], int n)
{
    int low, high, m1, m2;

    low = 0;
    high = n - 1;
    while(low <= high) {
        m1 = (2*low + high) / 3;
        m2 = (low + 2*high) / 3;

        if (v < arr[m1]) {
            high = m1 - 1;
        } else if (v == arr[m1]) {
            return m1;
        } else if (v < arr[m2]) {
            low = m1 + 1;
            high = m2 - 1;
        } else if (v == arr[m2]) {
            return m2;
        } else {                          // v > arr[m2]
            low = m2 + 1;
        }
    }
    return -1;
}
```

🔒 6.9 추가 문제

6.a 두 개의 정수 배열에 모두 존재하는 원소(교집합)를 찾는 방법은 어떤 것이 있을까?

6.b 길이 n인 정렬된 정수 배열 A가 있다. 배열 A에 있는 숫자는 모두 다르다. 배열에 A[i]=i인 i가 존재할 경우 i를 출력하고, 이러한 i가 없으면 출력하지 않는다. 배열 A를 처음부터 보면서 A[i]=i인지 확인하는 것은 너무 느리다. **빠른** 시간에 이런 일을 하는 방법은 무엇인가?

6.c 일부 국가들은 올림픽에서 각 국가가 획득한 금메달, 은메달, 동메달의 수에 차등을 두어 국가들의 순위를 정한다. 금메달을 많이 얻은 순서로 전체 순위가 정해지는데 만약 금메달의 개수가 같은 경우 은메달의 수에 따라 순위가 정해지고, 금메달과 은메달의 수가 모두 같으면 동메달의 순위에 따라 정해진다. 모든 메달의 수가 같으면 순위가 같다.

국가의 수와, 국가 명, 금, 은, 동메달의 수를 입력받아 순위를 계산하는 프로그램을 작성하자.

```
[실행 예]
input n: 8
KOR 10 5 4
JAP 4 7 1
USA 10 10 4
CHN 4 7 1
UK 4 7 1
GER 5 1 2
FRA 3 1 1
ITA 2 2 0

1 USA
2 KOR
3 GER
4 JAP
4 CHN
4 UK
7 FRA
8 ITA
```

6.d ≡ 정렬된 배열 두 개가 있다. 두 배열을 통틀어 중간 값을 찾는 빠른 방법은 무엇인가?

6.e ≡ n × m의 이차원 배열이 주어져 있다. 이 배열을 각 행마다 오름차순 정렬을 한다. 다음에 이 배열을 각 열마다 오름차순 정렬을 한다. 그러면 처음에 정렬한 이 이차원 배열의 각 행은 어떻게 될까?

이 n × m의 이차원 배열에서 값이 k인 위치를 찾는 방법을 제시하라. k가 하나 이상일 때는 아무거나 한 개만 찾으면 된다.

6.f ≡ 코드 6-22의 stooge_sort() 함수는 int형 배열을 입력으로 받아 위치 i에서 j까지 정렬한다. 이 정렬 함수는 올바를까? 시간 복잡도는 어떻게 되는가?

```
[코드 6-22]
void stooge_sort(int arr[], int i, int j)
{
    int k;

    if (arr[i] > arr[j])
        swap_arr(arr, i, j);        // swap_arr()은 코드 0-7 참고
    if (i + 1 >= j)
        return;

    k = (j - i + 1) / 3;
    stooge_sort(arr, i, j - k);
    stooge_sort(arr, i + k, j);
    stooge_sort(arr, i, j - k);
}
```

6.g ≡ 최빈 값은 주어진 집합에서 가장 많이 등장하는 값을 말한다(최빈 값은 두 개 이상이 될 수 있다). 예를 들어서 {4, 1, 2, 3, 4, 3, 4, 1, 4}에서 최빈 값은 4이다. 다음과 같이 회원 정보 데이터에서 여러 가지 최빈 값을 구하려고 한다. 회원수가 대략 100만명 정도라고 할 때, 좋은 방법을 제시하라.

(1) 입력은 회원들의 나이. 범위는 0세 이상 100세 이하.
예: 83, 26, 31, 77, 10, 21, 34, ...

(2) 입력은 회원들의 키. 범위는 130.0cm 이상 199.9cm 이하로 유효 숫자는 소수점 한 자리.
예: 172.3, 155. 2, 168.1, 160.0, 158.2, 164.4, 170.1, 151.2, 177.1, ...

(3) 입력은 회원들의 거주 도시. 도시 명은 20자 이내의 문자.
예: 서울, 일리노이, 서울, 서울, 보스턴, 서울, 경기, 런던, ...

6.h ▬ 수직선 위에 n개의 구간이 주어진다. 이 때 n log n 시간 내에 n개 구간을 합한 구간을 출력하는 프로그램을 작성하라. 예를 들어 그림 6-7처럼 [0, 1.5], [1, 3.5], [4, 6], [5, 5.7]의 네 구간이 주어지면 프로그램의 실행 결과는 [0, 3.5], [4, 6]이 된다.

[그림 6-7]

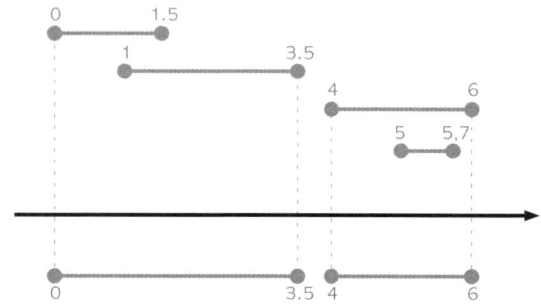

6.i ▬ 동전을 10개씩 묶은 동전 뭉치가 10개 있다. 그 중 한 뭉치의 동전들은 모두 위조된 동전으로 원래보다 1g이 무겁다. 무게 저울을 한 번만 써서 10개의 동전 뭉치 중 위조된 동전 뭉치를 찾는 방법은 무엇인가?

『Hexaflexagons, Probability, Paradoxes, and the Tower of Hanoi』에 있는 문제다.

6.j ▬ 27개의 구슬이 있다. 26개의 구슬은 무게가 같고, 나머지 하나의 구슬은 다른 구슬들보다 더 무겁다. 저울을 세 번만 써서 이 구슬을 찾아내는 방법을 설명하라. 많이 알려진 문제다. 「Coin-Weighing Problems」를 참고하라.

6.k ▬ 앞의 문제를 좀더 일반적인 경우에 대해서 풀어보자. 1번부터 n번까지 모양이 똑같은 구슬이 n개 있다. 한 구슬만 질량이 다르다. 양팔 저울을 가장 적게 사용하여

이 구슬을 찾아내어보자. 세 가지 경우가 있다.

> (1) 무거운지 가벼운지 알 수 있는 경우
> (2) 무거운지 가벼운지 알 수 없지만 정상적인 구슬을 빌려 올 수 있는 경우
> (3) 무거운지 가벼운지 알 수 없는 경우

구슬의 개수와 위의 문제 타입을 입력받고 잘못된 구슬의 번호, 저울을 몇 번 사용하였는지를 출력하는 프로그램을 작성하라.

6.l ≡ 정렬할 데이터의 양이 많아서 메모리에 모두 올리지 못하고 디스크에서 읽고 쓰면서 정렬을 해야 한다면, 정렬 속도는 메모리에서 데이터를 비교하는 횟수보다는 디스크 블록을 읽고 쓰는 횟수가 결정한다. 디스크를 읽는 것은 메모리 연산과 비교할 수 없을 정도로 오래 걸리기 때문이다.

크기가 32바이트인 레코드 10억 개로 이루어진 32Gb 데이터를 정렬하는데, 256Mb의 메모리만 사용할 수 있다. 디스크의 한 블록은 4Kb로 입출력 성능을 위해 한번에 한 블록씩 읽고 쓴다. 디스크 블록을 가장 적게 읽고 쓰는 정렬 방법은 무엇인가?

6.10 일부 풀이

Q. 6.3 생각해보기
A. 이미 정렬되어 있는 입력에서 매우 빠르다. 반면 역순으로 정렬된 입력에서는 느리다. 원소의 수가 적은 입력에서도 빨라서 퀵 정렬 내부에서 사용한다(「Engineering a Sort Function」 참고).

Q. 6.6 생각해보기
A. 설명한 방법을 코드로 옮기면 코드 6-23과 같다.

[코드 6-23]
```c
int rmajority(int arr[], int len)
{
    int arr2[len / 2], arr2_len, i, count;

    if (len == 0)
        return NO_MAJORITY;
    if (len == 1)
        return arr[0];

    if (len % 2 == 1) {                 // 원소가 홀수 개일 때
        count = 0;
        for (i = 0; i < len; i++)
            if (arr[i] == arr[len - 1])
                count++;
        if (count > len / 2)
            return arr[len - 1];
        len--;
    }

    arr2_len = 0;
    for (i = 0; i < len; i += 2)
        if (arr[i] == arr[i + 1]) {
            arr2[arr2_len] = arr[i];
            arr2_len++;
        }
    return rmajority(arr2, arr2_len);
}

int majority4(int arr[], int len)
{
    int i, candidate, count = 0;
```

```
        candidate = rmajority(arr, len);
        for (i = 0; i < len; i++)
            if (arr[i] == candidate)
                count++;
        if (count > len / 2)
            return candidate;
        return NO_MAJORITY;
    }
```

Q. 6.7 생각해보기

A. 코드 6-24와 같이 작성한다.

[코드 6-24]
```
typedef struct node_s node_t;
struct node_s {
    char name[NAME_LEN];
    node_t *next;
};
void bucket_sort(record_t records[], int n)
{
    node_t *head[MAX_SCORE + 1], *tail[MAX_SCORE + 1], *new_node, *node, *prev;
    int score, i, t;
    for (i = 0; i < MAX_SCORE + 1; i++) {
        head[i] = NULL;
        tail[i] = NULL;
    }
    for (i = 0; i < n; i++) {
        new_node = (node_t *) malloc(sizeof(node_t));
        strcpy(new_node->name, records[i].name);
        new_node->next = NULL;
        score = records[i].score;
        if (head[score] == NULL) {
            head[score] = new_node;
            tail[score] = new_node;
        } else {
            tail[score]->next = new_node;
            tail[score] = new_node;
        }
    }
    t = 0;
    for (i = 0; i <= MAX_SCORE; i++) {
        node = head[i];
        while (node != NULL) {
            records[t].score = i;
            strcpy(records[t].name, node->name);
            t++;
```

```
            prev = node;
            node = node->next;
            free(prev);
        }
    }
}
```

Q. 6.8 생각해보기

A. 배열의 중간 위치를 구하는 부분 "mid = (low + high) / 2;"을 보자. low와 high가 매우 큰 값이라 두 값을 더해서 int형의 범위를 넘을 수 있고, 이때 오버플로가 발생한다. "int mid = low + (high - low) / 2;"와 같이 수정하면 이 문제를 피할 수 있다.

이런 입력이 있을까 하는 생각이 들텐데, 실제로 자바의 경우 버전 1.5까지 이런 버그가 있었음에도 이와 같이 큰 배열을 사용하는 경우가 드물어 오랫동안 발견되지 않았다고 한다. 《Extra, Extra - Read All About It: Nearly All Binary Searches and Mergesorts are Broken》을 참고하라.

다른 코드에는 이런 버그가 없는지 확인해보자.

Q. 추가 문제 6.e

A. 각 행마다 오름차순 정렬을 한 후, 각 열마다 오름차순 정렬을 하면 이 2차원 배열의 각 행은 여전히 오름차순으로 정렬되어 있다.

이 2차원 배열에서 특정한 수 k를 찾기 위해 먼저 생각할 수 있는 방법은 각 행에 대해서 이진 탐색을 하는 방법이다. n log m 시간에 가능하다. 이 방법은 각 열도 정렬이 되어 있다는 정보는 이용하지 않는다. 이 정보를 이용해서 더 빠르게 탐색할 수 있을까?

다음과 같이 O(n+m) 시간에 가능하다. 오른쪽 위에서 시작해서 원소를 하나씩 살펴본다. 만약 원소가 k이면 찾은 것이고, 원소가 k보다 크면 왼쪽 원소로 이동한다. 원소가 k보다 작으면 아래쪽 원소로 이동한다. 만약 왼쪽 아래에 도착했을 때에도 k를 찾지 못하면 k는 존재하지 않는 것이다.

Q. 추가 문제 6.f

A. 이 정렬 알고리즘은 "Stooge Sort"라고 불린다. 배열을 제대로 정렬하지만 알고리즘의 시간 복잡도는 $O(n^{\log_{1.5} 3}) \cong O(n^{2.71})$로 매우 느리다.

Q. 추가 문제 6.g

A. 정렬은 값의 출현 빈도나 유일성을 알고자 할 때 쓰인다. 하지만 어떤 경우에는 값을 정렬하는 대신 값이 나온 횟수를 세는 것이 유리하다. 값의 범위가 제한되어 있고, 값의 개수보다 범위가 상대적으로 작을 때 특히 그렇다. 1번의 경우는 당연히 회원들 나이 범위인 크기가 101인 배열을 잡아서 세는 것이 빠르다.

   2번도 배열로 잡아서 셀 수 있다. 130.0cm부터 0.1cm마다 하나씩, 모두 700개의 원소를 갖는 배열을 이용한다.

   3번과 같은 경우의 문자열은 정렬을 사용해야 할 것이다. 해시를 사용할 수도 있다.

07 계산하기

컴퓨터라는 말이 의미하듯이 컴퓨터의 가장 기본적인 기능은 숫자 계산이다. 다양한 프로그래밍 환경에서 제공하는 좋은 수학 라이브러리가 있기 때문에 수를 다루는 알고리즘을 알아야 할 필요성을 못 느낄 수도 있다. 하지만 웹 페이지의 랭킹을 구한다든가 기계학습 모델을 개발할 때와 같이 대용량 데이터로부터 새로운 사실을 알아내려면 많은 계산을 빨리 처리해야 하는 경우가 자주 있다.

여기서는 숫자를 다루는 프로그램을 작성해보면서 계산과 관련된 아이디어 몇 가지와 컴퓨터로 수를 다룰 때 발생하는 문제점을 생각해본다. 행렬과 거듭제곱을 계산하는 방법을 다루고, 부동 소수점 연산에서 발생하는 오차에 대해 알아보고, 분수와 큰 수를 계산하는 프로그램을 만들어보자.

수치해석과 수를 다루는 여러 책 특히 『A First Course in Numerical Analysis』, 『Elementary Numerical Analysis』를 읽어보면 많은 도움을 얻을 수 있을 것이다.

"1+1은 얼마인가?"

회계사: (커튼을 치고) "얼마로 해드릴까요?"
수학자: (한참 생각하다가) "답은 존재한다."

(또 한참 생각하다가) "답은 유일하다."

프로그래머: (한참 컴퓨터로 계산을 한 후) "1.9999999"
-유명한 조크

7.1 행렬 계산

연립 방정식을 풀거나, 웹 페이지의 랭킹을 결정하는 페이지 랭크(PageRank)를 구하려면 행렬을 계산할 필요가 있다.[6] 여기서는 간단한 행렬 계산을 다루어 보자.

Q. 행렬 계산

두 개의 행렬 $X = \begin{pmatrix} 1 & 2 \\ 3 & 4 \end{pmatrix}$, $Y = \begin{pmatrix} 3 & 0 \\ 0 & 3 \end{pmatrix}$가 있다. X+Y와 X·Y는?

A. $X+Y = \begin{pmatrix} 4 & 2 \\ 3 & 7 \end{pmatrix}$, $X \cdot Y = \begin{pmatrix} 3 & 6 \\ 9 & 12 \end{pmatrix}$이다. 계산하는 방법을 모른다면, 고등학교 수학 교과서를 찾아보자.

Q. 행렬을 계산하는 프로그램

두 개의 2×2 행렬 X, Y를 입력받아서 X+Y와 X·Y를 출력하는 프로그램을 작성하라. 다음은 입력이 $X = \begin{pmatrix} 1 & 2 \\ 3 & 4 \end{pmatrix}$, $Y = \begin{pmatrix} 3 & 0 \\ 0 & 3 \end{pmatrix}$일 때의 실행 결과다. 행렬의 원소는 실수(double) 형이다.

```
[실행 예]
input X: 1 2 3 4
input Y: 3 0 0 3

X+Y:
4.000000 2.000000
3.000000 7.000000
X*Y:
3.000000 6.000000
9.000000 12.000000
```

A. 행렬을 나타내는 자료형 matrix_t를 다음과 같이 정의할 수 있다.

```
typedef struct {
    double a, b, c, d;
} matrix_t;
```

---

[6] 페이지 랭크를 제안한 「The PageRank Citation Ranking: Bringing Order to the Web」은 매우 유명하고 재미있는 논문이다.

$\begin{pmatrix} a & b \\ c & d \end{pmatrix} + \begin{pmatrix} e & f \\ g & h \end{pmatrix} = \begin{pmatrix} a+e & b+f \\ c+g & d+h \end{pmatrix}$ 이고, $\begin{pmatrix} a & b \\ c & d \end{pmatrix}\begin{pmatrix} e & f \\ g & h \end{pmatrix} = \begin{pmatrix} ae+bg & af+bh \\ ce+dg & cf+dh \end{pmatrix}$ 임을 이용하여 코드 7-1과 같이 작성할 수 있다. print_matrix() 함수는 행렬을 출력하고, matrix_sum() 함수와 matrix_prod() 함수는 두 행렬을 더하거나 곱한 행렬을 반환한다.

```
[코드 7-1]
void print_matrix(matrix_t x)
{
    printf("%lf %lf\n", x.a, x.b);
    printf("%lf %lf\n", x.c, x.d);
}

matrix_t matrix_sum(matrix_t x, matrix_t y)
{
    matrix_t r;

    r.a = x.a + y.a;
    r.b = x.b + y.b;
    r.c = x.c + y.c;
    r.d = x.d + y.d;
    return r;
}

matrix_t matrix_prod(matrix_t x, matrix_t y)
{
    matrix_t r;

    r.a = x.a * y.a + x.b * y.c;
    r.b = x.a * y.b + x.b * y.d;
    r.c = x.c * y.a + x.d * y.c;
    r.d = x.c * y.b + x.d * y.d;
    return r;
}
```

코드 7-1은 올바르지만 3×3이나 4×4 행렬 계산으로 확장하기 힘들다. matix_t를 다음과 같이 정의하자. N을 바꾸어 계산 행렬의 차원을 바꿀 수 있다.

```
#define N 2

typedef struct {
    double e[N][N];
} matrix_t;
```

식 7-1을 이용하여 N×N 행렬에 대해 계산하도록 작성할 수 있다.

[식 7-1]

$(X+Y)_{ij} = X_{ij} + Y_{ij}$

$(X \times Y)_{ij} = \sum_{k=1}^{N} X_{ik} Y_{kj}$

코드 7-2는 식 7-1을 이용하여 작성한 프로그램이다. matrix_t는 N×N의 2차원 배열에 원소를 저장하며, matrix_sum(), matrix_prod(), print_matrix()는 N×N 행렬을 인자로 받는다. input_matrix() 함수는 N×N 배열을 입력받는다.

[코드 7-2]
```
void print_matrix(matrix_t x)
{
    int i, j;

    for (i = 0; i < N; i++) {
        for (j = 0; j < N; j++)
            printf("%lf ", x.e[i][j]);
        printf("\n");
    }
}

matrix_t matrix_sum(matrix_t x, matrix_t y)
{
    matrix_t r;
    int i, j;

    for (i = 0; i < N; i++)
        for (j = 0; j < N; j++)
            r.e[i][j] = x.e[i][j] + y.e[i][j];
    return r;
}

matrix_t matrix_prod(matrix_t x, matrix_t y)
{
    matrix_t r;
    double s;
    int i, j, k;

    for (i = 0; i < N; i++)
        for (j = 0; j < N; j++) {
            s = 0;
            for (k = 0; k < N; k++)
```

```
                s += x.e[i][k] * y.e[k][j];
            r.e[i][j] = s;
        }
    return r;
}

matrix_t input_matrix()
{
    matrix_t r;
    int i, j;

    for (i = 0; i < N; i++)
        for (j = 0; j < N; j++)
            scanf("%lf", &(r.e[i][j]));
    return r;
}

int main()
{
    matrix_t x, y;

    printf("input X: ");
    x = input_matrix();
    printf("input Y: ");
    y = input_matrix();
    printf("X+Y:\n");
    print_matrix(matrix_sum(x, y));
    printf("X*Y:\n");
    print_matrix(matrix_prod(x, y));
    return 0;
}
```

> **Note**
>
> N×N 행렬 두 개를 곱하는 matrix_prod() 함수는 삼중루프에서 N^3에 비례하는 시간이 걸린다. N^3이 자연스러운 시간 복잡도인 것처럼 보이지만, 놀랍게도 더 빠르게($N^{\log_2 7} \approx N^{2.807}$) 계산할 수도 있다. 스트라센 알고리즘(Strassen's algorithm)을 찾아보라. 원래의 논문은 「Gaussian Elimination is Not Optimal」로 3쪽 분량이다. 이후에 많은 사람들이 다양한 방법으로 행렬 곱셈의 복잡도를 낮추는 연구 결과를 발표했다.
>
> 큰 행렬을 병렬적으로 계산할 수도 있다. 맵 리듀스(map-reduce) 기법으로 처음 해 보는 예제가 큰 행렬의 덧셈과 곱셈이다. 《Hadoop MapReduce》를 참고하라.

❓ 생각해보기 여기서는 행과 열의 수가 같은 행렬만 다루었고, 행과 열의 수가 컴파일 시간에 결정되므로 matrix_t 형으로는 행과 열이 다른 행렬들을 다루기가 힘들었다. 다음과 같이 어떤 행렬의 행과 열을 나타내는 m, n을 포함한 matrix_t를 정의하면 어떤 크기의 행렬이든 다룰 수 있다. 이때 matrix_sum(), matrix_prod(), input_matrix()를 다시 작성해보자.

```
#define N 2

typedef struct {
    int m, n;
    double** e;
} matrix_t;
```

❓ 풀이가 있는 생각해보기 l×m 행렬과 m×n 행렬을 곱할 때, 몇 번의 곱셈이 필요한가?

7.2 거듭제곱

Q. 실수 거듭제곱

실수(double형) x와 0 이상의 정수(int 형) n을 입력받아 x^n을 구하는 함수 power(double, int)를 작성하라.

A. x^n은 n개의 x를 곱한 것이므로, 코드 7-3과 같이 작성할 수 있다.

[코드 7-3]
```
double power(double x, int n)
{
    double s = 1.0;
    int i;

    for (i = 0; i < n; i++)
        s *= x;
    return s;
}
```

Q. 곱셈 줄이기

코드 7-3의 power() 함수는 x^n을 구하기 위해서 곱셈을 몇 번 하는가? 곱셈의 횟수를 줄이는 방법은 없을까?

A. power() 함수는 x^n을 구하기 위해 n번 곱셈을 한다.

이미 계산된 높은 차수의 계산 결과를 이용하면 더 적은 횟수로 거듭제곱을 계산할 수 있다. 5^{20}을 구하는 경우를 예로 생각해보자. 다음과 같이 다섯 번의 곱셈으로 5^{20}의 값을 구할 수 있다.

$5^{20} = 5^{10} \times 5^{10}$
$5^{10} = 5^5 \times 5^5$
$5^5 = 5^2 \times 5^2 \times 5$
$5^2 = 5 \times 5$

5를 스무 번 곱하는 대신 이미 계산된 거듭제곱을 이용한다. 이렇게 하면 $\log_2 n$번 정도의 곱셈으로 x^n을 구할 수 있다. 이 아이디어를 재귀적으로 식 7-2로 나타낼 수 있다.

[식 7-2]
(1) $x^0=1$, $x^1=x$이다.
(2) n이 짝수면, $x^n=(x^{n/2})^2$
(3) n이 홀수면, $x^n=x^{n-1} \cdot x$

이를 코드로 옮기면 다음과 같다.

[코드 7-4]
```
double power2(double x, int n)
{
    double s;

    if (n == 0)
        return 1.0;
    if (n == 1)
        return x;
    if (n % 2 == 0) {
        s = power(x, n / 2);
        return s * s;
    }
    return power(x, n - 1) * x;
}
```

power()와 power2()를 이용하여 $1.00000001^{100000000}$을 계산해보자. $\lim_{n \to \infty}\left(1+\frac{1}{n}\right)^n = e$이므로 이 값은 자연상수 $e \approx 2.71828183$에 가까울 것이다. 필자의 컴퓨터에서 결과는 2.718282로, power()는 약 0.5초, power2()는 약 0.2초가 걸렸다. power2()가 좀더 빠르긴 하지만, n에 비례하는 시간을 log n에 비례하는 시간으로 줄인 것 치고는 기대한 만큼 성능 개선이 이루어지지 않았다. 이는 power2()로 바꾸면서 생긴 재귀함수 호출이 시간을 많이 쓰기 때문이다.

Q. 재귀 호출 없애기
power2() 함수를 재귀 호출을 사용하지 않게 바꿔라.

A. 코드 7-5의 power3() 함수와 같이 작성할 수 있다. power2() 함수와 곱셈하는 수

가 동일한 power3() 함수는 $1.00000001^{100000000}$을 0.001초 내에 계산했다. 재귀 함수 호출을 없애면서 매우 빨라졌다는 것을 알 수 있다.

[코드 7-5]

```
double power3(double x, int n)
{
    double s = 1.0;
    while (n > 0) {
        if (n % 2 == 1) {
            s *= x;
            if (n == 1)
                return s;
        }
        x *= x;
        n /= 2;
    }
    return s;
}
```

Q. ≡ **행렬 거듭제곱**

거듭제곱의 아이디어를 행렬 연산에도 똑같이 적용해보자. 2×2 행렬 X와 정수 n을 입력받아서 X^n를 출력하는 프로그램을 작성하라. 앞에서 작성했던 matrix_prod() 함수를 이용하되, 재귀 호출을 이용하여 거듭제곱을 더 빨리 계산하도록 하라.

[실행 예]

```
input X: 1 2 3 4
input n: 10
4783807.000000 6972050.000000
10458075.000000 15241882.000000
```

A. 다음과 같이 작성할 수 있다.

[코드 7-6]

```
matrix_t matrix_power(matrix_t x, int n)
{
    matrix_t r;

    int i, j;
    if (n == 0) {                    // X^0은 대각선이 1인 행렬을 반환
```

```
            for(i=0; i < N; i++)
                for(j=0; j<N; j++)
                    r.e[i][j] = (i==j);
            return r;
        }
        if (n == 1)
            return x;
        if (n % 2 == 0) {
            r = matrix_power(x, n / 2);
            return matrix_prod(r, r);
        }
        r = matrix_power(x, n - 1);

        return matrix_prod(x, r);
    }
    int main()
    {
        matrix_t x;
        int k;

        printf("input X: ");
        x = input_matrix();
        printf("input k: ");
        scanf("%d", &k);
        print_matrix(matrix_power(x, k));
        return 0;
    }
```

❓ 생각해보기 power3()처럼 matrix_power()를 비재귀적으로 수정하고, 수행 시간을 비교하라.

Note

x^n을 구하기 위해 약 $\log_2 n$번의 곱셈을 하는 power2()는 충분히 빠르다. 하지만, 곱셈 횟수가 가장 적은 함수는 아니다. 예를 들어 x^{15}을 구한다고 해보자. power2()는 다음과 같이 6번의 곱셈을 한다.

$x^{15} = x^{14} \times x$

$x^{14} = x^7 \times x^7$

$x^7 = x^6 \times x$

$x^6 = x^3 \times x^3$

$x^3 = x^2 \times x$

$x^2 = x \times x$

하지만 다음과 같이 5번의 곱셈으로 구할 수도 있다.

$$x^{15} = x^{12} \times x^3$$
$$x^{12} = x^6 \times x^6$$
$$x^6 = x^3 \times x^3$$
$$x^3 = x^2 \times x$$
$$x^2 = x \times x$$

최소 횟수의 곱셈으로 거듭제곱을 구하는 문제를 addition-chain exponentiation이라고 하며 이 문제는 NP-완비로 알려져 있다. 자세한 내용은 『The Art of Computer Programming. Volume 2: Seminumerical Algorithms』 4.6.3을 참고하라.

Note

크기가 다른 여러 개의 행렬을 곱할 때, 행렬을 곱하는 순서에 따라 비용이 달라진다. 크기가 각각 10×30, 30×5, 5×60인 세 행렬 A, B, C를 곱하는 경우, (AB)C와 A(BC)는 값은 같지만, 필요한 곱셈의 횟수는 다르다. (AB)C를 계산할 때는 $(10 \times 30 \times 5) + (10 \times 5 \times 60)$ = 1500 + 3000 = 4500번의 곱셈을 하며 A(BC)를 계산할 때는 $(30 \times 5 \times 60) + (10 \times 30 \times 60)$ = 9000 + 18000 = 27000번의 곱셈을 한다('7.1 행렬 계산' 문제의 $l \times m$ 행렬과 $m \times n$ 행렬을 곱하는 횟수를 구하는 생각해보기 참고).

n개의 행렬이 주어질 때, 곱셈의 순서를 잘 정의하여 최소의 연산으로 n개 행렬의 곱을 구하는 문제는 동적 프로그래밍으로 풀 수 있다. 《Matrix Chain Multiplication》, 『Introduction to Algorithms』 15.2절을 참고하라.

7.3 분수

Q. 분수 덧셈

a, b, c, d를 입력받아서 $\frac{a}{b} + \frac{c}{d}$와 $\frac{a}{b} - \frac{c}{d}$를 계산하여 출력하는 프로그램을 작성하라.

```
[실행 예]
input a, b, c, d: 1 2 4 5
1/2 + 4/5 = 13/10
1/2 - 4/5 = -3/10
```

A. 코드 7-7과 같이 작성할 수 있다.

```
[코드 7-7]
int main()
{
    int a, b, c, d;
    printf("input a, b, c, d: ");
    scanf("%d %d %d %d", &a, &b, &c, &d);
    printf("%d/%d + %d/%d = %d/%d\n", a, b, c, d, a * d + b * c, b * d);
    printf("%d/%d - %d/%d = %d/%d\n", a, b, c, d, a * d - b * c, b * d);
    return 0;
}
```

생각해보기 결과를 기약분수로 출력하도록 수정하라.

Q. 분수를 실수로 출력하기

C 언어는 소수점 이하 100자리까지 나타낼 수 있는 자료형을 지원하지 않는다. 양의 정수 a, b를 입력받아서 $\frac{a}{b}$를 소수점 100자리까지 출력하는 프로그램을 작성하라. 반올림은 하지 않는다.

```
[실행 예]
input a, b: 8 7
1.1428571428571428571428571428571428571428571428571428571428571428
571428571428571428571428571428
```

```
input a, b: 1 43
0.02325581395348837209302325581395348837209302325581395348837209302325
58139534883720930232558139534883
```

A. 종이와 펜으로 계산하는 것처럼 컴퓨터가 계산하도록 프로그램을 작성하면 된다. 나눗셈은 손에 너무 익어서 계산 과정이 잘 기억나지 않을 것이다. 종이에 천천히 쓰면서 프로그램으로 어떻게 옮길지 생각해보자.

8÷7을 종이에 쓰면서 다음과 같이 계산한다.

```
       1.1 4 2 …
   ┌─────────
 7 │  8
      7
   ─────
      10
       7
   ─────
       30
       28
   ─────
        20
        14
        ⋮
```

나누는 수를 b, 나눠지는 수를 a라 하자. 매번 몫을 적고, 나머지에 10을 곱한다.

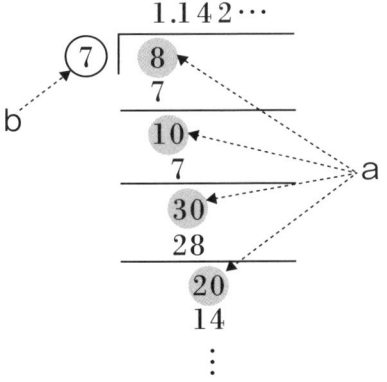

[코드 7-8]

```
#define N 100

void print_decimal(int a, int b)
{
```

7.3 분수

```
        int i;
        printf("%d.", a / b);
        for (i = 0; i < N; i++) {
            a %= b;
            a *= 10;
            printf("%d", a / b);
        }
        printf("\n");
}

int main()
{
    int a, b;
    printf("input a, b: ");
    scanf("%d %d", &a, &b);
    print_decimal(a, b);
    return 0;
}
```

소수점 이하의 수를 배열에 저장하도록 수정하자. print_decimal()과 하는 일은 동일하다.

[코드 7-9]
```
void print_decimal2(int a, int b)
{
    int decimal[N], remain[N];
    int i;
    printf("%d.", a / b);
    for (i = 0; i < N; i++) {
        a %= b;
        remain[i] = a;
        a *= 10;
        decimal[i] = a / b;
    }
    for (i = 0; i < N; i++)
        printf("%d", decimal[i]);
    printf("\n");
}
```

Q. ≡ 순환소수 출력

a, b를 입력받아 $\frac{a}{b}$를 소수로 출력하는 프로그램을 작성하라. 모든 유리수는 유한소수 또는 순환하는 무한소수로 표현된다. 만약 $\frac{a}{b}$가 유한소수가 아니라 순환소수라면 반복되는 부분을 괄호로 묶어 표시하라.

[실행 예]

```
input a, b: 1 5
0.2

input a, b: 9 7
1.(285714)

input a, b: 1 44
0.02(27)
```

A. 다음과 같이 작성한다. print_decimal3()은 print_decimal2()와 유사하다. 한 자리를 구한 후, 순환하는지를 검사하는 부분이 추가되었다. 나머지(a)가 같은 순간이 있는지를 살펴보면 된다.

[코드 7-10]

```
void print_decimal3(int a, int b)
{
    int decimal[N], remain[N];
    int i, j, t;
    printf("%d.", a / b);
    for (i = 0; i < N; i++) {
        a %= b;
        for (j = 0; j < i; j++) {
            if (a == remain[j]) {
                for (t = 0; t < j; t++)
                    printf("%d", decimal[t]);
                printf("(");
                for (t = j; t < i; t++)
                    printf("%d", decimal[t]);
                printf(")");
                return;
            }
        }
        remain[i] = a;
        a *= 10;
        decimal[i] = a / b;
    }
}
```

❓ **생각해보기** ≡ 이 프로그램은 N 자리 안에 소수부가 순환하는 것을 발견하지 못하면 (즉, $\frac{a}{b}$ 의 순환주기가 N보다 길면) 오류가 발생한다. 코드 7-10을 수정하여 오류를 해결하라.

7.4 부동 소수점 계산의 오차

코드 7-11은 0.1을 1,000,000번 더하는 프로그램이다. 실행해보자.

```
[코드 7-11]
#define N 1000000

int main()
{
    double sum = 0, a = 0.1;
    int i;
    for (i = 0; i < N; i++)
        sum += a;
    printf("%lf\n", sum);
    return 0;
}
```

Q. 실수 더하기의 오차
필자의 컴퓨터에서 실행 결과는 100000.000001이었다. 이유는 무엇일까?

A. 컴퓨터가 실수를 저장하는 방법에서 이유를 찾을 수 있다. 0.1을 이진수로 표현하면 무한소수 0.0001100110011...이 된다. $\frac{1}{3}$ 을 유한한 십진수 소수로 나타낼 수 없듯이, $\frac{1}{10}$ 을 유한한 이진수 소수로 나타낼 수 없다. 컴퓨터가 실수 0.1을 이진수로 저장할 때, 유한한 비트에 무한소수의 앞 부분만 저장하여 약간의 오차가 발생하게 된다.

부동 소수점 연산은 대략의 값은 맞지만 오차가 생길 수 있다는 점을 기억하자. 약간의 오차 정도는 문제되지 않는 경우가 있는 반면, 은행 예금이나 시험 점수와 같이 값이 조금이라도 틀리면 안 되는 경우도 있다. 오차가 있어서는 안 되는 값을 실수로 다루는 경우에는 실수형을 그대로 사용하지 말고 관련된 라이브러리를 사용하거나 특별한 처리 함수를 만들어야 한다. 몇몇 프로그래밍 언어는 십진수(decimal) 형, 큰 숫자를 나타내는 자료형을 지원한다. C 언어의 기본 라이브러리에는 이런 기능이 없지만, 몇 가지 오픈 소스 라이브러리를 구할 수 있다.

실수 계산으로 오류가 발생하는 예는 다양하다. 오른쪽 코드 7-12에서는 1234.56+45.67844+0.0004와 45.67844+0.0004+1234.56의 값이 다르다고 나왔다. 더하는 순서만 바뀌어도 결과가 바뀔 수 있다. 실수 계산에서는 항상 오류가 발생할 수 있다는 사실을 기억하자.

얼마 전 교육행정정보 전산 시스템이 새로 구축되면서, 성적 동점자 처리가 제대로 되지 않아 학생들의 석차가 틀리게 나오는 문제가 있어 큰 이슈가 되었다. 언론 보도만으로는 자세한 내용을 알 수 없지만, 실수 연산 처리에서 오류가 발생한 것으로 보인다.

[코드 7-12]
```c
int main()
{
    double x, y;

    x = 1234.567;
    x += 45.67844;
    x += 0.0004;

    y = 45.67844;
    y += 0.0004;
    y += 1234.567;

    printf("%lf, %lf\n", x, y);
    printf("%d\n", x == y);
    return 0;
}
```

[실행 결과]
```
1280.245840, 1280.245840
0
```

 Note

부동소수점과 관련된 문제는 「What Every Computer Scientist Should Know about Floating-Point Arithmetic」, 『The Art of Computer Programming. Volume 2: Seminumerical Algorithms』 4.2절, 《IEEE 부동 소수점 오류의 이해를 위한 자습서》 등을 참고하라.

생각해보기 다른 프로그래밍 환경에서도 동일한 문제가 발생하는지 확인하라.

7.5 십진수 연산 라이브러리

C 언어에서 제공하는 기본 자료형(int, long, double 등)을 사용해서 프로그래밍하면 제한된 범위의 수만 다룰 수 있다(32비트에서 int형은 -2^{31}에서 $2^{31}-1$까지). 예를 들어 123456789^5와 같이 큰 수를 계산하기 힘들다. 은행에서 연 4.5% 이율로 5년 간 예금한 사람의 원리합계를 계산할 때, 1.045^5의 계산 결과가 올바른지도 확신할 수 없다.

큰 수를 계산하거나, 십진수 실수를 정확하게 계산하는 루틴이 필요하다면 직접 만들어야 한다. 여기서는 십진수 실수 계산 라이브러리를 작성해보자.

가장 간단한 방법은 실수(100자리 이상)를 십진수 형태의 배열로 저장하여 가지고 있으면서 더하기, 빼기, 곱하기를 종이와 펜으로 계산하듯 처리하는 것이다. 실제로 컴퓨터에서 이렇게 하지 않는 이유는 이런 표현이 용량을 많이 필요로 하기 때문이다.

기본 자료형 number_t를 다음과 같이 정하자. 다음과 같은 자료형으로 정의된다. number_t는 십진수 형태로 표현된 긴 숫자 하나를 의미한다.

```
#define MAX_DIGIT_LEN 1024

typedef struct {
    int sign;
    int digit_len;
    int int_len;
    char digit[MAX_DIGIT_LEN];
} number_t;
```

sign은 부호를 나타내며 -1 또는 1이다. 십진수 0은 부호가 '+'인 것으로 생각하자. digit_len은 전체 숫자의 길이, int_len은 정수 부분 숫자의 길이를 나타내고, digit 배열에는 실제 숫자(0, 1, 2, ..., 9)가 들어간다. int_len은 1 이상의 정수이며, digit_len은 int_len보다 큰 정수다.

number_t로 값을 나타내는 몇 가지 예를 살펴보자.

123.9876은 다음과 같이 표현된다.

sign	1
digit_len	7
int_len	3
digit[]	[1, 2, 3, 9, 8, 7, 6]

-0.00314는 다음과 같이 표현된다.

sign	-1
digit_len	6
int_len	1
digit[]	[0, 0, 0, 3, 1, 4]

0은 0.0으로 생각하여 다음과 같이 표현할 수 있다.

sign	1
digit_len	2
int_len	1
digit[]	[0, 0]

Q. ≡ -5는 어떻게 표현해야 할까?

A. -5.0으로 다음과 같이 표현된다.

sign	-1
digit_len	2
int_len	1
digit[]	[5, 0]

Q. ≡ 입출력 함수

number_t형을 인자로 받아서 출력하는 함수 print_number()와 문자열을 인자로 받아서 number_t형으로 변환하는 함수 string_to_number()를 작성하라.

A. 코드 7-13과 같이 작성한다.

```
[코드 7-13]
void print_number(number_t a)
{
    int i;

    if (a.sign < 0)
        printf("-");
```

```
    for (i = 0; i < a.int_len; i++)
        printf("%c", '0' + a.digit[i]);
    printf(".");
    for (; i < a.digit_len; i++)
        printf("%c", '0' + a.digit[i]);
}

number_t string_to_number(char *s)
{
    number_t result;
    int i, p;

    if (s[0] == '-') {
        result.sign = -1;
        s++;
    } else {
        result.sign = 1;
    }

    for (i = 0, p = 0; s[i] != '\0'; i++) {
        if (s[i] == '.') {
            result.int_len = i;
            continue;
        }
        result.digit[p] = s[i] - '0';
        p++;
    }
    result.digit_len = p;
    return result;
}
```

Q. 크기 비교

두 개의 number_t형 a, b를 인자로 받아서 a가 b보다 크면 1, 작으면 -1, 같으면 0을 int형으로 반환하는 함수 compare_number()를 작성하라.

A. 우리가 눈으로 두 숫자를 보고 비교하는 과정을 프로그램으로 나타내면 된다. 여러 가지 경우를 적어가면서 직접 해보는 것이 좋다. 다음과 같은 순서로 비교한다.

(1) 부호가 다르면 양수인 쪽이 크다.
(2) 같다면, 정수부의 길이가 긴 쪽이 절대 값이 크다.
(3) 같다면, 정수 부분의 숫자를 처음부터 비교한다.
(4) 모두 같다면, 소수부의 숫자를 처음부터 비교한다.

(5) 모두 같다면, 두 수는 같은 수다.

코드 7-14와 같이 작성한다.

[코드 7-14]
```c
int compare_number(number_t a, number_t b)
{
    int i;

    if ((a.sign < 0) && (b.sign > 0))
        return -1;
    if ((a.sign > 0) && (b.sign < 0))
        return 1;
    if (a.int_len > b.int_len)
        return a.sign;
    if (b.int_len > a.int_len)
        return -b.sign;
    for (i = 0; i < min(a.digit_len, b.digit_len); i++) {
        // min()은 코드 0-1 참고
        if (a.digit[i] > b.digit[i])
            return a.sign;
        if (b.digit[i] > a.digit[i])
            return -a.sign;
    }
    if (a.digit_len > b.digit_len)
        return 1;
    if (a.digit_len < b.digit_len)
        return -1;
    return 0;
}
```

compare_number() 함수는 앞이나 뒤에 0이 붙어 있을 경우(예를 들어 4.230, 003.14) 올바른 비교를 하지 못한다. 덧셈, **뺄셈** 후의 결과에서 앞과 뒤에 0이 붙어 있을 때, 이를 없애는 함수 remove_zeros()를 작성하자.

[코드 7-15]
```c
number_t remove_zeros(number_t a)
{
    number_t result;
    int s, t, i;

    for (s = 0; s < a.int_len - 1; s++)
```

```
        if (a.digit[s] != 0)
            break;

    for (t = a.digit_len - 1; t > a.int_len; t--)
        if (a.digit[t] != 0)
            break;

    result.digit_len = t - s + 1;
    result.int_len = a.int_len - s;
    result.sign = a.sign;

    for (i = s; i <= t; i++)
        result.digit[i - s] = a.digit[i];

    if (result.digit_len == 2 && result.digit[0] == 0 && result.digit[1] == 0)
        result.sign = 1;

    return result;
}
```

Q. ≡ 덧셈과 뺄셈

위에서 작성한 함수들을 이용하여 두 개의 number_t형 a, b를 더하는 함수 add_num()와 빼는 함수 sub_num()을 작성하라.

A. 덧셈은 맨 끝에서부터 같은 자리 수의 두 수를 더해서 10보다 크면 1을 올린다. 이를 소수 맨 끝 자리에서 정수 맨 첫 자리까지 반복하면 된다. digit_at()은 10^d자리의 숫자를 반환한다.

[코드 7-16]
```
char digit_at(number_t a, int d)
{
    int pos = a.int_len - 1 - d;
    if (pos < a.digit_len && pos >= 0)
        return a.digit[pos];
    return 0;
}

number_t add_number(number_t a, number_t b)
{
    number_t result;
    int sum, carry, i;

    if (a.sign != b.sign) {
```

```
        b.sign *= -1;
        return sub_number(a, b);
    }

    result.sign = a.sign;
    result.int_len = max(a.int_len, b.int_len) + 1; // max()는 코드 0-1 참고
    result.digit_len = result.int_len + max(a.digit_len - a.int_len,
                                            b.digit_len - b.int_len);

    carry = 0
    for (i = result.digit_len - 1; i >= 0; i--) {
        sum= carry + digit_at(a, result.int_len - i - 1) +
            digit_at(b, result.int_len - i - 1);
        result.digit[i] = sum % 10;
        carry = sum / 10;
    }
    return remove_zeros(result);
}
```

뺄셈도 마찬가지로 손으로 계산하듯이 맨 끝자리에서부터 같은 자리 수를 뺀다. 만약 빼는 수가 크면 앞 자리에서 1을 빌려온다. 이를 맨 끝 자리에서 맨 처음 자리까지 반복하면 된다.

[코드 7-17]
```
number_t sub_number(number_t a, number_t b)
{
    number_t result;
    int borrow, dif, i;

    if (a.sign != b.sign) {
        b.sign *= -1;
        return add_number(a, b);
    }

    if (a.sign < 0 && b.sign < 0) {
        a.sign = b.sign = 1;
        return sub_number(b, a);
    }

    if (compare_number(a, b) < 0) {
        result = sub_number(b, a);
        if (! (result.digit_len == 2 && result.digit[0] == 0 &&
                result.digit[1] == 0) )
            result.sign = -1;
        return result;
```

```
    }
    result.sign = 1;
    result.int_len = max(a.int_len, b.int_len);
    result.digit_len = result.int_len + max(a.digit_len - a.int_len,
                                            b.digit_len = b.int_len);

    borrow = 0;
    for (i = result.digit_len - 1; i >= 0; i--) {
        dif = -borrow + digit_at(a, result.int_len - i -1) -
            digit_at(b, result.int_len - i -1);

        if (dif < 0) {
            borrow = 1;
            dif += 10;
        } else
            borrow = 0;

        result.digit[i] = dif % 10;
    }
    return remove_zeros(result);
}
```

Q. 곱셈 함수

0 이상 10 이하 정수 d와 number_t형 a를 곱한 결과를 number_t형으로 반환하는 함수 mult_one()을 작성하고, 두 개의 number_t형 a, b를 곱하는 함수 mult_number()를 작성하라.

A. 맨 아랫자리부터 d를 곱해서 10보다 크면 윗자리로 올린다. 코드 7-18과 같이 작성한다.

[코드 7-18]
```
number_t mult_one(char d, number_t a)
{
    number_t result;
    int carry, s, i;

    result.digit_len = a.digit_len + 1;
    result.int_len = a.int_len + 1;
    result.sign = a.sign;

    carry = 0;
    for (i = a.digit_len - 1; i >= 0; i--) {
```

```
            s = a.digit[i] * d + carry;
            result.digit[i + 1] = s % 10;
            carry = s / 10;
        }

        result.digit[0] = carry;
        return remove_zeros(result);
    }
```

mult_one() 함수를 사용하여 b의 끝자리부터 각 자리의 숫자를 a와 곱하여 더한다. 매번 더한 후 10씩 곱한다. 계산이 끝나면, b의 소수점 자리만큼 a의 소수점 자리를 맞춰 준다. 코드 7-19와 같이 작성한다.

[코드 7-19]
```
number_t mult_number(number_t a, number_t b)
{
    number_t result;
    int i, k;

    result = string_to_number("0.0");
    for (i = 0; i < b.digit_len; i++) {
        result = mult_one(10, result);
        result = add_number(result, mult_one(b.digit[i], a));
    }

    k = b.digit_len - b.int_len;
    if (result.int_len > k) {
        result.int_len -= k;
    } else {                              // 결과가 소수인 경우
        for (i = result.digit_len - 1; i >= 0; i--)
            result.digit[i + k] = result.digit[i];
        for (i = 0; i < k; i++)
            result.digit[i] = 0;
        result.digit_len += k;
    }

    result.sign *= b.sign;
    return remove_zeros(result);
}
```

코드에서는 함수의 인자를 모두 구조체 그대로 전달했다. 매번 호출할 때마다 구조체의 모든 멤버 값을 함수의 스택으로 복사하므로 시간이 오래 걸릴 수 있다. C에 익숙한 독자는 구조체의 포인터로 인자를 전달하지 않은 것을 이상하게 생각할 텐데, C

언어의 포인터를 잘 모르는 독자라면 코드를 읽을 때 어려움을 겪을 수 있기 때문에, 구조체의 값을 그대로 전달하는 방법으로 코드를 작성하였다.

여기서 소개하는 코드는 아이디어를 잘 전달하기 위해 최대한 간결하게 작성하였다. 실제 프로그램에 들어가는 코드라면 오류를 처리하고, 속도를 개선해야 한다.

> **? 생각해보기** number_t 타입에서는 배열을 사용하기 때문에 정의된 MAX_DIGIT_LEN보다 긴 숫자를 나타낼 수 없다. 어떻게 수정할 수 있겠는가?

> **? 생각해보기** 앞에서 작성한 함수들은 간결함, 계산 속도, 메모리 사용 등에서 개선할 여지가 많다. 수의 표현 방법과 계산 방법을 어떻게 개선할 수 있겠는가?

7.6 제곱근 구하기

Q. 단순하게 $\sqrt{2}$ 구하기

'7.5 십진수 연산 라이브러리'에서 작성한 함수를 이용하여 $\sqrt{2}$를 소수점 100자리까지 구하는 프로그램을 작성하라. 소수점 100자리까지는 정확한 값이어야 한다.

A. 쉽게 생각할 수 있는 방법으로 $\sqrt{2}$를 구해보자. 곱셈만 이용해서 $\sqrt{2}$의 값을 계산하라면 어떻게 하겠는가? 다음과 같이 계산하는 방법이 떠오를 것이다.

> 먼저 정수부분을 결정한다. $1^2 = 1$이고 $2^2 = 4$이다. 따라서 $\sqrt{2} = 1....$임을 알 수 있다.
> 소수점 첫째 자리를 구해보자. $1.0^2 = 1.0$, $1.1^2 = 1.21$, ..., $1.4^2 = 1.96$, $1.5^2 = 2.25$이다. $1.4^2 < 2 < 1.5^2$이므로 $\sqrt{2} = 1.4...$임을 알 수 있다.
> 마찬가지로 $1.40^2 = 1.96$, $1.41^2 = 1.9881$, $1.42^2 = 2.0164$, ...이므로 $\sqrt{2} = 1.41...$임을 알 수 있다.

이 과정을 계속해서 반복하면 $\sqrt{2}$의 값을 원하는 만큼 정확하게 구할 수 있다. 마찬가지로 앞 문제에서 작성한 함수를 이용하여 $\sqrt{2}$를 구하자. 코드 7-20은 이렇게 $\sqrt{2}$를 한자리씩 구한다.

```
[코드 7-20]
int main()
{
    number_t a, result, two, x;
    int i;

    result = string_to_number("0.0");
    two = string_to_number("2.0");
    x = string_to_number("0.1");
    a = string_to_number("1");

    for (i = 0; i <= 100; i++) {
        while (1) {
            if (compare_number(mult_number(result, result), two) > 0) {
                result = sub_number(result, a);
                break;
            }
            result = add_number(result, a);
```

```
        }
        a = mult_number(a, x);
    }
    print_number(result);
    printf("\n");

    return 0;
}
```

다음은 코드 7-20을 이용하여 구한 $\sqrt{2}$의 소수점 100자리까지의 근사 값이며, 100자리까지는 정확하다. 쉽고 직관적이며, 원하는 만큼 정확하게 $\sqrt{2}$를 구할 수 있다.

```
√2=1.4142135623730950488016887242096980785696718753769480731766797379907324784621070388503875343276415727
```

필요한 만큼 정확하게 방정식의 해를 구하는 더 세련되고, 빠른 방법으로는 이분법, 뉴튼법 등이 있다. 《$\sqrt{2}$를 계산해보자 - 수학으로 생각하기》에서는 $\sqrt{2}$를 구하는 여러 가지 방법을 소개하고 있다.

❓ **생각해보기** 코드 7-20은 소수점 자리수가 길어짐에 따라 얼마나 느려질까?

❓ **풀이가 있는 생각해보기** A4 용지를 반으로 나누면 A5 용지가 된다. 특이하게도 A4 용지와 A5 용지는 닮은꼴이다. A4 용지의 가로세로 비는 어떠할까?

[그림 7-1]

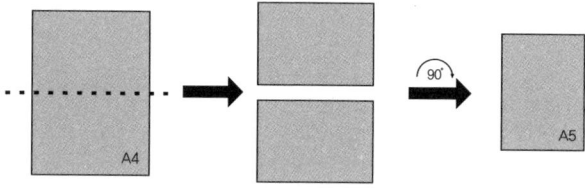

❓ **생각해보기** '7.5 십진수 연산 라이브러리'에서 작성한 함수를 이용하여 큰 수를 다룰 수도 있다. 100!을 구해보자.

🔒 7.7 추가 문제

7.a ≡ 1과 자기 자신, 두 개의 양의 약수를 가지는 자연수를 소수(prime number)라고 한다(1은 소수가 아니다). 2 이상의 자연수를 입력받아서 소수인지 판단하는 함수를 작성해보자.

7.b ≡ 두 자연수를 입력받아서 최대 공약수를 구하는 프로그램을 작성하라. 유클리드 알고리즘을 다룬 《Euclidean Algorithm》을 참고하라.

7.c ≡ 분수계산 라이브러리를 설계하고 작성해보자. fraction_t형은 다음과 같이 정의되고 분수 하나를 나타낸다.

```c
typedef struct {
    int numerator;      // 분자
    int denominator;    // 분모
} fraction_t;
```

두 분수를 더한 결과를 반환하는 함수 add_fraction()은 '7.3 분수'에서 다루었던 것처럼 코드 7-21과 같이 작성할 수 있다.

[코드 7-21]
```c
fraction_t add_fraction(fraction_t a, fraction_t b)
{
    fraction_t r;

    r.numerator = a.numerator * b.denominator
        + b.numerator * a.denominator;
    r.denominator = a.denominator * b.denominator;
    return r;
}
```

나머지 함수를 작성하라.

sub_fraction(): 하나의 분수에서 다른 분수를 뺀 결과를 반환
mult_fraction(): 두 개의 분수를 곱한 결과를 반환

div_fraction(): 하나의 분수를 다른 분수로 나눈 결과를 반환
simple_fraction(): 하나의 분수를 기약분수로 나타낸 결과를 반환

7.d 고대 이집트 사람들은 모든 분수를 분자가 1인 분수들의 합으로 표현했다. 예를 들어 $\frac{9}{10}=\frac{1}{2}+\frac{1}{3}+\frac{1}{15}, \frac{2}{5}=\frac{1}{3}+\frac{1}{15}$ 같이 표현할 수 있다. 분자, 분모를 입력받아서 이집트 분수로 표현하는 프로그램을 작성하라. 여러 표현이 가능할 때는 그 중 하나만 출력한다.

[실행 예]
```
input a, b: 9 10
1/2 1/3 1/15
```

7.e 길이가 n인 배열 a의 원소들을 $a_0, a_1, ..., a_{n-1}$라고 하자. 배열의 부분합 $S(i, j)=a_i+a_{i+1}+\cdots+a_{j-1}=\sum_{k=i}^{j-1} a_k$로 정의된다.

배열 a의 길이가 100만일 때(n=1000000), 여러 i, j값에 대해 S(i, j)를 자주 계산해야 하는 프로그램을 작성하자(배열 a는 바뀌지 않는다). 프로그램 초기에 전처리를 할 수 있다면 S(i, j)를 계산하는 함수를 어떻게 작성할 것인지 생각해보자.

가장 간단한 구현은 다음과 같다. 프로그램의 처음에 한번 수행되는 전처리 함수 preprocess()에서는 아무 것도 하지 않고, sum() 함수는 배열의 i에서 j-1까지의 원소를 하나씩 더하여 합을 구한다.

[코드 7-22]
```c
#define N 1000

int a[N];

void preprocess()
{
    return;
}

int sum(int i, int j)
{
    int s;
    int k;
```

```
    s = 0;
    for(k = i; k < j; k++)
        s += a[k];
    return s;
}
```

sum() 함수는 간단하지만, 매번 j-i개의 배열 원소를 찾아서 더해야 한다. j-i가 작다면 괜찮은 방법이지만, 이 값이 크다면 sum() 함수는 매우 느릴 것이다.

배열을 보고 미리 계산을 해 두는 방법을 생각해보자. 배열이 바뀌지 않으므로 모든 S(i, j)를 미리 계산해서 2차원 배열을 만드는 방법을 생각해 볼 수 있다.

[코드 7-23]
```
int s[N + 1][N + 1];

void preprocess2()
{
    int i, j, k;

    for (i = 0; i <= N; i++) {
        for (j = i; j <= N; j++) {
            s[i][j] = 0;
            for (k = i; k < j; k++)
                s[i][j] += a[k];
        }
    }
}

int sum2(int i, int j)
{
    return s[i][j];
}
```

sum2() 함수에서는 2차원 배열에 미리 결과를 계산해둔다. 매번 S(i, j)가 필요할 때마다 배열에서 하나의 원소만 찾으면 된다(즉, 상수 시간이 필요하다). 매우 좋아 보이지만 이 방법은 n^2만큼의 메모리와 n^3만큼의 전처리 시간을 사용한다는 단점이 있다. 역시 n이 커지면 매우 부담스러워진다. n에 비례하는 메모리를 사용하면서 S(i, j)를 상수 시간에 계산할 수 있도록 해보자.

7.f 반지름이 1이고 중심각이 직각인 부채꼴을 생각해보자. 이 부채꼴의 넓이는 $\frac{\pi}{4}$이고 호의 방정식은 $y=\sqrt{1-x^2}$이다.

[그림 7-2]

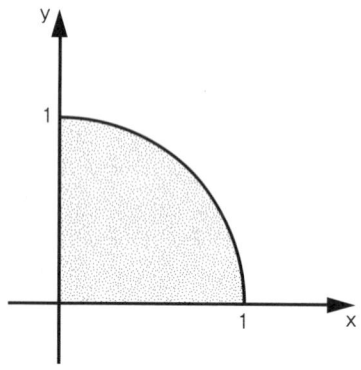

구분구적법과 같이 부채꼴을 여러 개의 직사각형으로 나누어 넓이를 구하면 이 부채꼴 넓이의 근사 값을 구할 수 있다. 여기에 4를 곱하면 π의 근사 값을 얻을 수 있다. 그림 7-3은 $\frac{1}{5}$을 간격으로 부채꼴의 넓이를 근사한 것이다. (a)와 같이 계산하면 실제 부채꼴의 넓이 $\frac{\pi}{4}$보다 좀더 작은 값이 나오고, (b)와 같이 계산하면 $\frac{\pi}{4}$보다 좀더 큰 값이 나올 것이다.

[그림 7-3]

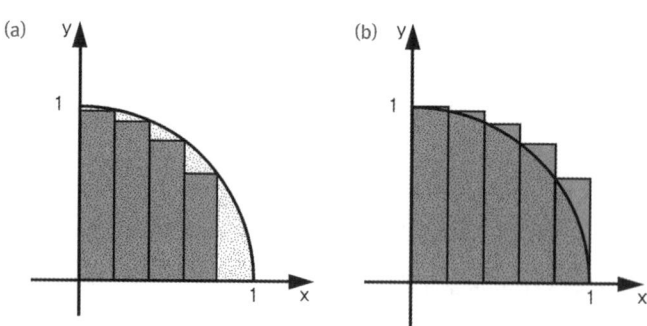

n을 입력받아서 $\frac{1}{n}$ 간격으로 부채꼴의 넓이를 근사적으로 구해 π의 범위를 구하는

프로그램을 작성해보자.

```
[실행 예]
input n: 5
2.637049 < pi < 3.437049

input n: 1000000
3.141591 < pi < 3.141595
```

7.g n차 다항식 $f(x)=a_n x^n +\cdots+a_2 x^2+a_1 x+a_0$의 값을 계산하는 프로그램을 작성해보자. 다항식의 차수 n과 n+1개의 계수 a_n, a_{n-1}, ..., a_0을 입력 받는다. 그리고 실수 k를 입력받아 f(k)를 계산하는 프로그램을 작성하라. 가능하면 곱셈을 적은 횟수만 사용하도록 구현하라.

7.h C의 math 라이브러리에는 소수점 첫째 자리에서 올림과 내림, 반올림하는 함수로 ceil( ), floor( ), round( )가 있다. 실수를 소수점 n번째 자리에서 올림, 내림, 반올림하는 함수를 작성하라.

7.i 밑이 a일 때 b의 로그 값, 즉 $\log_a b$를 구하는 방법을 설명하라.

7.8 일부 풀이

Q. 7.1 생각해보기

A. 행렬 X와 Y의 곱은 $(X \times Y)_{ij} = \sum_{k=1}^{m} X_{ik} Y_{kj}$ 이다. i=1, 2, ..., l이고, j=1, 2, ..., n이고, 하나의 (i, j)에 대해 m번의 곱셈을 하므로, l×m×n번의 곱셈이 필요하다.

Q. 7.6 생각해보기

A. A4 용지의 가로 길이를 x, 세로 길이를 y라고 하면, A5 용지의 가로 길이는 $\frac{y}{2}$, 세로 길이는 x이다. A4와 A5는 닮음이므로 x:y= $\frac{y}{2}$:x이고, $x^2 = \frac{y^2}{2}$, $y = \sqrt{2}\,x$ 이다. 가로와 세로의 비는 1:$\sqrt{2}$가 되어야 한다는 사실을 알 수 있다. 이 비율은 A0, A1, A2, A3, A4, A5 용지에서 항상 유지된다. 실제 가로 세로 길이는 표 7-1과 같다.

[그림 7-4]

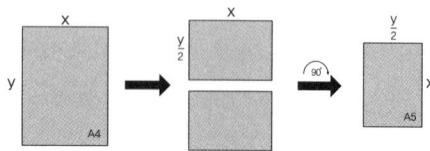

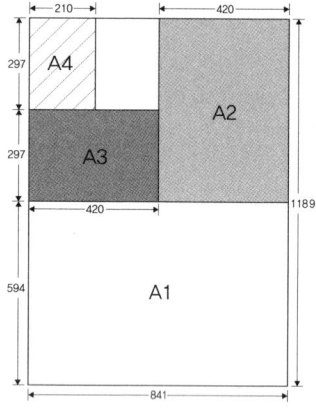

[표 7-1]

용지	가로×세로 (mm)
A0	841 ×1189
A1	594×841
A2	420 ×594
A3	297×420
A4	210 ×297
A5	148 ×210

Q. 추가 문제 7.a

A. 소수의 정의에 따라 1과 n을 제외하고, 2 이상 n-1 이하인 약수가 있는지를 보면 된다. 함수 is_prime()은 어떤 자연수 n이 소수이면 1, 아니면 0을 반환한다.

[코드 7-24]
```c
int is_prime(int n)
{
    int i;

    if (n == 1)
        return 0;

    for (i = 2; i < n; i++) {
        if (n % i == 0)
            return 0;
    }
    return 1;
}
```

사실 n-1까지 나눠볼 필요가 없다. $\frac{n}{2}$보다 크고 n-1보다 작은 n의 약수는 없기 때문에 $\frac{n}{2}$까지의 자연수로 나눠보면 알 수 있다. 좀더 생각해보면, n의 약수 중에 $\sqrt{n}$보다 큰 약수가 있다면 $\sqrt{n}$ 이하인 약수가 있기 때문에 2 이상 $\sqrt{n}$ 이하의 자연수로만 나눠 보면 된다는 것을 알 수 있다.

n번 또는 $\sqrt{n}$번의 나눗셈이면 꽤 효율적인 것 같지만, 2 이상 n-1 이하 또는 2 이상 $\sqrt{n}$ 이하의 자연수로 나누어보고 소수 여부를 판별하는 이 알고리즘을 '다항식 시간 알고리즘'이라고 부르지는 않는다. 보통 입력의 비트 수를 문제의 크기로 보는데, n

또는 $\sqrt{n}$ 시간 알고리즘은 입력으로 들어오는 n의 비트 수가 커지면 사용하는 시간이 지수적으로 증가한다('2.4 부분집합의 합'을 참고하라).

소수 판별이 다항식 시간에 가능한지 여부는 알려지지 않다가, 최근에 다항식 시간 알고리즘이 발견되었다. 《Primality Test》, 《AKS Primality Test》를 참고하라.

Q. 추가 문제 7.d

A. 다음과 같이 작성한다.

[코드 7-25]
```c
int main()
{
    int a, b, i;
    printf("input a, b: ");
    scanf("%d %d", &a, &b);
    i = 1;
    printf(" =");
    while (a > 0) {
        if (a * i >= b) {
            printf(" 1/%d", i);
            a = a * i - b;
            b = b * i;
        }
        i++;
    }
    printf("\n");
    return 0;
}
```

Q. 추가 문제 7.e

A. $T(j)=a_0+a_1+\cdots+a_{j-1}=\sum_{k=0}^{j-1}a_k$ 라 하자($T(0) = 0$). $S(i, j)=T(j)-T(i)$임을 알 수 있다.

0부터 n까지의 j에 대해 T(j)를 계산해두면 2개의 T() 값만 봄으로써 T(i, j)를 구할 수 있다. 메모리에는 n개의 T() 값을 저장한다. 다음의 sum3() 함수가 이와 같이 작성되었다.

[코드 7-26]
```c
int t[N + 1];

void preprocess3()
```

```
{
    int i;

    t[0] = 0;
    for (i = 1; i <= N; i++)
        t[i] = t[i - 1] + a[i - 1];
}

int sum3(int i, int j)
{
    return t[j] - t[i];
}
```

sum3() 함수는 상수 시간에 S(i, j)를 구하면서 전처리에 필요한 시간도 sum2() 함수보다 적다.

이 아이디어를 이차원 배열로 확장해보자. 이차원 배열 b가 있을 때 S2(r, s, t, u)=$\sum_{i=r}^{s-1} \sum_{j=t}^{u-1} b_{ij}$라고 하자. 전처리를 해서 S2()를 빠르게 계산하는 방법은 무엇일까?

Q. 추가 문제 7.f

A. 코드 7-27과 같이 작성한다.

[코드 7-27]
```
double pi(int n, int up)
{
    double interval, x, y, s;
    int i;
    s = 0;
    interval = (double) 1 / (double) n;
    for (i = 0; i < n; i++) {
        x = interval * (double) (i + up);
        y = sqrt(1 - x * x);
        s += y;
    }
    return s * interval * (double) 4;
}

int main()
{
    int n;
    printf("input n: ");
    scanf("%d", &n);
    printf("%lf < pi < %lf\n", pi(n, 1), pi(n, 0));
    return 0;
}
```

필자의 경우, n=100000000일 때, "3.141593 < pi < 3.141593"이라는 잘못된 결과를 얻었다. 앞에서 작성했던 실수 계산 라이브러리를 이용해서 $n=10^k$의 k를 늘려가면서 결과를 출력하는 프로그램을 작성해보자.

π=4 arctan1임을 이용하여 구할 수도 있다. 필자의 컴퓨터에서는 4 * atan(1.0) 값을 3.141593으로 얻었다.

Q. 추가 문제 7.g

A. 코드 7-28은 다항식의 계수를 실수형(double) 배열에 저장하고, 계산하는 함수 calc_poly()를 호출하도록 작성한 프로그램이다.

[코드 7-28]
```
#define MAXN 100

double calc_poly(double x, double a[], int n)
{
    double p = 0;
    int i;
    for (i = 0; i < n; i++)
        p += a[i] * pow(x, i);
    return p;
}

void print_poly(double a[], int n)
{
    int i;
    for (i = n - 1; i >= 1; i--)
        printf("%lfx^%d + ", a[i], i);
    printf("%lf\n", a[0]);
}

int main()
{
    double a[MAXN], k;
    int n, i;
    scanf("%d", &n);
    for (i = 0; i < n; i++)
        scanf("%lf", &a[i]);
    scanf("%lf", &k);
    print_poly(a, n);
    printf("%lf\n", calc_poly(k, a, n));
    return 1;
}
```

$x^3 - 6x^2 + 4x + 1$을 다른 방법으로 계산해보자. $x^3 - 6x^2 + 4x + 1 = x(x(x-6)+4)+1$와 같이 다시 쓸 수 있다. 이렇게 하면 2번의 곱셈과 3번의 덧셈(뺄셈은 덧셈으로 생각)만으로 다항식의 값을 계산할 수 있다.

$f(x) = a_n x^n + \cdots + a_2 x^2 + a_1 x + a_0 = x(a_1 + x(a_2 + \cdots + x(a_{n-1} + x a_n) \cdots)) + a_0$와 같이 다시 쓸 수 있는데 이를 호너의 규칙(Horner's Rule)이라고 한다. 이와 같은 순서로 다항식을 계산하면 곱셈의 횟수를 줄일 수 있다.

이를 이용해서 calc_poly()를 코드 7-29처럼 재작성할 수 있다. 곱셈이 덧셈보다 느리면 이와 같이 계산하는 방법이 도움이 될 것이다. 여기서는 실수(double형)의 배열로 다항식을 표현했다.

[코드 7-29]
```c
double calc_poly2(double x, double a[], int n)
{
    double p;
    int i;

    p = a[n];
    for (i = n - 1; i >= 0; i--)
        p = p * x + a[i];
    return p;
}
```

08 확률

확률을 프로그래밍으로 다루면서 답을 얻어야 하는 일이 자주 있다. 컴퓨터 시뮬레이션으로 어떤 상황에서 사건이 발생할 확률이나 기대 값을 구할 수 있고, 복잡한 적분을 적당한 분포에 따라 선택한 점을 이용하여 계산할 수도 있다. 기본적인 확률분포로부터 복잡한 확률분포를 얻어내는 것도 필요하다.

여기서는 간단한 확률문제를 풀어보고 확률과 관련된 프로그래밍을 다룬다. 기본적인 확률 모델에 익숙해지고 싶다면 『A First Course in Probability』, 『Head First Statistics』 등의 확률, 통계학 입문서를 참고하라.

> 주사위 놀이에서 한 사람이 던져 연속으로 6이 나왔다는 사실은
> 세 번째에는 6이 나오지 않는다고 내기할 충분한 이유가 된다.
> -에드거 앨런 포, 『마리 로제 미스터리』

8.1 편지 배달

Q. 기하분포의 기대 값

당신은 나바빠 씨의 집을 방문해서 편지를 직접 전해줘야 한다. 나바빠 씨는 전화가 없어서 집에 있는지 없는지 알 수 없다. 당신은 무작정 나바빠 씨의 집에 가서 나바빠 씨가 있으면 전해주고, 없으면 돌아와서 다음에 다시 방문한다.

나바빠 씨의 집을 방문할 때, 나바빠 씨가 집에 있을 확률은 $\frac{2}{9}$라고 한다. 평균 몇 번이나 나바빠 씨의 집을 방문해야 편지를 전달할 수 있을까?

A. 처음 방문해서 나바빠 씨를 만날 확률은 $\frac{2}{9}$이다. 처음에 나바빠 씨를 못 만나고 두 번째 방문해서 나바빠 씨를 만날 확률은 $\frac{7}{9} \cdot \frac{2}{9}$이다. 세 번째로 나바빠 씨를 방문해서 편지를 전해줄 확률은 $\frac{7}{9} \cdot \frac{7}{9} \cdot \frac{2}{9}$이다. 이와 같이 n-1번 방문할 때까지 나바빠 씨를 못 만나고 n번째 방문해서 나바빠 씨를 만날 확률은 $\left(\frac{7}{9}\right)^{n-1} \cdot \frac{2}{9}$이다.

따라서 나바빠 씨의 집을 방문하는 횟수의 기대 값은 $1 \cdot \frac{2}{9} + 2 \cdot \frac{7}{9} \cdot \frac{2}{9} + 3 \cdot \left(\frac{7}{9}\right)^2 \cdot \frac{2}{9} + 4 \cdot \left(\frac{7}{9}\right)^3 \cdot \frac{2}{9} + \cdots = \frac{9}{2}$이다. 이런 수열을 멱급수(power series)라고 부른다. 고등학교 수학에서 수열의 합에서 다루고 있으니, 잘 풀리지 않으면 찾아보자.

> **Note**
>
> 성공 확률이 p, 실패 확률이 1-p인 독립적인 시행을 성공할 때까지 반복한다. X-1번 실패하고, X번째에 성공할 때, X는 확률분포함수 중에서 기하분포(geometric distribution)를 따른다. 이 문제에서 나바빠 씨의 집을 방문하는 횟수도 기하분포를 따른다.
>
> 기하분포를 따르는 확률변수 X가 어떤 값 k를 가질 확률은 위에서 설명한 것처럼 $P(X=k)=(1-p)^{k-1}p$이다($k \geq 1$). X의 기대 값 E[X]와 분산 Var[X]는 식 8-1과 같다.
>
> 확률변수와 기대 값에 대한 자세한 내용은 확률론 책을 참고하라. 여기서는 기하분포의 기대 값이 $\frac{1}{p}$임만 기억해도 충분하다. 당첨 확률이 0.5%(0.005=$\frac{1}{200}$)인 복권을 당첨될 때까지 살 때, 대략 $\frac{1}{0.005}$=200장을 사면 당첨될 거라는 얘기라고 생각하면 좀 더 쉽게 이해할 수 있다.

[식 8-1]
$$E[X] = \sum_{k=1}^{\infty} k(1-p)^{k-1} p = \frac{p}{1-p} \sum_{k=0}^{\infty} k(1-p)^k = \frac{p}{1-p} \frac{1-p}{p^2} = \frac{1}{p}$$
$$Var[X] = \frac{1-p}{p^2}$$

❓ 풀이가 있는 생각해보기 멤버가 7명인 아이돌 그룹의 스티커가 하나씩 들어있는 빵이 있다. 빵을 사서 뜯어봐야 어떤 스티커가 들어있는지 알 수 있다. 빵에서 각 멤버의 스티커가 나올 확률은 모두 같다. 멤버 모두의 스티커를 모으려면 빵을 몇 개나 사야 할까? 기댓값을 구하고, 멤버가 n명인 경우로 확장해보자.

이 문제는 쿠폰 수집가 문제(Coupon collector's problem)로 불린다.

8.2 한가한 서버 찾기

사용자의 질의(query)를 받아서 처리하는 웹 서비스를 구축하려고 한다. 사용자가 보내는 질의를 받는 서버(질의 서버) 한 대와 질의를 받아서 계산하는 서버(작업 서버) n대가 있다. 질의 서버는 들어오는 질의를 n대의 작업 서버 중 하나로 보낸다.

각 작업 서버는 시시각각 변하는 '얼마나 바쁜지' 값을 가지고 있으며 질의 서버는 작업 서버로 질문 패킷을 보내고 응답 패킷을 받아서 이 값을 알 수 있다. 시스템을 잘 디자인해서 작업 서버들이 골고루 일하도록 해보자.

[그림 8-1]

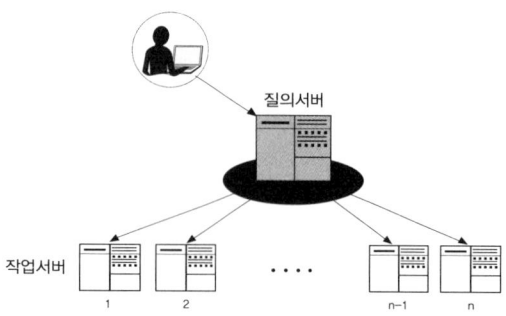

작업 서버들이 골고루 일하게 하기 위해 '매번 질의가 들어올 때, 가장 한가한 작업 서버가 질의를 처리하게 한다'는 정책을 생각해볼 수 있다. 질의 서버는 다음과 같이 동작한다.

[질의 서버 정책 1]
1. 질의를 받으면 1부터 n까지 작업 서버에게 얼마나 바쁜지 물어본다.
2. 그 중 가장 한가한 작업 서버에게 질의를 보내서 처리하게 한다.

이렇게 하면 작업 서버들이 골고루 질의를 처리하게 될 것이다. 하지만 매 질의마다 n개의 작업 서버 모두에게 패킷을 보내서 얼마나 바쁜지 물어보는 것은 너무 부담스럽고 오래 걸린다.

가장 한가한 서버 대신 바쁜 정도가 중간 이하인 서버('그럭저럭-한가한 서버'라고 부른다)를 찾아서 질의를 보내는 방법을 생각할 수 있다. 예를 들어 4대의 작업 서버가 있고 1번 서버의 '얼마나 바쁜지' 값이 10, 2번 서버가 8, 3번 서버가 20, 4번 서버가 5인 경우, 2번과 4번 서버가 그럭저럭-한가한 서버가 된다.

다음과 같이 정책을 바꿔보자.

'매번 질의가 들어올 때마다 그럭저럭-한가한 서버 중 하나가 질의를 처리하게 한다.'

질의 서버는 다음과 같이 동작한다.

[질의 서버 정책 2]
(1) 질의를 받으면 1부터 n까지 작업 서버 중 랜덤하게 고른 $\frac{n}{2}+1$개의 서버에게 얼마나 바쁜지 물어본다.
(2) 그 중 가장 한가한 작업 서버에게 질의를 보내서 처리하게 한다.

이렇게 $\frac{n}{2}+1$개의 패킷을 보내면 가장 바쁜 $\frac{n}{2}+1$개 서버들을 고른 최악의 경우에도, 고른 서버 중 가장 한가한 서버는 전체 n개 중에서 $\frac{n}{2}$번째로 바쁘다. 따라서 항상 그럭저럭-한가한 서버가 질의를 처리하게 된다.

Q. 새로운 질의 서버 정책 분석하기

실제로 서비스를 시작해보니 얼마나 바쁜지 물어보는 $\frac{n}{2}+1$개 패킷도 너무 많았다. 그래서 조건을 더 완화하기로 한다.

'매번 질의가 들어올 때마다 그럭저럭-한가한 서버 중 하나가 질의를 처리하게 한다. 그렇지만 가끔 그럭저럭-한가하지 않은 서버가 처리할 수도 있다.'

이제 질의 서버는 다음과 같이 동작한다.

[질의 서버 정책 3]
(1) 질의를 받으면 1부터 n까지 작업 서버 중 랜덤하게 고른 k개의 서버에게 얼마나 바쁜지 물어본다.
(2) 그 중 가장 한가한 작업 서버에 질의를 보내서 처리하게 한다.

질의 서버 정책 3을 사용할 때, 입력 질의를 그럭저럭-한가하지 않은 작업 서버가 처리할 확률은 어떻게 될까?

A. 입력 질의를 그럭저럭-한가하지 않은 서버가 처리할 확률은 우리가 임의로 고른 k개의 서버가 모두 다 그럭저럭-한가하지 않을 확률과 같다.

이 확률은 $\frac{n/2}{n} \times \frac{n/2-1}{n-1} \times \frac{n/2-2}{n-2} \times \ldots \times \frac{n/2-(k-1)}{n-(k-1)}$ 이다. n의 값에 상관없이 $\frac{n/2}{n} \times \frac{n/2-1}{n-1} \times \frac{n/2-2}{n-2} \times \ldots \times \frac{n/2-(k-1)}{n-(k-1)} < \frac{1}{2^k}$ 이다. k가 충분히 크다면 대부분의 경우 그럭저럭-한가한 서버가 질의를 처리한다. 예를 들어, k가 6을 넘으면 그럭저럭-한가한 작업 서버가 질의를 처리할 확률은 n에 관계없이 99%보다 크다.

1,000대의 서버가 있을 때, 500대의 서버가 얼마나 바쁜지 알아보는 정책 2 대신에, 가끔은 바쁜 서버에게 일이 가더라도 몇 대의 서버에게만 물어보는 정책 3이 훨씬 좋을 수 있다.

> **Note**
>
> 난수 생성기(pseudo-random number generator)를 이용하여 만들어 내는 난수에 의해 동작이 결정되는 알고리즘을 랜덤화 알고리즘(randomized algorithm)이라고 부른다. 앞에서 소개한 '질의질의 서버 정책 3'은 일종의 랜덤화 알고리즘이다. 랜덤화 알고리즘에 대한 내용은 『Introduction to Algorithms』 5장, 『Algorithm Design』 13장을 참고하자. 학부 이상의 수준에서 참고할 수 있는 책으로는 『Randomized Algorithms』가 있다.

8.3 랜덤 함수

Q. ≡ 정수를 뽑는 랜덤 함수

rand() 함수는 0 이상 RAND_MAX 이하의 난수 하나를 반환하는 함수다. RAND_MAX는 ANSI 표준에 의해 〈stdlib.h〉에 정의되어 있다. rand() 함수를 이용해서 다음 두 함수를 작성하라.

(1) int rand_int(int n) - 정수 n에 대해 0 이상 n-1 이하의 n개 정수 중 하나를 반환하는 함수. (n개의 정수 각각이 반환될 확률은 같아야 한다.)

(2) double rand_real(double a, double b) - 실수 a, b에 대해 a 이상 b 이하의 실수 하나를 반환하는 함수. (구간 내의 실수 각각이 반환될 확률은 같아야 한다.)

A. 코드 8-1을 보자. (1)은 rand_int()와 같이 작성하는 것이 나눗셈을 쓰지 않아 깔끔해보인다. 하지만 선형합동법을 이용하는 난수 발생기에서 하위 비트가 덜 랜덤하게 나오는 경우가 있다. 그래서 rand_int2()와 같이 작성하도록 권하는 경우가 많다. 이에 대해서는 『The Art of Computer Programming. Volume 2: Seminumerical Algorithms』에서 자세히 설명하고 있다.

```
[코드 8-1]
int rand_int(int n)
{
    return rand() % n;
}

int rand_int2(int n)
{
    return n * (rand() / (RAND_MAX + 1.0));
}

double rand_real(double a, double b)
{
    return a + (b - a) * ((double) rand() / RAND_MAX);
}
```

Q. 엄밀해 씨의 문제 제기

엄밀해 씨는 rand_int(), rand_int2() 함수가 정확하지 않다고 얘기한다. 0, 1, ⋯ , n-1 사이의 숫자가 나타날 확률이 약간씩 다르다는 것이다. 엄밀해 씨의 의견은 옳은가?

A. rand() 함수가 0 이상 RAND_MAX 이하의 정수를 각각 $\frac{1}{\text{RAND\_MAX}+1}$ 의 확률로 반환한다고 할 때, RAND_MAX + 1이 n의 배수가 아니라면, 맞는 얘기이긴 하다. 예를 들어 필자의 컴퓨터에서 RAND_MAX는 부호가 있는 4바이트 정수형의 최대 값인 $2147483647=2^{31}-1$로 정의되어 있는데, 이때 rand_int(3)은 0, 1, 2를 각각 $\frac{715827883}{2147483648}$, $\frac{715827883}{2147483648}$, $\frac{715827882}{2147483648}$ 의 확률로 반환한다. 이 차이는 무시할 만하며, 작은 n에 대해서는 잘 동작한다고 생각해도 될 것이다. 하지만 n이 커진다면 얘기가 달라진다. 예를 들어 n=1,000,000,000이라면, 0, 1, ..., 147483647은 $\frac{3}{2147483648}$, 나머지 수는 $\frac{2}{2147483648}$ 의 확률로 선택된다. 이 확률은 1.5배나 차이가 나므로 문제가 될 수 있다.

n이 RAND_MAX에 비해 매우 작다고 할 수 없으면, rand_int(), rand_int2()는 좋은 랜덤 함수라고 할 수 없다.

> **Note**
>
> 난수의 임의성에 대한 검정은 『The Art of Computer Programming. Volume 2: Seminumerical Algorithms』를 참고하라.

 생각해보기 큰 n에 대해서도 잘 작동하는 랜덤 함수는 어떻게 작성할 수 있을까?

 풀이가 있는 생각해보기 자신이 사용하는 프로그래밍 환경에서 제공하는 랜덤 함수가 큰 값에서 잘 동작하는지 확인해보자.

8.4 가중치가 있는 랜덤 함수

Q. 다른 확률로 값을 반환하는 랜덤 함수

코드 8-1의 rand_int()는 0 이상 n-1 이하의 수를 모두 동일한 확률로 반환한다. 하지만 이런 랜덤 함수만 필요한 것은 아니다. 네 개의 동전을 던졌을 때 앞면이 나오는 개수를 나타내는 확률변수는 0과 4가 $\frac{1}{16}$, 1과 3이 $\frac{4}{16}=\frac{1}{4}$, 2가 $\frac{6}{16}=\frac{3}{8}$이어야 한다.

0 이상 n-1 이하의 n개의 정수 중 하나를, 주어진 정수형 배열 weight[]의 값에 비례하는 확률로 반환하는 함수를 작성하라. 위의 네 개의 동전을 던지는 예제의 경우에는 n=5, weight[]={1, 4, 6, 4, 1}, 가중치의 총합(total)이 16으로 주어진다.

A. 코드 8-2처럼 작성할 수 있다.

```
[코드 8-2]
int weighted_rand_int(int n, int weight[], int total)
{
    int r, s = 0, i;

    r = rand() % total;
    for (i = 0; i < n; i++) {
        s += weight[i];
        if (s > r)
            break;
    }
    return i;
}
```

코드 8-3과 같이 누적 가중치의 배열 cum_weight[] = {1, 5, 11, 15, 16}를 인자로 받으면 좀더 빠를 것이다. 배열 cum_weight[]의 값은 증가하므로 이진 탐색을 적용할 수도 있다.

```
[코드 8-3]
int weighted_rand_int2(int n, int cum_weight[], int total)
{
    int r, i;

    r = rand() % total;
    for (i = 0; i < n; i++)
```

```
            if (cum_weight[i] > r)
                break;
        return i;
}
```

메모리를 좀더 쓰는 대신에 코드 8-4와 같이 작성할 수도 있다. 예를 들어서 map[] = {0, 1, 1, 1, 1, 2, 2, 2, 2, 2, 2, 3, 3, 3, 3, 4}로 두고, 0 이상 15 이하의 난수 r을 얻은 다음 map[r]을 반환한다. 이는 map 배열을 만들어야 하지만, 여러 번 수행한다면 이 쪽이 더 빠르다.

[코드 8-4]
```
int weighted_rand_int3(int map[], int total)
{
    int r;

    r = rand() % total;
    return map[r];
}
```

생각해보기 배열 weight[]를 인자로 받아서 배열 map[]을 만드는 함수를 작성하라.

Q. 실수를 서로 다른 확률로 반환하는 랜덤 함수

0 이상 1 이하인 실수 하나를 뽑아서 반환하는 함수를 작성하라. 각 실수가 반환될 확률은 해당 실수의 크기에 비례해야 한다. 예를 들어 0.8이 나올 확률은 0.2가 나올 확률의 4배가 되어야 한다. rand_real() 함수를 이용하라.

또한 이 함수가 주어진 조건에 맞게 랜덤한 실수를 반환함을 증명하라.

A. 답부터 설명하자면, [0, 1]에서 동일한 확률로 실수 x를 뽑아서 $\sqrt{x}$를 반환한다. 코드 8-5처럼 작성할 수 있다. sqrt()는 제곱근을 구하는 함수로 math 라이브러리에 포함되어 있으므로 gcc로 컴파일할 때는 "-lm" 옵션을 줘야 한다.

[코드 8-5]
```
double weighted_continuous()
{
    return sqrt(rand_real(0, 1));       // rand_real()은 코드 8-1 참고
}
```

실수 구간의 무한히 많은 수 중에 하나의 수가 뽑힐 확률은 0이므로 각 실수가 반환될 확률이 실수의 크기에 비례해야 한다는 표현은 좀 이상하다. 정확하게 표현하면, 분포의 확률밀도 함수 f(x)가 x에 비례해야 한다.

코드 8-5에서 rand_real() 함수가 반환하는 변수 X의 누적확률밀도 함수는 $F_X(a)=P(X \leq a) = a$이다. $Y=\sqrt{X}$라고 하면 $F_Y(a)=P(Y \leq a) = a^2$이다. Y의 확률밀도 함수는 F_Y를 미분하여 $f_Y(a)=2a$이다. Y의 확률밀도 함수는 Y에 비례하며, 문제에서 원하는 조건을 만족한다. 확률밀도 함수(pdf: probability density function)와 누적확률밀도함수에 대한 설명은 고등학교 수학의 확률 부분을 참고하라.

시각적으로 확인하기 위해 weighted_continuous()로 1,000,000개의 실수를 뽑아서, 0.01 단위로 나눈 100개의 구간에서 빈도를 측정하였다. 그림 8-2는 빈도를 나타낸 그래프이다. 원점을 지나는 직선의 모습이 나타난다.

[그림 8-2]

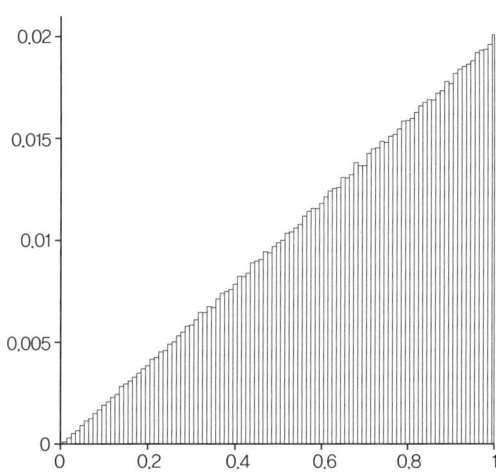

? **생각해보기** ≡ 조건을 만족하는 함수는 코드 8-5에서 작성한 것이 유일할까?

? **생각해보기** ≡ [0, 1]에서 실수 하나를 뽑아서 반환하는 함수를 작성해보자. 단, 각 실수가 반환될 확률은 해당 실수의 제곱에 비례한다. 예를 들어 0.8이 나올 확률은 0.2가 나올 확률의 16배가 되어야 한다.

8.5 기대 값 시뮬레이션

사람들이 골고루 흩어져서 살고 있는 가로, 세로 100km의 정사각형 도시가 있다. 이 도시의 한 곳에서 다른 곳으로 갈 때는 언제나 1km에 만 원의 요금을 받는 택시를 탄다. 택시회사 사장은 궁금증이 생겼다. 이 도시에서 한 사람이 다른 사람을 만나러 택시를 탈 때, 요금은 보통 얼마가 나올까?

기대 값은 계산을 통해서 직접 구할 수도 있지만, 여러 번 시행한 다음 평균을 구하여 추정할 수도 있다. 여기서는 프로그래밍으로 기대 값을 추정해보자.

Q. ≡ 두 점 사이의 거리
프로그래밍으로 다음 두 가지 기대 값을 추정해보자.

(1) 길이 1인 선분 위에서 임의로 두 점을 선택할 때, 두 점을 끝점으로 하는 선분 길이의 기대 값

(2) 가로, 세로가 1인 정사각형 내부에서 임의로 두 점을 선택할 때, 두 점을 끝점으로 하는 선분 길이의 기대 값

A. 코드 8-6의 line_line_picking() 함수는 길이가 1인 선분에서 두 점을 랜덤하게 선택하여 길이를 측정하는 과정을 n번 수행하고, 그 평균 값을 돌려준다. 마찬가지로, square_line_picking()은 가로, 세로가 1인 정사각형에서 두 점을 랜덤하게 n번 선택하여 두 점 사이 거리의 평균 값을 돌려준다.

fabs()는 절대 값을 구하는 함수, sqrt()는 제곱근을 구하는 함수다. fabs(), sqrt() 등 수학 함수를 사용하려면 gcc로 컴파일할 때 "-lm" 옵션으로 math 라이브러리를 포함시켜야 한다.

[코드 8-6]
```
double line_line_picking(int n)
{
    double total = 0, x, y;
    int i;

    for (i = 0; i < n; i++) {
```

```
        x = rand_real(0.0, 1.0);         // rand_real()은 코드 8-1 참고
        y = rand_real(0.0, 1.0);
        total += fabs(x - y);
    }
    return total / n;
}
```

[코드 8-7]
```
double square_line_picking(int n)
{
    double total = 0, x1, x2, y1, y2;
    int i;

    for (i = 0; i < n; i++) {
        x1 = rand_real(0.0, 1.0);         // rand_real()은 코드 8-1 참고
        x2 = rand_real(0.0, 1.0);
        y1 = rand_real(0.0, 1.0);
        y2 = rand_real(0.0, 1.0);
        total += sqrt((x1 - x2) * (x1 - x2) + (y1 - y2) * (y1 - y2));
    }
    return total / n;
}
```

n=10,000,000으로 실행했을 때, line_line_picking()은 0.333264를, square_line_picking()은 0.521189를 반환했다. 기대 값을 식을 세워 구하기는 어렵지만 대략의 값을 알고 싶은 경우 이렇게 시행을 통해 구할 수 있다. 매우 많이 시행하면 결과값이 기대 값에 가까워질 것이라고 생각할 수 있다. 뒤에서 다룰 몬테카를로(Monte Carlo) 알고리즘이 이런 방법이다.

수학적인 기대 값은 첫 번째가 $\int_0^1 \int_0^1 |x-y| dx\, dy = \frac{1}{3} = 0.3333\cdots$, 두 번째는 $\int_0^1 \int_0^1 \int_0^1 \int_0^1 \sqrt{(x_1-x_2)^2+(y_1-y_2)^2}\, dx_1\, dx_2\, dy_1\, dy_2 = \frac{1}{15}(\sqrt{2}+2+5\ln(1+\sqrt{2})) = 0.5214\cdots$ 이다.

2차원 이상에서 이 적분을 계산하기란 무척 어렵다. 자세히 알고 싶다면 《Hypercube Line Picking》을 참고하라. 여기서 소수 셋째 자리까지는 올바른 결과를 얻었다.

사각형에서 임의로 한 점을 뽑기는 비교적 쉽다. 하지만 원의 둘레나, 원의 내부에서 한 점을 뽑는 것은 조금 더 어렵다. '9.5 점 고르기'와 '9.6 점 고르기 2'에서 살펴보자.

Q. ≡ 퀵 정렬 분할 분석

퀵 정렬에서 분할을 할 때, 매번 가장 앞의 원소를 기준 값(pivot)으로 고르면 퀵 정렬이 매우 느려지는 경우가 있었다('6.4 퀵 정렬', '6.5 퀵 정렬 개선' 참고). 그래서 기준 값을 랜덤하게 하나 고르는 방법을 썼다. 더 신중하게 n개의 원소 중에 랜덤하게 3개의 원소를 골라서 이 셋 중 중간 값을 분할의 기준 값으로 정하는 방법을 쓰면 분할의 결과가 얼마나 좋아지는지 알아보자. 퀵 정렬에서 치우친 분할은 좋지 않다. 그래서 분할 결과 양쪽의 크기의 비율이 1:9 이상 되는 기준 값을 '나쁜 기준 값'으로 생각하고, 이런 기준 값이 뽑힐 확률이 얼마나 되는지 알아보자. 다음 질문에 대한 답을 생각해보자.

(1) 구간 [0, 1]에서 실수 하나를 택할 때, 이 값이 구간 [0.1, 0.9]에 포함될 확률은 얼마나 될까?

(2) 구간 [0, 1]에서 세 개의 실수를 뽑아서 중간 값을 택할 때, 이 값이 구간 [0.1, 0.9]에 포함될 확률은 얼마나 될까?

A. 코드 8-8의 partition_expectation(), median_partition_expectation() 함수는 구간 [0, 1]에서 실수를 n개 뽑아서 구간 [lb, ub]에 포함될 확률을 계산하는 함수다.

(1)의 값은 당연히 0.8이다. n=10,000,000일때 시뮬레이션을 통해 0.7999938을 얻었다. (2)는 함수 median_partition_expectation()과 같이 작성하여 시뮬레이션해 볼 수 있다. 구간 [0, 1]에서 3개의 값을 뽑은 다음, 정렬하여 중간 값을 얻는다. 그리고 그 중간 값이 구간 [0.1, 0.9]에 포함되는 비율을 계산한다. n=10,000,000일때 0.944035를 얻었다. 3개의 값을 골라서 중간 값을 고르면 나쁜 기준 값을 고를 확률은 약 0.2에서 0.056으로 상당히 줄어든다. 여기서는 원소들의 분포가 균등하다고 가정했다.

[코드 8-8]
```
double partition_expectation(int n, double lb, double ub)
{
    int in = 0, i;
    double p;

    for (i = 0; i < n; i++) {
```

```c
            p = rand_real(0.0, 1.0);
            if (lb <= p && p <= ub)
                in++;
        }
        return (double) in / n;
    }

    int comp_double(const void *a, const void *b)
    {
        double r = *((double *) a) - *((double *) b);

        if (r > 0)
            return 1;
        if (r < 0)
            return -1;
        return 0;
    }

    #define N 3

    double median_partition_expectation(int n, double lb, double ub)
    {
        int in = 0, i, j;
        double p[N];

        for (i = 0; i < n; i++) {
            for (j = 0; j < N; j++)
                p[j] = rand_real(0.0, 1.0);
            qsort(p, N, sizeof(double), comp_double);
            if (lb <= p[N / 2] && p[N / 2] <= ub)
                in++;
        }
        return (double) in / n;
    }
```

식 8-2처럼 계산할 수도 있다.

[식 8-2]

X=median(X_1, X_2, X_3), where X_i~u[0, 1]

P(X≤x)=P[{X_1≤x, X_2≤x} or {X_2≤x, X_3≤x} or {X_3≤x, X_1≤x}]

P(A∪B∪C)=P(A)+P(B)+P(C)-P(A∩B)-P(B∩C)-P(C∩A)+P(A∩B∩C)이므로,

P(X≤x)=P[X_1≤x, X_2≤x]+P[X_2≤x, X_3≤x]+P[X_3≤x, X_1≤x]-2P[X_1≤x, X_2≤x, X_3≤x]=$3x^2-2x^3$ (0≤x≤1)

따라서 X가 구간 [0.1, 0.9]에 포함될 확률 P(0.1≤X≤0.9)=P(X≤0.9)-P(X≤0.1)=0.972-0.028=0.944

> **생각해보기** 퀵 정렬에서 5개의 원소를 중간 값으로 택할 경우 나쁜 기준 값을 택할 확률은 얼마나 줄어드는가?

Q. 원으로 덮기

10×10 크기의 정사각형 판에 반지름이 1인 원을 임의로 n개 그린다. 이 n개의 원들에 의해 칠해지는 면적의 기대 값을 A(n)이라고 하자. n이 주어지면 A(n)을 구하고 싶은데 직접 계산해서 A(n)을 구하기란 까다롭다. 적당한 근사 값을 구하는 프로그램을 작성해보자.

[그림 8-3]

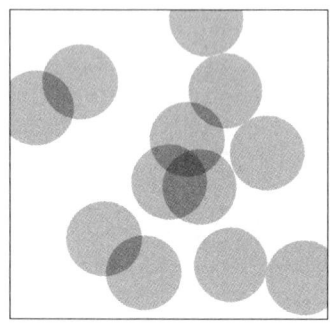

A. n개의 원이 있을 때, 여러 개의 점을 임의로 찍어서 몇 개가 원 내부에 포함되는지 세면 원에 의해 칠해지는 면적의 합을 추정할 수 있다. n개의 원을 그리는 것도 확률적인 사건이므로 n개의 원을 여러 번 그려서 매번 칠해지는 면적의 평균을 구하자.

코드 8-9가 이와 같이 작성한 프로그램이다. cover_area() 함수는 n을 인자로 받아, n개의 원을 그리고(원의 중심을 랜덤하게 n개 뽑고), NUM_DOT개의 점을 찍어서 그 중에 n개의 원에 포함되는 수를 센다. main() 함수는 cover_area()를 NUM_TRIAL번 실행하여 그 평균 값을 구해서 출력한다.

[코드 8-9]
```
#define NUM_TRIAL 10000
#define NUM_DOT   10000
```

```
#define L 10

double cover_area(int n)                    // 정사각형 판의 가로와 세로
{
    double x[n], y[n], px, py;
    int in = 0, i, j;

    for (i = 0; i < n; i++) {
        x[i] = rand_real(0, L);              // rand_real()은 코드 8-1 참고
        y[i] = rand_real(0, L);
    }
    for (i = 0; i < NUM_DOT; i++) {
        px = rand_real(0, L);
        py = rand_real(0, L);
        for (j = 0; j < n; j++)
            if ((x[j] - px) * (x[j] - px) + (y[j] - py) * (y[j] - py) <= 1)
            {
                in++;
                break;
            }
    }
    return (double) in / NUM_DOT * (L * L);
}

int main()
{
    double cover_sum = 0;
    int n, i;

    scanf("%d", &n);
    for (i = 0; i < NUM_TRIAL; i++)
        cover_sum += cover_area(n);
    printf("%lf\n", cover_sum / NUM_TRIAL);
    return 0;
}
```

? 풀이가 있는 생각해보기 뒷면이 나올 때까지 동전을 던진다. 맨 처음에 뒷면이 나오면 1달러, 두 번째에 뒷면이 나오면 2달러, 세 번째에 뒷면이 나오면 4달러를 받는다. n-1번 앞면이 나오고 n번째에 뒷면이 나오면 2^{n-1}달러를 받는다. 이때 기대 값은 몇 달러인가? 시뮬레이션으로 구해보자.

8.6 몬티홀 문제

당신은 TV 쇼 프로에 참가했다. 닫혀 있는 세 개의 문이 있는데, 한 개의 문 뒤에는 자동차가 있고, 나머지 두 개의 문 뒤에는 염소가 있다. 참가자는 선택한 문 뒤에 있는 것을 상품으로 받는다. 쇼의 사회자는 어떤 문 뒤에 염소가 있는지, 어떤 문 뒤에 자동차가 있는지 알고 있다.

먼저 참가자가 세 개의 문 중에 하나를 고른다. 그러면 사회자는 나머지 두 개의 문 중에 염소가 있는 문 하나를 열어서 염소를 보여 준다(적어도 하나는 염소가 있는 문이다). 이제 닫혀 있는 문은 두 개가 남았다. 참가자는 자신의 선택을 계속 유지해도 되고, 닫혀 있는 다른 문으로 선택을 바꿔도 된다. 참가자들의 목표는 자동차를 선물로 받는 것이다.

Q. ≡ 선택 바꾸기

이제, 당신이 쇼에 참가하여 1번 문을 선택했다. 사회자는 참가자가 선택하지 않은 두 개의 문(지금의 경우에는 2번과 3번) 중에 염소가 있는 문 하나를 열어서 보여준다. 방금, 사회자는 2번 문을 열어 문 뒤에 염소가 있는 것을 보여줬다. 당신에게는 선택을 바꿀 수 있는 기회가 주어진다. 선택을 1번으로 유지하는 것과, 3번으로 바꾸는 것 중 어느 쪽이 자동차를 받을 수 있는 확률이 높을까?

A. 자동차는 1번 문 또는 3번 문 뒤에 있을 것이다. 당신이 선택한 1번 문 뒤에 자동차가 있을 확률은 $\frac{1}{2}$인가? 그렇지 않다. 사회자는 염소가 있는 문을 두 개 알고 있으

며, 항상 염소가 있는 문을 열어보일 수 있다. 사회자가 문 하나를 열어서 뒤에 염소가 있음을 보여도 참가자가 선택한 문 뒤에 자동차가 있을 확률은 높아지지 않는다. 1번 문 뒤에 자동차가 있을 확률은 여전히 $\frac{1}{3}$이고, 3번 문 뒤에 자동차가 있을 확률은 $\frac{2}{3}$이다.

사회자는 2, 3번 문 중에서 3번 문을 열어 보일 수 있음에도 2번을 열었다. 이 사실이 3번 문 뒤에 자동차가 있을 확률을 높여 준다고 생각하면 이해가 쉽다.

1990년 보스 사반트의 컬럼에서 다루었던 문제이고, 사반트는 올바른 답을 제시했다. 하지만 이 컬럼이 발표되자 납득하지 못한 독자들(수학자들을 포함해서)의 항의가 빗발쳤다고 한다. 선택을 바꾸는 것이 자동차를 받을 확률을 높인다. 미심쩍다면 아래의 문제를 같이 생각해 보자.

Q. ≡ 다른 상황
이번에는 내가 쇼에 참가했으니, 도움을 좀 주기 바란다. 쇼가 시작하고 세 개의 문이 보인다. 나는 1번 문을 선택했다. 이제, 사회자가 염소가 있는 문을 열어야 할 차례다. 그런데 갑자기 사회자가 침통한 표정으로 고백한다.

"원래 이 프로에서 저는 어느 문에 염소가 있는지 알고 나옵니다. 하지만 오늘은 그만 깜빡 잊어 버리고 말았군요. 세 문 중에 어느 문에 염소가 있는지 도저히 기억이 나지 않습니다. 그래서 오늘은 그냥 아무 문이나 열겠습니다. 문을 열어서 자동차가 나오면...뭐, 그건 그때 생각해 보지요."

이 대책없는 사회자는 2번 문을 덜컥 열었다. 다행인지 2번 문 뒤에는 염소가 있었고, 촬영은 계속되었다. (사회자의 고백은 편집이 되어서 방영되지 않을 것 같다.)

이제 나에게 선택을 바꿀 수 있는 기회가 주어졌다. 선택을 1번으로 유지하는 것과, 3번으로 바꾸는 것 중 어느 쪽이 자동차를 받을 수 있는 확률이 높을까?

A. 독자의 이해를 돕기 위해 설정한 상황이다. 사회자가 어느 문 뒤에 자동차가 있는지 모른 채로 아무 문이나 연다고 하자. 2, 3번 중에 임의로 2번 문을 골라서 열었는데 2번 문 뒤에 자동차가 없었다면 1번과 3번 문 뒤에 자동차가 있을 확률은 각각 $\frac{1}{2}$이 된다. 이 경우는 선택을 바꾸나 바꾸지 않으나 자동차를 받을 확률은 동일하다.

Q. 프로그래밍해보기

컴퓨터 프로그래밍으로 시뮬레이션해보자.

A. 몬티홀 문제를 시뮬레이션하는 프로그램을 코드 8-10와 같이 작성할 수 있다.

[코드 8-10]
```
#define NUM_DOOR   3
#define NUM_TRIAL 10000

int main()
{
    int car, choice, open, change;
    int count_car_change, count_car_not_change;
    int i;

    count_car_change = count_car_not_change = 0;

    for (i = 0; i < NUM_TRIAL; i++) {
        choice = rand_int(NUM_DOOR);           // rand_int()는 코드 8-1 참고
        car = rand_int(NUM_DOOR);

        do {
            open = rand_int(NUM_DOOR);
        } while (open == choice || open == car);
        do {
            change = rand_int(NUM_DOOR);
        } while (change == choice || change == open);

        if (choice == car)
            count_car_not_change++;
        if (change == car)
            count_car_change++;
    }
    printf("%d %d\n", count_car_not_change, count_car_change);
    return 0;
}
```

자동차의 위치(변수 car)와 참가자의 선택(변수 choice)이 정해지면, 사회자는 참가자가 고르지 않았고 뒤에 염소가 있는 문 하나를 연다(변수 open). 그리고 참가자가 선택을 유지할 때와 다른 문으로 선택을 바꾸는 경우(변수 change)에 각각 차를 찾는 경우의 수를 센다.

10,000회 실행 결과, 필자의 컴퓨터에서의 실행 결과는 선택을 바꾸지 않은 경우 3,

358회, 선택을 바꾼 경우 6,642회 자동차를 받았다. 앞에서 설명했던 확률로 잘 설명되는 결과다.

코드 8-11은 앞의 시뮬레이션을 약간 고친 것이다. 참가자가 문을 하나 선택(변수 choice)한다. 사회자는 어느 문 뒤에 자동차가 있는 모르기 때문에 아무 문(변수 open)이나 연다. 사회자가 자동차가 있는 문을 열어버리는 경우는 계산에 넣지 않는다. 다행히 염소가 있는 문을 열면, 사회자는 선택을 바꿔도 되고, 유지해도 된다.

필자의 컴퓨터에서 프로그램을 실행한 결과 사회자는 6,711번 무사히 염소가 있는 문을 열었다(변수 open_ok). 앞에서 설명했던 대로 이 6,711번 중에서 선택을 유지해서 자동차를 받는 경우(변수 count_car_not_change)와 선택을 바꿔서 차를 받는 경우(변수 count_car_change)는 3,367회와 3,344회로 거의 같게 나왔다.

[코드 8-11]
```c
#define NUM_DOOR   3
#define NUM_TRIAL 10000

int main()
{
    int car, choice, open, change;
    int count_car_change, count_car_not_change;
    int open_ok, i;

    open_ok = 0;
    count_car_change = count_car_not_change = 0;

    for (i = 0; i < NUM_TRIAL; i++) {
        choice = rand_int(NUM_DOOR);       // rand_int()는 코드 8-1 참고
        car = rand_int(NUM_DOOR);

        do {
            open = rand_int(NUM_DOOR);
        } while (open == choice);
        if (open == car)
            continue;
        open_ok++;

        do {
            change = rand_int(NUM_DOOR);
        } while (change == choice || change == open);
        if (choice == car)
            count_car_not_change++;
        if (change == car)
            count_car_change++;
```

8.6 몬티홀 문제

```
    }
    printf("%d %d %d\n", open_ok, count_car_not_change, count_car_change);
    return 0;
}
```

8.7 몬테카를로 방법으로 원주율 구하기

확률적인 요소가 없는 계산 문제를 확률적 실험 문제로 바꾸어서 해결하는 기법을 몬테카를로 방법이라고 한다.

Q. 프로그래밍으로 원주율 구하기

원주율 π를 구하는 방법은 여러 가지다. 여기서는 원주율 구하는 문제를 확률적인 실험으로 바꾸어 푸는 아이디어를 살펴보고 프로그래밍해보자.

그림 8-4처럼 좌표 평면 위에 네 꼭지점이 각각 (-1, -1), (-1, 1), (1, 1), (1, -1)인 넓이 4의 정사각형과 이 정사각형에 내접하는 중심이 (0, 0)이고 반지름이 1, 넓이가 π인 원이 있다.

[그림 8-4]

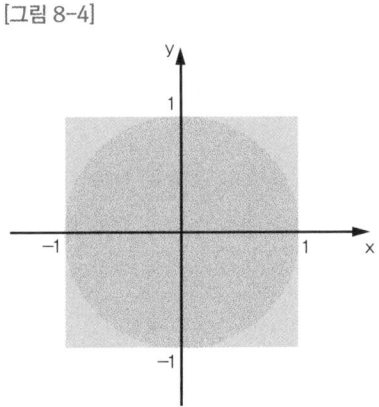

정사각형 내에서 점 하나를 랜덤하게 뽑는다. 이 점이 원 안에 포함될 확률은 원 넓이 ÷ 사각형 넓이, 즉 $\frac{\pi}{4}$일 것이다. 정사각형 내의 점 n개를 임의로 뽑아서 원 안에 포함된 점이 k개라고 하자. n개의 점 중에서 $\frac{원의 넓이}{사각형의 넓이}$ 만큼의 점이 원 안에서 뽑힐 것이다. 즉, $\frac{k}{n}$의 기대 값은 $\frac{\pi}{4}$이고, $\pi = \frac{4k}{n}$라고 추정할 수 있다.

사용자로부터 시행 횟수 n을 입력받아 위와 같은 방법으로 π의 근사 값을 구하는 프로그램을 작성하라.

A. 코드 8-12의 pi_expectation() 함수를 이용하여 구할 수 있다. 필자의 컴퓨터에서 실행 결과 n=10,000일 때 3.119600, n=100,000,000일 때 3.141745의 값을 얻었다.

[코드 8-12]
```
double pi_expectation(int n)
{
    double x, y;
    int in = 0, i;

    for (i = 0; i < n; i++) {
        x = rand_real(-1, 1);         // rand_real()은 코드 8-1 참고
        y = rand_real(-1, 1);
        if (x * x + y * y <= 1)
            in++;
    }
    return (double) 4 *in / n;
}
```

해석적으로 적분하기 어려운 함수를, 몬테카를로 방법을 이용해서 대략적인 적분 값(넓이)을 얻을 수 있다. 물론 적분 값을 얻기 위해 사용할 수 있는 다른 수치해석적 방법들도 있다(심슨 적분, 가우스 적분 등). 기본적인 수치해석적 방법은 『Elementary Numerical Analysis』를 참고하라.

❓ **풀이가 있는 생각해보기** ≣ 몬테카를로 방법으로 자연상수 e를 구하는 방법을 생각해보자. math 라이브러리에 있는 pow() 함수를 이용하라.

❓ **풀이가 있는 생각해보기** ≣ 일정한 세로폭 d로 가로줄이 그려져 있는 판에 길이가 k인 바늘을 랜덤하게 떨어뜨린다(단, k < d). 이때, 바늘이 가로줄에 걸릴 확률 p(k, d)를 구하는 프로그램을 작성하라. 랜덤하게 떨어뜨린다는 것은 바늘이 놓인 방향과 바늘의 끝의 위치가 랜덤하다는 의미로 생각하자. 이 실험은 '뷔퐁의 바늘 실험'으로 불린다.

[그림 8-5]

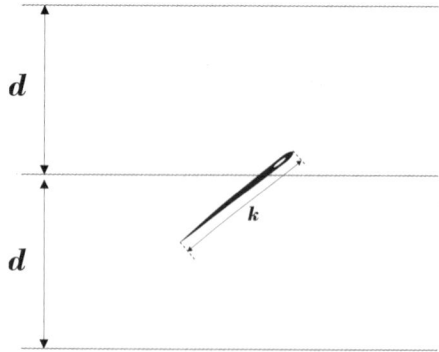

8.8 블랙잭 딜러

Q. ≡ 딜러의 숫자 예상

카지노에서 즐길 수 있는 블랙잭(blackjack)은 카드를 받아서 21을 넘지 않으면서 가능한 21에 가까운 숫자를 만드는 게임이다. 딜러(dealer)는 두 장의 카드를 받고, 그 중 한 장을 오픈하여 게이머에게 보여준다. 게이머는 두 장의 카드를 받은 후, 히트(hit)하여 카드를 더 받는다. 카드를 더 받았을 때 21을 넘을 것 같다면 스탠드(stand)하여 카드를 더 받지 않을 수 있다. 게이머는 가능한 21에 가깝게 만들어야 하는데 21을 넘으면 버스트(bust)가 되어 딜러의 결과에 상관없이 진다. 이것이 카지노가 유리한 점이다.

게이머의 차례가 끝나면 딜러가 카드를 받는다. 딜러는 기계적으로 플레이를 하도록 되어 있는데, 카드의 합계가 17보다 작으면 카드를 더 받고(히트하고), 카드의 합계가 17 이상이면 스탠드한다.

게이머는 딜러가 오픈한 한 장의 카드를 보고 언제까지 히트할지를 적절히 판단해야 한다. 딜러가 버스트될 확률이 높다면 게이머는 자신이 버스트되지 않도록 적당한 선에서 멈추는 것이 좋다. 게이머를 위해 딜러의 카드 한 장을 입력받고, 딜러가 얼마의 숫자가 될 것인지 예상하는 프로그램을 작성하자.

문제를 쉽게 풀기 위해 다음과 같이 가정한다.

1) A, 2, 3, 4, ..., 10, J, Q, K의 카드 각각이 나올 확률은 항상 $\frac{1}{13}$이다.

2) A는 11로 계산되고, J, Q, K는 10으로 계산하고, 숫자는 그대로 계산한다. 예를 들어서 A, J를 받으면 합이 21이고, 2, 3, 10, K를 받으면 합이 25로 버스트된다.

이와 같은 가정 하에서 딜러가 오픈한 카드 한 장이 무슨 숫자인지 입력받고, 딜러가 17, 18, 19, 20, 21에서 스탠드할 확률과 버스트될 확률을 구하는 프로그램을 작성하라. (소수점 넷째 자리에서 반올림하라.)

[실행 예]
```
input dealer's open card: 6
17: 0.135
```

```
18: 0.103
19: 0.103
20: 0.098
21: 0.094
bust: 0.468
```

A. 재귀적으로 간단히 나타낼 수 있다. Dealer(d, n)을 다음과 같이 정의하자.

Dealer(d, n): 현재까지 카드의 합이 d일 때, 앞으로 딜러가 n이 될 확률

그리고 p_i를 숫자 i로 계산되는 카드가 나올 확률($p_2=p_3=\cdots=p_9=\frac{1}{13}$, $p_{10}=\frac{4}{13}$, $p_{11}=\frac{1}{13}$)이라 하면 식 8-3이 성립한다.

[식 8-3]

Dealer(n, n)=1

d>n이면, Dealer(d, n)=0

d<n이고 d≥17이면, Dealer(d, n)=0

그 밖의 경우, Dealer(d, n)=$\sum_{i=2}^{11}$Dealer(d+i, n)p_i

이 점화식을 이용하여 코드 8-13과 같이 작성할 수 있다.

[코드 8-13]
```c
#define P_10    (4.0/13.0)
#define P_OTHER (1.0/13.0)

double p_dealer(int d, int n)
{
    double r = 0;
    int i;

    if (n < d)
        return 0.0;
    if (n == d)
        return 1.0;
    if (n > d && d >= 17)
        return 0.0;

    for (i = 2; i <= 11; i++)
```

```
        r += p_dealer(d + i, n) * (i == 10 ? P_10 : P_OTHER);
    return r;
}

double bust(int d)
{
    double p = 1;
    int i;

    for (i = 17; i <= 21; i++)
        p -= p_dealer(d, i);
    return p;
}

int main()
{
    int i, d;

    printf("input dealer's open card: ");
    scanf("%d", &d);
    for (i = 17; i <= 21; i++)
        printf("%d: %.3lf\n", i, p_dealer(d, i));
    printf("bust: %.3lf\n", bust(d));
    return 0;
}
```

블랙잭은 카드를 비복원 추출하기 때문에 각 카드가 나올 확률은 시시각각 변한다. 많이 나온 카드를 세어서 다음 번 선택에 활용하는 카드 카운팅은 이를 이용하는 전략이다. 카드 카운팅은 유명한 고전 『Beat the Dealer: A Winning Strategy for the Game of Twenty-One』을 참고하라. 『MIT 수학 천재들의 카지노 무너뜨리기』는 카드 카운팅으로 카지노를 공격하는 이야기를 다룬 소설이다.

> **Note**
>
> 실제 블랙잭에서는 히트, 스탠드 외에도 스플릿(split), 더블다운(double down), 써렌더(surrender), 인슈어런스(insurance) 등 다양한 선택이 가능하다. 그리고 A는 1또는 11로 계산할 수 있다. 이 경우에는 분석이 좀더 복잡해진다.

풀이가 있는 생각해보기 딜러의 전략을 시뮬레이션해보고 결과를 구해서 비교해보라.

생각해보기 코드 8-13의 재귀 호출에서 중복 계산은 없는가?

? **생각해보기** 실제 블랙잭에서 A를 11로 계산했을 때, 카드의 합계가 21이 넘으면 A를 1로 바꿔서 계산할 수 있다. 이 경우도 시뮬레이션하라.

🔒 8.9 추가 문제

8.a 점수 분포 등을 한 눈에 보기 위해 쓰는 줄기-잎 그림(stem-and-leaf display)을 그려주는 프로그램을 작성하라.[7] 주어진 점수 데이터(0 이상 100 미만)를 입력받고, 사용자로부터 그림의 간격을 입력받는다. 그러면 최저 점수부터 최대 점수까지를 간격에 따라 그림으로 그려준다. '개수->십의 자리 | 일의 자리'와 같은 형식으로 출력하라.

```
[실행 예]
input data num: 25

21 33 49 87 24
34 55 67 88 97
47 65 32 29 76
74 71 60 40 92
45 52 58 50 61

input unit: 5
2 -> 2 | 1 4
1 -> 2 | 9
3 -> 3 | 3 4 2
0 -> 3 |
1 -> 4 | 0
3 -> 4 | 9 7 5
2 -> 5 | 2 0
2 -> 5 | 5 8
2 -> 6 | 0 1
2 -> 6 | 7 5
2 -> 7 | 4 1
1 -> 7 | 6
0 -> 8 |
2 -> 8 | 7 8
1 -> 9 | 2
1 -> 9 | 7
```

8.b 조커를 뺀 트럼프 카드 52장(네 가지 무늬가 각각 13장씩 52장)에서 카드 1장을 뽑아 어떤 카드인지 보지 않고 상자에 넣었다. 남은 카드를 잘 섞은 다음 3장을 뽑았는데, 3장 모두 무늬가 다이아몬드였다.

---

[7] 줄기-잎 분포도에 대한 설명은 다음 링크를 참고하기 바란다.
http://en.wikipedia.org/wiki/Stemplot

상자 안의 카드가 다이아몬드일 확률은 얼마인가?

8.c A 나라 사람들은 모두 딸을 낳고 싶어한다. A 나라 사람들은 아이를 하나 또는 둘만 낳는데, 첫 아이가 딸이면 더 이상 아이를 낳지 않는다. 만약 첫 아이가 아들이면 아이를 또 낳는다. 그래서 A나라에는 딸 하나만 있는 집, 아들 하나 딸 하나 있는 집, 아들만 둘 있는 집들만 있다.

아마도 A 나라에는 여성이 더 많을 것 같은데, 실제로 그럴까? 남녀의 비율(성비)은 어떻게 될까? 아이가 딸일 확률은 첫째든 둘째든 $\frac{1}{2}$이다.

8.d 순열에서 크기가 큰 수가 앞에 있으면 두 수가 '역전되었다'고 한다. 예를 들어서 길이가 5인 순열 1, 3, 5, 4, 2에서 역전된 쌍은 (3, 2), (5, 4), (5, 2), (4, 2)의 네 개다. 4, 3, 1, 5, 2에서 역전된 쌍은 (4, 3), (4, 1) (4, 2) (3, 1) (3, 2), (5, 2)의 여섯 개다.

길이가 n인 순열 하나를 임의로 뽑았을 때, 이 순열에서 역전된 쌍의 수를 예상해보라.

'추가 문제 1.d'를 참고하라.

8.e A 나라 옆의 B 나라 사람들은 더욱 간절하게 딸을 원한다. 그래서 B 나라 사람들은 딸을 낳을 때까지 계속해서 아이를 낳는다(몇 명이든 낳을 수 있다). 딸을 낳게 되면 더 이상 아이를 낳지 않는다.

B 나라의 여초현상은 A 나라보다 더욱 심할 것 같다. B 나라의 성비를 예상해보자. (아이가 딸일 확률은 항상 $\frac{1}{2}$이다.)

한 가지 문제가 더 있다. 딸을 낳을 때까지 계속해서 아이를 낳는 B 나라의 풍습 때문에 B 나라는 세대가 거듭할수록 인구가 늘어나지 않을까? 몇 세대 지나다 보면 사람들이 살 땅이 모자라게 되지는 않을까?

8.f 어떤 정보가 여러 사람을 거쳐 전달될 때, 각 사람은 앞 사람에게서 전달받은 내용을 다음 사람에게 그대로 전하거나 정반대로 전한다고 한다. 도시 A의 시민들이 전달받은 내용을 그대로 전할 확률은 0.8이고, 정반대로 전할 확률은 0.2이다. 도시 B의 시민들이 전달받은 내용을 그대로 전할 확률은 0.6이고, 정반대로 전할 확률은 0.4다. 많은 사람을 거쳐 전달된 내용이 첫 정보와 동일할 확률은 어느 도시가 높을까? 프로그래밍으로도 확인해보자.

8.g 박씨, 최씨, 이씨에게는 아이가 둘 있다. 다음 질문들에 답해보자. 『Hexaflexagons, Probability, Paradoxes, and the Tower of Hanoi』에 나오는 문제다.

(1) 박씨에게 두 아이 중 딸이 있느냐고 물었더니, 박씨는 그렇다고 했다. 박씨의 두 아이가 모두 딸일 확률은 얼마일까?

(2) 최씨에게 큰 아이가 딸이냐고 물었더니 최씨가 그렇다고 대답했다. 최씨의 두 아이가 모두 딸일 확률은 얼마일까?

(3) 이씨가 한 여자아이와 걷고 있다. 다가가서 '당신 딸입니까?'라고 물었더니 그렇다고 했다. 이씨의 두 아이가 모두 딸일 확률은 얼마일까?

8.h 100명의 승객이 자기 자리를 표시한 티켓을 손에 들고 비행기 탑승을 기다리고 있다. 그런데 줄의 맨 앞에 서 있는 첫 번째 탑승객이 술에 취한 사람이어서 자신의 티켓에 적힌 번호를 무시하고 아무 자리에나 앉고 말았다. 이 사람 뒤에 탑승하는 사람은 만약 자신의 표에 적힌 자리가 비어 있으면 자기 자리에 앉고, 그 자리를 누군가 차지하고 있으면 빈 자리 중에 아무 곳이나 골라서 앉는다. 이러한 방식으로 99명이 모두 자리에 앉고, 마지막 100번째 승객이 비행기에 올랐다. 이 100번째 승객이 자신의 표에 적힌 자리에 앉을 확률은 얼마인가?

『누워서 읽는 퍼즐북』에 소개된 문제다.

8.i 두 사람이 차례대로 동전을 가져가는데 마지막 금화를 가져가는 쪽이 이기는 게임을 하고 있다.

(1) 상자에 n개의 금화, m개의 은화, 총 n+m개의 동전이 섞여 있다. 두 사람이 차례대로 매번 하나 또는 2개의 동전을 가져가는데 상자 안을 보지 않고 손을 넣어 동전을 고른다. 가져가는 동전이 금화가 될지 은화가 될지는 알 수 없다. 동전을 상자에서 꺼내고 나면 볼 수 있다. 즉, 매번 상자 안에 몇 개의 금화와 은화가 있는지는 알 수 있다.

매번 두 사람의 최적의 전략은 무엇인가? 현재 남은 금화와 은화의 개수를 입력받아 하나를 가지고 오는 것이 좋은지 2개를 가지고 오는 것이 좋은지를 출력하는 프로그램을 작성하라.

(2) 상자에 n개의 금화, m개의 은화, 총 n+m개의 동전이 섞여 있는데 맨 처음 상자에서 k개의 동전을 꺼냈다. 상자에 n+m-k개의 동전이 남았지만, 금화, 은화가 몇 개인지는 알 수 없는 상황이라고 하자.

이제, 두 사람이 차례대로 매번 하나 또는 2개의 동전을 가져간다. 방금 꺼낸 동전은 금화인지 은화인지 볼 수 있다. 매번 두 사람의 최적의 전략은 무엇인가? 현재 남은 금화와 은화의 개수를 입력받아 하나를 가지고 오는 것이 좋은지 2개를 가지고 오는 것이 좋은지를 출력하는 프로그램을 작성하라.

'추가 문제5.b'는 확률적인 요소가 없는 버전이다.

8.j 평균 0, 분산 1인 표준정규분표에 따라 실수 하나를 랜덤하게 뽑아서 돌려주는 함수, 즉 가우시안 랜덤(Gaussian random) 함수를 작성하라. 자바의 경우 Random 클래스에서 double형을 반환하는 nextGaussian() 메소드를 제공하는데, 이것을 직접 구현해보자.

> **Note**
>
> 특정한 확률분포를 따르는 난수를 생성하는 일반적인 방법은 역변환법, 변수변환법, 거절법, 합성법 등 몇 가지 방법이 있다. 『Numerical Recipes in C: The Art of Scientific Computing』 등의 전산통계학 책을 참고하라.

8.10 일부 풀이

Q. 8.1 생각해보기

A. n 종류의 스티커를 모두 모으려면 한 종류를 모으고, 그 다음 두 번째 종류의 스티커를 모으고 ... 해서 n 번째 종류의 스티커를 모으게 된다. 한 종류의 스티커를 모으려면 빵 하나면 사면 된다. 빵을 사면 새로운 스티커를 얻게 된다. 한 종류의 스티커를 갖고 있는 사람이 두 종류의 스티커를 모으려면 얼마나 걸릴까? 이미 갖고 있는 스티커를 제외한 n-1 종류의 스티커 중 하나를 얻어야 한다. 빵을 샀는데 이미 갖고 있는 스티커가 나오면 다시 뽑아야 한다. 두 번째 스티커를 모으려면 평균적으로 $\frac{n}{n-1}$개의 빵을 사야 할 것이다(기하분포의 기대 값). k 종류의 스티커를 갖고 있는 사람이 k+1 종류의 스티커를 모은 상태가 되려면 평균적으로 $\frac{n}{n-k}$개의 빵을 사야 할 것이다.

따라서 n개의 스티커를 모두 모으려면 평균적으로 $\frac{n}{n}+\frac{n}{n-1}+\frac{n}{n-2}+\cdots+\frac{n}{1}$ =$n(1+\frac{1}{2}+\frac{1}{3}+\cdots+\frac{1}{n})$개의 빵을 사게 될 것이다(기대 값은 합할 수 있다는 성질을 이용했다). 그리고 이 값은 n=7일 때, 18을 약간 넘는다. $n(1+\frac{1}{2}+\frac{1}{3}+\cdots+\frac{1}{n})$은 대략 n ln n 이다.

Q. 8.3 생각해보기

A. C#의 System.Random 클래스의 Next() 메소드를 사용해서 0 이상 10,000 미만의 정수 중 하나를 뽑는 것을 1,000,000번 반복한다. 각 숫자들은 대략 100번쯤 나오리라고 생각할 수 있다. 10,000개의 숫자가 뽑힌 빈도는 그림 8-6a와 같다. 100번 나온 숫자가 10,000개 중 415개로 가장 많았다.

코드 8-14와 같이 10,000 이상의 숫자가 나오면 버리고 다시 뽑아보았다. 코드 8-14에서 n=1,000,000으로 하여 0 이상 10,000 미만의 숫자들을 1,000,000개 뽑는다. 역시 10,000개의 숫자가 나타난 횟수는 그림 8-6b와 같은 분포를 보인다.

[코드 8-14]
```
do
{
    x = random.Next(n);
} while (x >= 10000);
```

하지만 큰 n에 대해서는 숫자들의 출현빈도 분포가 좀 다르다. 코드 8-14에서 n=1,

500,000,000으로 0 이상 10,000 이하의 숫자들을 1,000,000개 뽑아서 출현빈도를 구하면 그림 8-6c와 같이 나타난다. 두 개의 봉우리를 볼 수 있는데 두 봉우리 꼭대기의 가로축 좌표는 각각 67과 135이다. 0 이상 10,000 미만의 수들이, 기대 출현빈도가 두 배 정도 차이나는 두 무리로 나뉜다. '8.3 랜덤 함수'에서 설명했던 것과 비슷한 문제가 있을 것이라 추측할 수 있다. Random.Next()는 인자가 클 때는 각 원소를 균일하게 돌려준다고 보기 힘들다.

[그림 8-6]

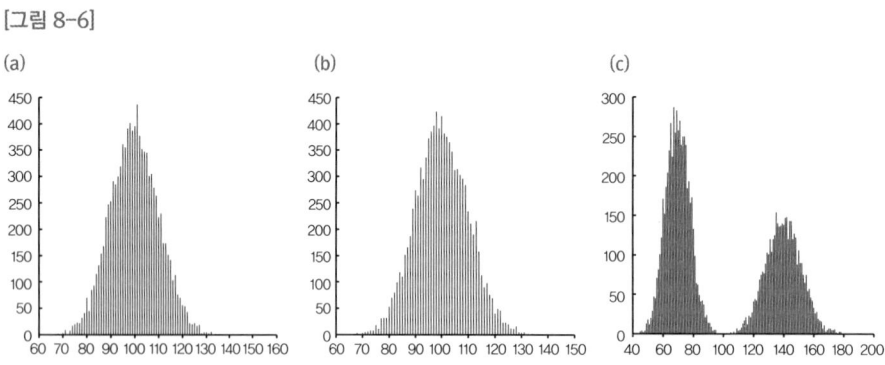

Q. 8.5 생각해보기

A. 필자가 프로그램을 작성하여 여러 번 시행한 결과, 12에서 13 사이의 값을 얻었다. 하지만 실제 기대 값은 다음과 같이 계산된다.

$$E = \frac{1}{2} \cdot 1 + \frac{1}{4} \cdot 2 + \frac{1}{8} \cdot 4 + \cdots = \frac{1}{2} + \frac{1}{2} + \frac{1}{2} + \cdots = \infty$$

문제의 기대 값은 무한대로, 유한한 값만을 표현할 수 있는 시뮬레이션으로는 이 값을 예상할 수 없을 것이다. 시뮬레이션은 문제를 분석하는 과정에서 사용해 볼 수 있는 하나의 접근법에 불과하다.

기대 값이 무한대임에도 불구하고 거금을 내고 이 게임에 참가할 사람은 없을 것이라는 점에서 이를 상트 페테르부르크의 역설(St. Petersburg Paradox)이라고 부른다. 여러 사람이 이 역설에 대해 설명을 내놓았다. 이 역설에 대해서는 《St. Petersburg Paradox》를 참고하라. 기대 값과 사람들의 경제적 의사결정에 대한 이야기는 『리스크』 또는 미시경제학 교과서에 잘 나와 있다. 『Hexaflexagons, Probability,

Paradoxes, and the Tower of Hanoi』에서는 역설적으로 보이는 확률 문제 몇 개를 소개하고 있다.

Q. 8.7 생각해보기

A. 좌표 평면 상에서 (1, 0), (2, 0), (2, 1), (1, 1)을 네 점으로 하는 넓이 1의 정사각형에서 n개의 점을 뽑자. 그래프 $y=\frac{1}{x}$ 아래에 있는 점의 개수를 k개라 하면 $\frac{k}{n}$는 그래프의 [1, 2]에서의 면적인 ln 2=log$_e$2가 된다($\frac{1}{x}$을 적분하면 ln x). 이 값의 역수를 취하면 $\frac{n}{k}$=log$_2$e이다. 따라서 $2^{\frac{n}{k}}$=e라고 추정할 수 있다.

```
[코드 8-15]
int main()
{
    double x, y, e;
    int in = 0, i, n;

    scanf("%d", &n);
    for (i = 0; i < n; i++) {
        x = rand_real(1, 2);            // rand_real()은 코드 8-1 참고
        y = rand_real(0, 1);
        if (x * y <= 1)
            in++;
    }
    e = pow(2, (double) n / in);
    printf("%lf\n", e);
    return 0;
}
```

필자의 컴퓨터에서 실행하여 n=10,000일 때 2.680826, n=100,000,000일 때, 2.718287의 값을 얻었다. 이 값은 소수점 아래 다섯 번째 자리까지 정확하다. 그림 (b)는 n이 100,000,000번까지 증가하면서 추정값이 어떻게 변해가는지 보여준다.

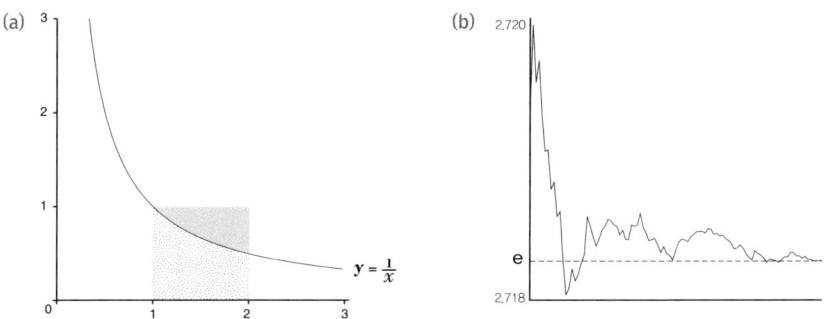

테일러 전개를 써서 자연상수 e를 구할 수도 있다. $e=1+\frac{1}{1!}+\frac{1}{2!}+\frac{1}{3!}+\cdots$

Q. 8.7 생각해보기

A. 그림과 같이 바늘이 떨어졌을 때, 수직 방향과 이루는 각도를 θ, 바늘의 중심과 가장 가까운 가로선까지의 거리를 x라고 하자. $\frac{k}{2}\cos\theta$는 바늘의 중심에서 바늘 끝까지의 수직 거리이므로 다음과 같이 식을 세워 확률을 구할 수 있다.

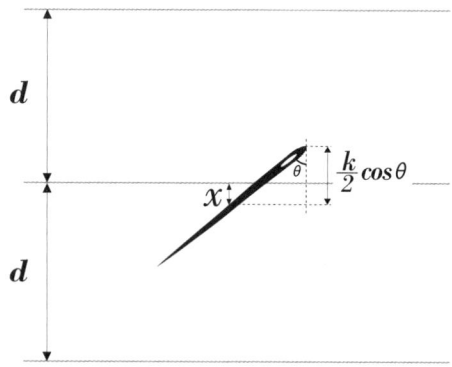

$$p(k,d)=p(x<\frac{k}{2}\cos\theta)=\int_0^{\frac{\pi}{2}}\int_0^{\frac{d}{2}}I(x<\frac{k}{2}\cos\theta)\frac{1}{\frac{\pi}{2}}\frac{1}{\frac{d}{2}}dxd\theta=\frac{4}{\pi d}\int_0^{\frac{\pi}{2}}\int_0^{\frac{k}{2}\cos\theta}dxd\theta=\frac{2k}{\pi d}$$

이 식을 이용하여 n번 바늘을 떨어뜨렸을 때 m번 바늘이 선에 걸리면 $\frac{m}{n}=\frac{2k}{\pi d}$로 생각할 수 있고 원주율을 $\frac{2nk}{md}$로 추정할 수 있다.

Q. 8.8 생각해보기

A. 코드 8-16와 같이 작성한다.

```
[코드 8-16]
#define NO_TRIAL 10000000

int sim(int d)
{
    int total = d, r;

    while (total < 17) {
        r = rand() % 13 + 1;
        if (r > 10)
            r = 10;
```

```
            if (r == 1)
                r = 11;
            total += r;
        }
        if (total > 21)
            return 22;
        return total;
    }

    int main()
    {
        int freq[23] = {0, }, d, i;

        scanf("%d", &d);
        for (i = 0; i < NO_TRIAL; i++)
            freq[sim(d)] += 1;
        for (i = 17; i <= 21; i++)
            printf("%d: %d\n", i, freq[i]);
        printf("bust: %d\n", freq[22]);
        return 0;
    }
```

10,000,000번 시행 결과, 6을 오픈한 딜러의 결과는 표 8-1과 같았다. 재귀적으로 구한 확률과 거의 일치한다.

[표 8-1]

딜러의 합	횟수
17	1, 346, 043
18	1, 029, 684
19	1, 026, 643
20	981, 558
21	934, 775
버스트	4, 681, 297

Q. 추가 문제 8.b

A. $\frac{10}{49}$이다. 웹 상에서 사람들의 의견이 분분했던 문제로 인터넷을 검색해보면 다양한 의견을 볼 수 있다.

Q. 추가 문제 8.c

A. 딸 하나만 있는 집은 전체 가구의 $\frac{1}{2}$, 아들 하나 딸 하나 있는 집은 $\frac{1}{4}$, 아들 둘 있는 집이 $\frac{1}{4}$일 것이다. 가구당 평균 딸의 수는 $\frac{1}{2}+\frac{1}{4}=\frac{3}{4}$이고, 평균 아들의 수는 $\frac{1}{4}+2\times\frac{1}{4}=\frac{3}{4}$이다. 따라서 A 나라의 성비는 1:1일 것이다.

일반적으로 아들, 딸이 태어날 확률이 매번 각각 $\frac{1}{2}$이라면, A 나라 사람들이 어떤 방식으로 출산을 하든지 성비는 1:1이다. 가구당 평균 아들, 딸의 수를 계산해보지 않아도 성비가 1:1임을 예상할 수 있다. (남아선호사상으로 한국의 성비가 높은 이유는 태아의 성을 감별하여 딸인 경우 낙태 수술을 하기 때문이지, 아들을 낳을 때까지 계속 출산을 하는 경향이 원인일 수는 없다는 얘기다.)

Q. 추가 문제 8.e

A. 마찬가지로 성비는 1:1임을 알 수 있다.

계산을 해보면 딸만 있는 가구는 전체의 $\frac{1}{2}$, 아들-딸이 있는 가구는 $\frac{1}{4}$, 아들-아들-딸이 있는 가구는 $\frac{1}{8}$, 아들-아들-아들-딸이 있는 가구는 $\frac{1}{16}$과 같은 식의 분포를 보일 것이다. 따라서 가구당 평균 딸의 수는 $\frac{1}{2}+\frac{1}{4}+\frac{1}{8}+\cdots=1$ 이고, 가구당 평균 아들의 수는 $\frac{1}{4}+\frac{2}{8}+\frac{3}{16}+\frac{4}{32}+\cdots=1$이다(멱급수). 역시 성비는 1:1이다.

가구당 평균 자녀의 수는 2명으로, 인구 폭증은 염려하지 않아도 된다.

09 표본추출

여론조사 대상자를 뽑는 것, 생산된 제품 중 몇 개를 뽑아서 불량을 검사하는 것, 복권 당첨 번호를 뽑는 것, 원소를 아무렇게나 섞는 것은 모두 모집단에서 표본을 뽑는 문제로 볼 수 있다. 간단한 일처럼 보여도 충분히 생각하지 않으면 모집단을 잘 나타내지 못하는 표본을 뽑게 된다.

네트워크 상의 패킷 정보, 포털 사이트에 접속하는 사용자의 정보는 너무 많아서, 적절한 크기의 표본을 잘 뽑아야 전체 데이터의 특성을 짐작할 수 있다. 포털 서비스, 검색엔진이나 온라인 게임을 만들 때, 빨리 올바른 표본을 뽑는 알고리즘을 잘 알아둬야 한다.

이 장에서는 표본추출을 빠르고 정확하게 할 수 있는 프로그램을 작성해 보자. 이 장을 읽기 위해서는 8장을 잘 이해하고 있어야 한다.

한 아이가 10달러를 다 가지고 있으며,
다른 아홉 명은 돈을 하나도 가지고 있지 않을 수도 있다.
그래도 1인당 가지고 있는 돈의 평균은 1달러다.
이러한 평균 값이 그 집단을 정확하게 표현한다고 할 수 있을까?
실제로 정치판의 여론조작 전문가들은
현실을 화려하게 채색하기 위한 눈속임으로 평균소득을 자주 이용한다.
예를 들어 부자들에게만 세금을 감면해 주는 슈퍼 레이거노믹스 체제에서
소수의 백만장자들이 엄청난 부를 축적하고,
빈곤선에 있는 대부분의 사람들은 더 궁핍해졌다고 가정해보자.
이때 1인당 평균소득은 증가한 것으로 나타날 것이다.
부자 한 사람의 소득이 연간 600만 달러에서 6억 달러로 늘어난 것이

몇 백만 극빈자의 소득 감소를 상쇄하기 때문이다.
한 사람이 5억 9, 400만 달러를 벌고
1억명이 모두 5달러씩 수입이 감소되었다 하더라도(총 5억 달러)
전체 집단의 평균소득은 올라간다.
그러나 속임수로 이용하는 경우를 제외하고는
이러한 경우에 감히 사람들의 평균소득이 늘어났다고 말할 수는 없다.
통계학에서는 이런 문제를 해결하기 위해
'중심 경향성'을 측정하는 다른 방법을 개발해 놓았다.
그 중의 하나가 최빈 값(mode)이다.
이것은 그 집단에서 가장 흔한 값으로 정의할 수 있다.
그러나 어떤 문제에 대해서 어떤 중심 경향성 측정법이 가장 적합한지를
결정해 주는 수학 법칙은 없다.
결정은 주어진 경우와 관련된 모든 요소에 대한 지식과
기본 양심을 바탕으로 내려질 수밖에 없다.

-스티븐 제이굴드, 『풀 하우스』

9.1 제비뽑기

Q. ☰ 제비뽑기는 공평한가?

많은 참가자 중에 당첨자를 가려내기 위한 방법인 제비뽑기를 생각해보자. 20명 중에 한 명의 당첨자를 고르는 경우에는 1개의 당첨제비와 19개의 꽝제비를 섞는다. 그리고 한 명씩 제비를 뽑는다. 누군가 자신의 차례에서 당첨제비를 뽑으면 그 사람은 당첨자로 확정되고 아직 제비를 뽑지 않은 사람들은 자연히 탈락된다.

우리는 늘 이렇게 제비뽑기를 하고 있다. 그런데 이 방법은 정말 공평한가? 제비를 뽑는 순서와 당첨확률은 관계가 없을까? 제비를 먼저 뽑는 사람과 나중에 뽑는 사람 중에 어느 쪽의 당첨확률이 더 높을까?

A. 제비를 뽑는 순서에 따라 n명의 참가자를 참가자 0, 참가자 1, ..., 참가자 n-1이라고 부르자.

n명이 제비뽑기를 한다면 n-1개의 꽝제비와 1개의 당첨제비가 있다. 참가자 0이 제비를 뽑아서 당첨될 확률은 n개 중에 1개의 당첨제비를 뽑을 확률인 $\frac{1}{n}$이다. 참가자 0이 꽝제비를 뽑았다면, 제비뽑기가 계속될 것이고 이때 제비는 n-1개가 남아있다.

참가자 1이 당첨될 확률은 참가자 0이 당첨되지 않고, 참가자 1에게 차례가 돌아와서 n-1개 중에 하나인 당첨제비를 뽑을 확률이다. 참가자 0이 제비에 당첨되지 않을 확률은 $\frac{n-1}{n}$이고, 참가자 1이 자신의 차례에서 당첨제비를 뽑을 확률은 $\frac{1}{n-1}$이다. 참가자 1이 당첨자가 될 확률은 이 두 확률을 곱한 $\frac{n-1}{n} \times \frac{1}{n-1} = \frac{1}{n}$이다.

마찬가지로 참가자 2가 당첨될 확률은 참가자 0과 참가자 1이 모두 당첨되지 않고, n-2개의 제비중에 당첨제비를 뽑을 확률로 $\frac{n-2}{n} \times \frac{1}{n-2} = \frac{1}{n}$이다. 이처럼 모든 사람이 당첨될 확률 $\frac{1}{n}$을 가진다.

Q. ☰ 여러 명인 경우

여러 명의 당첨자를 가려내야 할 경우도 있을 것이다. 20명의 참가자 중에서 5명의 당첨자를 가려내려고 할 때는 5개의 당첨제비와 15개의 꽝제비를 섞고, 한 명씩 제비를 뽑는다. 많은 참가자 중에서 당첨자를 여러 명 뽑을 때도 이 방법은 공평할까?

A. 당첨제비가 m개일 경우, 참가자들이 당첨될 확률은 모두 $\frac{m}{n}$이다.

> **? 생각해보기** 식으로 증명하라.
>
> **? 생각해보기** 평균 몇 명이 제비를 뽑으면 당첨자 m명이 모두 결정될까? 기대 값을 구하라.

Q. 번호 부르기

20명의 참가자 중에서 5명의 당첨자를 가려낼 때, 앞의 방법처럼 20명이 차례로 나와서 제비를 뽑는 것은 너무 번거롭다. 그래서 다음과 같이 추첨 방법을 바꿨다. 상자 안에 0부터 19까지 적혀 있는 20개의 쪽지를 넣고 잘 섞는다. 진행자는 상자 안에서 쪽지 하나를 뽑아서 번호를 부른다. 번호가 불린 사람은 당첨자로 확정된다. 이렇게 5개의 쪽지를 뽑아서 5명을 당첨시킨다. 번호가 불리지 않은 사람은 자연히 탈락이다.

이 방법은 공평한가? 당신의 생각을 말해보라.

A. 공평하다. 그리고 다섯 개의 쪽지만 뽑으면 되므로 훨씬 빠르다.

Q. 주사위 던지기

상자와 쪽지를 준비하는 것도 너무 번거로운 일이다. 그래서 정 20면체를 사용하여 추첨하기로 했다. 정 20면체 주사위의 각 면에는 0에서 19까지의 숫자가 적혀 있다. 진행자는 이 20면체 주사위를 던져서 나온 번호를 부른다. 번호가 불린 사람은 당첨자로 확정된다. 이렇게 5명을 당첨시킨다. 쪽지를 준비할 필요가 없어 간단하다.

하지만 한 가지 문제가 있다. 정 20면체 주사위를 던지다 보면 이미 당첨된 번호가 또 나오는 경우가 있다. 그래서 진행자는 정 20면체 주사위를 던져서 나온 번호를 부르되, 이미 당첨된 번호가 또 나오면 번호를 부르지 않고 조용히 주사위를 다시 던지기로 했다. 이와 같은 방식으로 당첨자 5명을 정한다.

이 방법은 공평한가?

[그림 9-1]

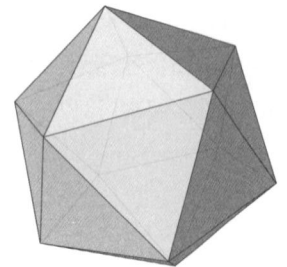

A. 공평하다.

Q. ☰ 주사위 던지는 횟수

이 때, 진행자는 주사위를 몇 번 던져야 할까? 기대 값을 구하라.

A. 첫 번째 당첨자를 뽑기 위해서 주사위를 한 번 던지면 된다. 현재까지 당첨된 사람이 없기 때문에, 주사위를 던져서 나오는 번호를 부르면 된다.

두 번째 당첨자를 뽑기 위해서는 몇 번 주사위를 던져야 할까? 20개의 번호 중 당첨되지 않은 19개의 번호가 나오면 그대로 번호를 부르면 되고, 나머지 하나의 이미 당첨된 번호가 나오면 다시 던져야 한다. $\frac{19}{20}$의 확률이므로 평균 $\frac{20}{19}$번 던져야 두 번째 당첨자를 발표할 수 있다('8.1 편지 배달' 참고). 마찬가지로 세 번째 당첨자를 뽑기 위해서는 평균 $\frac{20}{18}$번 던져야 한다. 다섯 명의 당첨자를 뽑기 위해 평균 $\frac{20}{20}+\frac{20}{19}+\frac{20}{18}+\frac{20}{17}+\frac{20}{16}=5.59\cdots$번 주사위를 던져야 한다(기대 값).

여기서는 주사위, 정 20면체를 예로 들어서 표본(당첨자)을 뽑는 문제를 생각해보았다. 다음 문제부터는 프로그래밍을 통해 표본을 뽑는 방법을 생각해보자.

9.2 표본추출

Q. 제비뽑기 프로그램

'9.1 제비뽑기' 문제를 프로그래밍으로 해결해보자. 정수 n과 m을 입력받아서 0 이상 n-1 이하의 수 중에서 m개를 골라서 출력하는 프로그램을 작성하라. 각 수가 출력될 확률은 모두 $\frac{m}{n}$으로 같아야 한다.

```
[실행 예]
input n, m: 20 6
0
3
4
9
15
16
```

A. 번호가 0, 1, ..., n-1인 참가자 n명 중에 당첨자 m명을 뽑는 문제로 생각하자. '9.1 제비뽑기'에서 설명한 두 가지 방법을 다시 생각해보자.

[방법 1]
m개의 당첨제비를 두고, 0, 1, ..., n-1의 참가자가 차례로 제비를 뽑는다.

[방법 2]
0, 1, ..., n-1까지의 수 중 하나를 뽑아서 한 명씩 당첨시키되, 이미 당첨된 번호가 나오면 무시한다. m명이 당첨되면 끝난다.

[방법 1]에 따라 작성한 것이 코드 9-1의 sampling() 함수다. 변수 c가 남아 있는 당첨 제비의 수를 나타낸다. 번호가 i인 사람이 뽑을 때, 전체 제비가 n-i개 남아 있으므로, i가 당첨될 확률은 $\frac{c}{n-i}$이다. 그래서 rand_int(n-i)의 값이 c보다 작으면 당첨되도록 한다. i가 당첨되면 c는 1 감소한다. 이와 같은 방식으로 차례로 한 사람씩 추첨을 하는 것이다.

'9.1 제비뽑기' 문제에서 이 알고리즘이 모두에게 공평하다는 것을 보았다(엄밀하게는 크기 m인 모든 부분집합이 뽑힐 확률이 동일하다는 사실을 보여야 한다).

[코드 9-1]
```c
void sampling(int n, int m)
{
    int c = m, i;

    for (i = 0; i < n; i++) {
        if (rand_int(n - i) < c) {      // rand_int()는 코드 8-1 참고
            printf("%d\n", i);
            c--;
        }
    }
}

int main()
{
    int n, m;

    printf("input n, m: ");
    scanf("%d %d", &n, &m);
    sampling(n, m);
    return 0;
}
```

[방법 2]를 따라서 만든 것이 코드 9-2의 sampling2() 함수다. 0, 1, ..., n-1 중에서 하나를 뽑아서 당첨시키고 배열 a[]에 표시한다. 이렇게 해서 m개를 고르면 된다. 이미 뽑은 숫자를 또 뽑는 경우(배열 a[]에 표시가 되어 있는 경우)에는 없었던 일로 한다.

[코드 9-2]
```c
void sampling2(int n, int m)
{
    int a[n], x, i;

    for (i = 0; i < n; i++)
        a[i] = 0;
    for (i = 0; i < m; i++) {
        do {
            x = rand_int(n);           // rand_int()는 코드 8-1 참고
        } while (a[x] == 1);
        a[x] = 1;
        printf("%d\n", x);
    }
}
```

Q. ≡ 호출 횟수

sampling(), sampling2() 함수는 rand_int()를 몇 번 호출할까?

A. sampling() 함수는 rand_int()를 n번 호출한다.

sampling2() 함수가 rand_int()를 호출하는 횟수의 기대 값은 $\frac{n}{n}+\frac{n}{n-1}+\frac{n}{n-2}+\cdots +\frac{n}{n-(m-1)}$ 이다. 이 값은 n이 크고 m이 작을 때는 거의 m에 가깝지만 m이 클 때는 점점 커진다. 랜덤 함수가 대부분의 시간을 사용한다면 m이 작을 때는 sampling2()가, 클 때는 sampling()이 빠를 것이다.

sampling()은 결과를 정렬된 순서로 출력하지만 sampling2()는 무작위적인 순서로 결과를 출력한다. sampling()은 여러 조합 중에 하나를 뽑고, sampling2()는 여러 순열 중에 하나를 뽑는다고 생각할 수 있다.

> **생각해보기** ≡ sampling()에서 c==0이면 더 이상 for 루프를 돌 필요가 없다. 그래서 코드 9-3과 같이 수정하였다. 이때, rand_int() 함수는 평균 몇 번 실행될까?

[코드 9-3]
```c
void sampling(int n, int m)
{
    int c = m, i;

    for (i = 0; i < n; i++) {
        if (rand_int(n - i) < c) {         // rand_int()는 코드 8-1 참고
            printf("%d\n", i);
            c--;
        }
        if (c == 0)
            break;
    }
}
```

> **생각해보기** ≡ 선택된 수를 배열에 저장하여 반환하도록 sampling(), sampling2()를 수정하라.

Note

『생각하는 프로그래밍』 컬럼 12에서는 표본선정과 관련한 에피소드를 읽을 수 있는데 재미있고 유익하다. 『The Art of Computer Programming. Volume 2: Seminumerical Algorithms』에서도 표본추출 알고리즘을 다루고 있다.

9.3 순열 뽑기

0, 1, ..., n-1을 나열하는 방법은 n!가지가 있다. n!개의 순열 중 하나를 뽑아 배열에 저장하는 함수를 작성하려고 한다. 각 순열이 동일한 확률로 나와야 한다. 어떤 방법들이 있을까?

재빨리 씨는 이 문제를 듣자마자 다음 두 가지 방법을 생각해냈다.

[방법 1]
(1) a[0], a[1], ..., a[n-1]을 모두 -1로 초기화(-1은 아직 값이 정해지지 않았음을 의미)
(2) i=0
(3) 0, 1, ..., n-1 중 하나를 랜덤하게 골라서 p에 대입.
(4) a[p]=-1이 될 때까지 p=(p+1) % n을 수행.
(5) a[p] = i
(6) i=n-1이면 종료, 아니면 i를 증가시키고 (3)으로 이동.

[방법 2]
(1) a[0], a[1], ..., a[n-1]을 모두 -1로 초기화(-1은 아직 값이 정해지지 않았음을 의미)
(2) i=0
(3) 0, 1, ..., n-1 중에 하나를 랜덤하게 골라서 p에 대입.
(4) a[p]≠-1이면 (3)으로 이동.
(5) a[p]=i
(6) i=n-1이면 종료, 아니면 i를 증가시키고 (3)으로 이동.

[방법 1]과 [방법 2]를 코드로 구현한 것이 코드 9-4의 rand_perm(), rand_perm2() 함수다. 이 두 함수는 배열 a[]에 0, 1, ..., n-1을 나열하는 n!가지 순열 중 하나를 저장한다.

[코드 9-4]
```
void rand_perm(int a[], int n)
{
    int p, i;
```

```
    for (i = 0; i < n; i++)
        a[i] = -1;
    for (i = 0; i < n; i++) {
        p = rand_int(n);            // rand_int()는 코드 8-1 참고
        while (a[p] != -1) {
            p = (p + 1) % n;
        }
        a[p] = i;
    }
}

void rand_perm2(int a[], int n)
{
    int p, i;

    for (i = 0; i < n; i++)
        a[i] = -1;
    for (i = 0; i < n; i++) {
        do {
            p = rand_int(n);        // rand_int()는 코드 8-1 참고
        } while (a[p] != -1);
        a[p] = i;
    }
}
```

Q. 재빨리 씨의 방법

재빨리 씨가 제안한 방법으로 작성한 코드 9-4의 두 함수를 실행했을 때 n!가지 순열을 얻을 확률은 모두 같을까?

A. n=3일 경우 rand_perm()의 동작을 생각해보자. 먼저 길이가 3인 배열 a에서 0의 위치를 결정한다. 다음 세 가지 경우가 가능하며, 각각 $\frac{1}{3}$의 확률을 가진다.

0		

	0	

		0

0이 a[0]에 위치했다고 하자. 1의 위치는 a[1]이나 a[2]가 가능하다.

| 0 | 1 | |

| 0 | | 1 |

이 두 가지 경우가 발생할 확률은 같은가? 아니다. 1을 나열할 위치를 0, 1, 2 중 하나를 랜덤하게 고른다. 처음 고른 위치가 0 또는 1이면 a[1]=1이 되고, 2이면 a[2]=1이 된다. 따라서 2까지 숫자를 배열했을 때, 처음과 같을 확률은 $\frac{2}{3}$, 두 번째와 같을 확률은 $\frac{1}{3}$이다. n=3일 때, rand_perm()으로 여섯 가지 순열을 얻을 확률은 표 9-1과 같다.

[표 9-1]

순열			확률
0	1	2	2/9
0	2	1	1/9
2	0	1	2/9
1	0	2	1/9
1	2	0	2/9
2	1	0	1/9

rand_perm2() 함수는 앞의 sampling() 함수에서 m=n인 경우다. n!가지 순열을 얻을 확률은 같다. 이 함수는 0, 1, ..., n-1중에 숫자 하나를 랜덤하게 골랐을 때, 이미 고른 번호이면 다시 뽑기 때문에 rand_int()를 많이 실행한다.

 생각해보기 n=3일때, rand_perm()을 여러 번 실행해서 각 순열의 출현 횟수를 확인하는 프로그램을 작성하라.

Note

rand_perm()이 while 루프 안을 몇 번 수행하는지는 Knuth's parking problem을 이용하여 구할 수 있다.

Q. ≡ rand_perm2()에서 rand_int() 함수는 몇 번쯤 호출될까?

A. 맨 처음에는 아무 숫자나 뽑아도 a[]가 -1이다. 따라서 처음 하나를 채우는 데에는 한 번의 rand_int()를 실행해야 한다. 두 번째를 채우는 데에는 처음 하나를 제외하고 뽑아야 한다. 처음 하나를 뽑으면 다시 뽑아야 하니까. 두 번째는 평균적으로 $\frac{n}{n-1}$번 실행해야 할 것이다. 이와 같이 n개의 위치를 모두 뽑으려면 평균적으로 $\frac{n}{n}+\frac{n}{n-1}+\frac{n}{n-2}+\cdots+\frac{n}{1}$번 rand_int()를 실행해야 하는데, 이는 대략 n ln n이다. '8.1 편지 배달'의 쿠폰 수집가 문제에 대한 생각해보기를 참고하라.

Q. ≡ 빠르게 순열 뽑기

더 좋은 방법은 없을까? ' 3 .7 순열' 문제를 변형해 보자.

A. 코드 9-5와 같은 알고리즘이 있다.

```
[코드 9-5]
void rand_perm3(int a[], int n)
{
    int i, p;

    for(i=0; i < n; i++)
        a[i] = i;
    for (i = 0; i < n - 1; i++) {
        p = rand_int(n - i);          // rand_int()는 코드 8-1 참고
        swap_arr(a, i, i+ p);         // swap_arr()은 코드 0-7 참고
    }
}
```

n=5인 경우를 예로 살펴보자. 먼저 0, 1, 2, 3, 4를 순서대로 배열한다(그림 9-2). a[0]를 결정하기 위해 0, 1, 2, 3, 4 중에서 하나를 뽑아, 그 위치의 수와 0번째 수를 바꾼다. 처음 교환할 위치가 2가 나와서, a[0]와 a[2]를 바꾼다(그림 (1)). 이제 a[0]는 더 이상 건드리지 않는다. 그 다음 a[1]에 들어갈 수를 정해야 한다. 1, 2, 3, 4 중에 하나를 뽑아 그 위치의 수와 a[1]을 바꾼다. 그 다음 교환할 위치는 4가 나와서 a[1]과 a[4]를 교환한다(그림 (2)). 그 다음에는 2, 3, 4 중에 2가 나와서 a[2]와 a[2]를 교환한다. 이렇게 a[0], a[1], a[2], a[3], a[4]를 차례로 결정한다.

rand_perm3() 함수는 rand_int()를 n번 호출한다. 평균 $\frac{n}{n}+\frac{n}{n-1}+\frac{n}{n-2}+\cdots+\frac{n}{1}$번 호

출하는 rand_perm2()보다 적은 횟수다. rand_perm2()와 rand_perm3()는 길이가 1,000,000인 순열을 랜덤하게 하나 만드는 데 각각 0.7초와 0.07초를 사용하였다.

[그림 9-2]

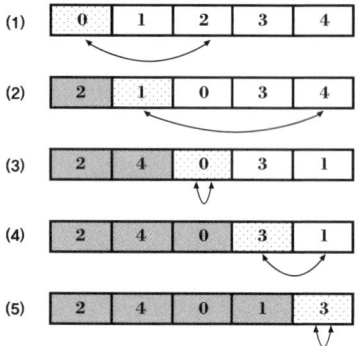

🔎 **생각해보기** 처음에 a[]에 n-1, n-2, ..., 2, 1, 0과 같이 내림차순으로 배치해도 rand_perm3() 함수는 올바른 결과를 내놓을까?

Q. 섞기

파이썬에서는 random.shuffle(), 자바에서는 Collections.shuffle()을 이용하면 배열의 원소들을 아무렇게나 섞을 수 있다. rand_perm3() 함수를 수정하여 길이가 n인 int형 배열을 아무렇게나 섞는 함수로 만들어 보자.

A. 코드 9-6과 같이 작성한다. 코드 9-5에서 배열에 0, 1, 2, ..., n-1을 대입하는 부분만 뺐다. shuffle()한 다음, 앞의 m개만 취하는 것은 m개 중에 n개의 표본을 뽑는 또 다른 방법이다.

[코드 9-6]
```
void shuffle(int a[], int n)
{
    int i, p;

    for (i = 0; i < n - 1; i++) {
        p = rand_int(n - i);          // rand_int()는 코드 8-1 참고
        swap_arr(a, i, i+ p);         // swap_arr()은 코드 0-7 참고
    }
}
```

? 생각해보기 이제까지 나온 표본추출하는 방법들의 복잡도를 비교하고 경우에 따라 어떤 알고리즘이 좋을지 나름의 방법으로 분석해보자.

9.4 패킷 골라

Q. 패킷 고르기

고객이 특별한 통신장비 설계를 요청해왔다. 장비의 이름은 '패킷 골라'이다. 이 통신장비는 네트워크 상의 특정한 지점에 설치된다. 이 통신 장비로 패킷들이 계속해서 입력된다. 사용자가 '샘플보기' 버튼을 누르면 적절한 패킷 샘플 10개를 보여줘야 한다. 장비를 켜서 버튼을 누를 때까지 입력된 모든 패킷이 샘플로 선택될 확률은 동일해야 한다.

이 통신장비가 충분한 메모리 또는 디스크를 사용할 수 있다면, 다음과 같은 식으로 설계하면 된다. 입력으로 들어오는 모든 패킷을 메모리 또는 디스크에 저장한다. '9.2 표본추출'에서 설명한 방법을 써서, 저장된 모든 패킷 중에서 10개를 고르면 된다.

하지만 입력으로 들어오는 패킷을 모두 저장하기란 불가능하다. 사용할 수 있는 메모리는 패킷 10개를 겨우 저장할 수 있는 크기인데다가 패킷이 몇 개나 들어올지 예상할 수 없다. 이런 환경에서 '패킷 골라'는 패킷 10개 크기의 메모리만 사용하면서 동작해야 한다. 입력으로 들어오는 모든 패킷이 선택될 확률이 동일하도록 하여 '패킷 골라'를 설계하는 것이 과연 가능할까?

코드 9-7은 패킷골라를 시뮬레이션하는 프로그램으로 패킷 대신에 입력되는 정수의 샘플을 저장하고 보여준다.

현재 작성되어 있는 packet_sample() 함수는 올바르지 않다. 실제 1,000,000개의 패킷 중에 10개를 골라보면 아래와 같이 99만 번째 이후 패킷이 주로 나온다.

[실행 예]

```
input n: 1000000
999984 999995 999983 999999 999978 999994 999997 999996 999998 999988
```

[그림 9-3]

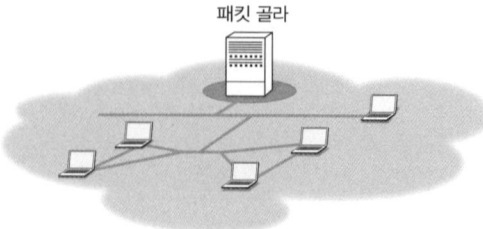

모든 패킷이 선택될 확률이 동일하도록 하여 '패킷 골라'를 설계하는 것이 가능하다면 packet_sample() 함수를 올바르게 수정하고, 불가능하다면 그 이유를 설명하라.

```
[코드 9-7]
int slot[SLOT_SIZE];

void init_slot()
{
    int i;

    for (i = 0; i < SLOT_SIZE; i++)
        slot[i] = -1;
}

void packet_sample(int i)
{
    static int packet_count = 0;

    slot[rand_int(SLOT_SIZE)] = i;      // rand_int()는 코드 8-1 참고
    packet_count++;
}

int main()
{
    int n, i;

    printf("input n: ");
    scanf("%d", &n);
    init_slot();
    for (i = 0; i < n; i++)
        packet_sample(i);
    print_arr(slot, SLOT_SIZE);
    return 0;
}
```

A. 일반적으로 풀기 위해, 메모리에 패킷을 k개 저장한다고 하자. (문제에서 k는 10이다.) 다음과 같은 설계를 생각해보자.

첫 번째부터 k번째 패킷까지는 메모리가 충분하므로 모두 저장하면 된다. 그 이후, t번째 패킷을 받으면 다음과 같이 동작한다. $\frac{t-k}{t}$ 의 확률로 이 패킷을 버리고, $\frac{k}{t}$ 의 확률로 메모리에 남긴다(랜덤 함수로 결정한다). 새로운 패킷을 샘플로 선택해서 메모리에 남기기로 했다면, 현재 메모리에 있는 k개의 패킷 중 하나를 동일한 확률(각각 $\frac{1}{k}$)로 골라서 버린다. 이것을 코드로 나타내면 다음과 같은 packet_sample2() 함수가 된다.

[코드 9-8]
```
void packet_sample2(int i)
{
    static int packet_count = 0;
    if (packet_count < SLOT_SIZE)
        slot[packet_count] = i;
    else {
        // rand_int()는 코드 8-1 참고
        if ((rand_int(packet_count + 1)) < SLOT_SIZE)
            slot[rand_int(SLOT_SIZE)] = i;
    }
    packet_count++;
}
```

packet_sample2() 함수가 고객의 요청대로 작동한다는 것은 다음과 같이 귀납적으로 보일 수 있다.

패킷이 n개까지 들어온 시점에서 패킷이 샘플링되어 있을 확률은 각각 $\frac{k}{n}$라고 하자. 이때 하나의 패킷이 더 들어온다. 새로운 패킷은 $\frac{k}{n+1}$의 확률로 남겨진다.

새로운 패킷이 남겨지는 경우에는 이전에 들어와 있던 패킷들 중 하나가 버려진다. 따라서 n+1개의 패킷이 들어온 후 이전의 n개의 패킷들이 계속 남아 있을 확률은 $\frac{k}{n} \times \frac{k}{n+1} \times \frac{k-1}{k} + \frac{k}{n} \times \frac{n+1-k}{n+1} = \frac{k}{n} \times \frac{n}{n+1} = \frac{k}{n+1}$가 된다. 이 방법을 사용하면 n+1개의 패킷이 입력된 시점에서 모든 패킷은 $\frac{k}{n+1}$의 확률로 패킷골라에 남아있을 것이다.

다음은 n = 1,000,000인 경우와 n = 1,000,000,000인 경우에 대한 실행 결과다. 입력의 길이를 알 수 없고, 모집단을 한 번만 살펴보고 적당한 크기의 표본을 추출하고 싶으면 이와 같은 방법을 사용할 수 있다.

[실행 예]
```
input n: 1000000
180003 374710 732203 630580 165201 314228 117964 869423 673666 465300

input n: 1000000000
144691331 36226720 325555946 971011216 505985005 610357882 659797229
748171335 204722290 633967815
```

 Note

실제로는 n이 커질수록 매우 작아지는 $\frac{k}{n}$의 확률변수를 정확하게 표현할 수 있는 난수 발생기가 있어야 할 것이다. 위에서는 "rand_int(packet_count + 1) 〈 SLOT_SIZE"로 이를 표현했는데, packet_count 값이 엄청나게 커지면 이 부분이 부정확해질 것이다. 위와 같이 작성해놓고 여러 가지 n값에 대해서 실행해보고, '8.3 랜덤 함수'를 다시 살펴보자.

❓ 생각해보기 위에서 알고리즘의 정확성을 증명했지만 이는 이상적인 랜덤 함수를 가정한 경우다. 실제 시뮬레이션을 통해서 뽑아내는 결과가 믿을 만한지 한번 더 검증하고 싶다. 어떤 방법을 사용할 수 있을까?

❓ 풀이가 있는 생각해보기 다음과 같이 동작하는 백화점용 통계프로그램을 작성하라. 고객이 쇼핑을 마치고 나갈 때마다 매번 프로그램에 (나이, 사용금액, 이용만족도)가 입력된다. 보안상의 이유로 고객 개개인의 정보를 디스크나 메모리에 저장해서는 안 된다. 하지만 매번 고객 정보가 들어올 때마다 그 정보를 평균에 반영하여 이제까지의 평균 나이, 평균 사용금액, 평균 이용만족도를 보여줘야 한다.

9.5 점 고르기

Q. 원둘레 위의 점 고르기

그림 9-4와 같이 좌표평면 위에 중심이 (0, 0)이고, 반지름이 1인 단위 원이 있다. n을 입력받아서, 단위 원 위의 점을 동일한 확률로 n개 뽑아 x와 y 좌표를 출력하는 함수를 작성하라. 앞에서 작성한 rand_real() 함수를 이용하라. 원 둘레 위의 점이 선택될 확률은 모두 같아야 한다.

[그림 9-4]

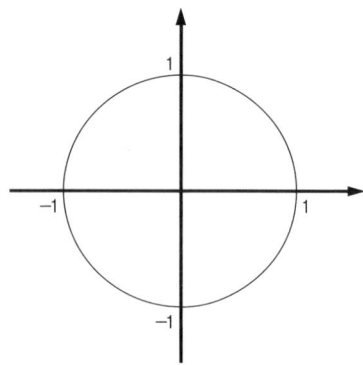

[실행 예]

```
input n: 5
0.680375   0.732864
0.566198  -0.824269
0.823295  -0.567614
-0.329554  0.944137
-0.444451 -0.895803
```

A. 원 둘레 위에서 점을 뽑기란 어렵지 않다. 하지만 '동일한 확률'이라는 조건을 만족시키지 못할 수 있다. 잘못 작성된 예를 먼저 하나 살펴보자.

[코드 9-9]

```
void pick_circle_point()
{
    double x, y;
```

```
    x = rand_real(-1, 1);          // rand_real()은 코드 8-1 참고
    y = sqrt(1 - x * x);
    if (rand() % 2)
        y *= -1;
    printf("%lf %lf\n", x, y);
}
```

pick_circle_point() 함수는 [-1, 1]에서 x를 뽑은 후, $\frac{1}{2}$의 확률로 $\sqrt{1-x^2}$ 또는 $-\sqrt{1-x^2}$로 y를 정한다. 이 함수에 의해 선택된 점을 그려서 눈으로 확인해보자. 그림 9-5a는 pick_circle_point()로 1,000개의 점을 뽑아서 찍어본 결과다(《gnuplot》참고). pick_circle_point() 함수는 '동일한 확률'이라는 조건을 만족시키지 못한다.

[그림 9-5]

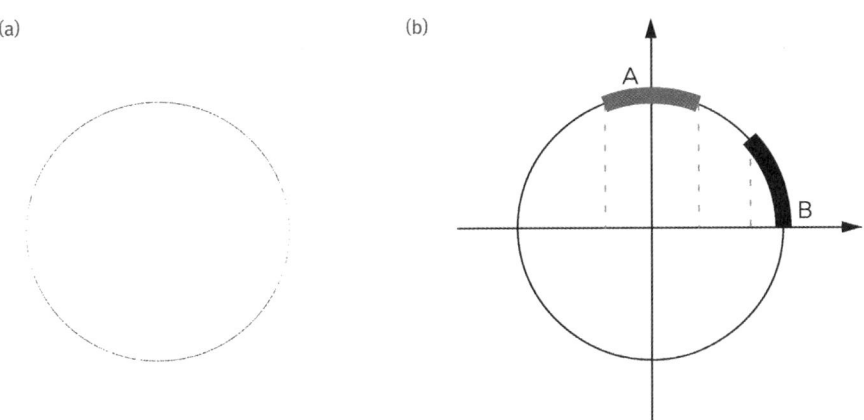

왼쪽 끝과 오른쪽 끝, 즉 x = -1 또는 x = 1인 쪽으로 갈수록 점의 밀도가 낮게 뽑혔다. 왜 그럴까?

그림 9-5b를 보자. 호 A와 호 B는 길이가 같다. 호 A와 호 B의 점들은 비슷한 정도로 뽑혀야 한다. 하지만 코드 9-9과 같이 프로그램을 작성하면 호 A의 점들이 훨씬 자주 뽑힌다. 호 A에 대응되는 x축의 영역이 호 B에 대응되는 x축의 영역보다 더 크기 때문이다. 이 때문에 x=0인 부분의 점은 많이 선택되고, x=1, x=-1에 가까운 부분의 점이 적게 선택된다.

게다가 pick_circle_point()는 랜덤 함수를 두 번 호출하고 있는데, 이것도 마음에 들지 않는다.

[코드 9-10]
```c
void pick_circle_point2()
{
    double x, y, theta;

    theta = rand_real(0, 2 * PI);        // rand_real()은 코드 8-1 참고
    x = cos(theta);
    y = sin(theta);
    printf("%lf %lf\n", x, y);
}
```

pick_cirle_point2()와 같이 극좌표계를 이용하여 작성하면 원 위의 점들을 고르게 뽑을 수 있다. 먼저 rand_real() 함수를 이용하여 0에서 2π(0°에서 360°) 사이의 각도 theta를 얻는다.[8] 이 각도에 따라 점이 하나 결정된다. 그림 9-6a의 호 A와 호 B의 길이가 같다면 그 중심각도 같다. 따라서 호 A와 호 B위의 점들은 같은 정도로 뽑힌다. 그림 9-6b는 1,000개의 점을 찍어본 결과다. 원 둘레 위로 골고루 점이 뿌려져 있는 것을 볼 수 있다.

[그림 9-6]

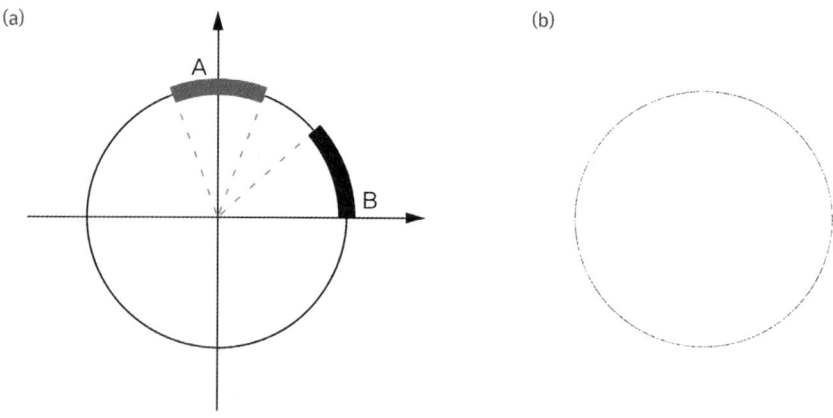

---

[8] 엄밀하게는 구간 [0, 2π]에서 theta를 뽑는 것이 아니라, 구간 [0, 2π)에서 theta를 뽑아야 한다. 0과 2π는 같은 점을 가리키기 때문이다.

9.6 점 고르기 2

어느 철근 회사에서는 품질 검사를 위해 단위 원 내부의 점을 동일한 확률로 뽑는 함수를 작성하려고 한다. 한 번 실행할 때마다 중심이 (0, 0)이고, 반지름이 1인 단위 원 내부의 한 점을 골라서 x 좌표와 y 좌표를 출력하는 함수를 작성하면 된다. 동일한 확률로 단위 원 내부의 한 점을 골라야 한다.

이 회사의 프로그래머 잘뽑아 씨는 rand_real() 함수를 이용해서 코드 9-11처럼 직교좌표를 이용한 pick_disk_point()와 극좌표를 이용한 pick_disk_point2()의 두 함수를 작성했다. pick_disk_point()는 구간 [-1, 1]에서 x를 뽑은 후, 구간 $[-\sqrt{1-x^2}, \sqrt{1-x^2}]$에서 y를 뽑는다. pick_disk_point2()는 구간 [0, 2π]에서 θ를 뽑고, 구간 [0, 1]에서 r을 뽑아 x=r·cosθ, y=r·sinθ로 정한다.

[코드 9-11]
```
void pick_disk_point()
{
    double x, y, h;

    x = rand_real(-1, 1);           // rand_real()은 코드 8-1 참고
    h = sqrt(1 - x * x);
    y = rand_real(-h, h);
    printf("%lf %lf\n", x, y);
}
void pick_disk_point2()
{
    double x, y, r, theta;

    r = rand_real(0, 1);
    theta = rand_real(0, 2 * PI);
    x = r * cos(theta);
    y = r * sin(theta);
    printf("%lf %lf\n", x, y);
}
```

Q. 이 두 함수는 올바른가? 이유를 설명하라.

A. 두 함수는 모두 원 내부의 점을 동일한 확률로 뽑지 못한다. 왜 그런지 생각해보자.

그림 9-7은 10,000개의 점을 뽑아 찍어본 결과다. pick_disk_point()는 왼쪽과 오른쪽 끝부분에서(a), pick_disk_point2()는 원의 중심 쪽에서(b) 밀도가 높게 나타난

다. 왜 이런 현상이 나타나는지 설명할 수 있겠는가?

[그림 9-7]

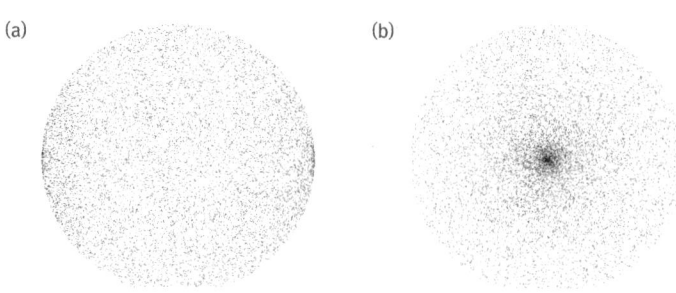

(a)   (b)

그림 9-8a를 보자. 원 내부에 x축과 수직인 두 선분 A와 B가 있다. 선분 A의 x 좌표를 x_a, 선분 B의 x 좌표를 x_b라고 하자. pick_disk_point()에서 구간 [-1, 1]에서 동일한 확률로 x 좌표를 뽑기 때문에, x 좌표로 x_a가 선택될 확률과 x_b가 선택될 확률은 같다. 하지만 선분 A는 선분 B보다 길다. 따라서 선분 A위의 점들은 선분 B의 점들보다 상대적으로 덜 뽑히게 된다. 따라서 pick_disk_point()는 x=-1 또는 x=1에 가까운 점들을 더 자주 뽑는다.

그림 9-8b 를 보자. 원 내부에 중심이 (0, 0)인 두 원 A, B가 있다. 원 A의 반지름을 r_a, 원 B의 반지름을 r_b라고 하자. pick_disk_point2()에서는 구간 [0, 1]에서 동일한 확률로 반지름을 뽑기 때문에, 반지름으로 r_a가 선택될 확률과 r_b가 선택될 확률은 같다. 하지만 원 B에는 원 A보다 더 많은 점이 있다. 따라서 원 B위의 점들은 원 A의 점들보다 상대적으로 덜 뽑히게 된다. 그래서 pick_disk_point2()는 원점 주위의 점들을 더 자주 뽑고, 바깥쪽의 점들은 드물게 뽑는다.

[그림 9-8]

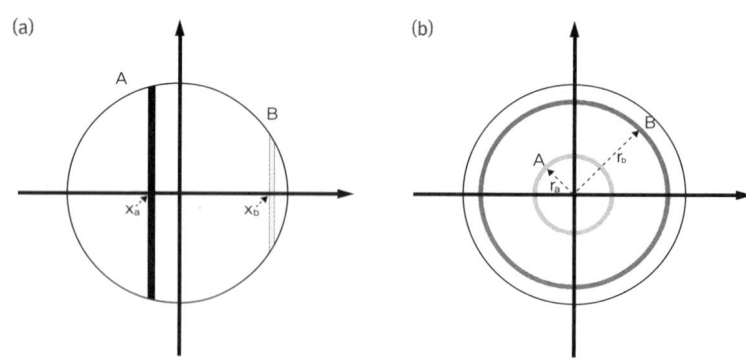

> **Note**
>
> 직관적인 설명을 위해 '점이 뽑힐 확률'이라는 표현을 사용하였지만, 사실 실수 구간의 무한히 많은 실수 중에 하나의 실수가 뽑힐 확률은 0이다. 따라서 위의 설명은 엄밀하지 못하다. 확률밀도 함수를 이용하여 수학적으로 문제를 다루고 싶다면 확률론 교과서를 참고하라.

Q. ≡ 올바르게 수정하기

단위 원 내부의 점을 동일한 확률로 뽑아서 출력하는 함수를 올바르게 작성해보자.

A. 두 가지 방법을 소개한다.

첫 번째 방법은 원에 외접하는 변의 길이가 1인 정사각형에서 한 점을 뽑은 후 원 내부의 점이면 반환하고, 원 바깥의 점이면 다시 뽑는 방법이다. 이 방법은 쉽고 올바른 결과를 얻을 수 있지만 여러 번 점을 뽑아야 할 수도 있다. pick_disk_point3() 함수가 이와 같이 작성되었다.

[코드 9-12]
```
void pick_disk_point3()
{
    double x, y;

    do {
        x = rand_real(-1, 1);
        y = rand_real(-1, 1);         // rand_real()은 코드 8-1 참고
    } while (x * x + y * y > 1);
    printf("%lf %lf\n", x, y);
}
```

❓ **풀이가 있는 생각해보기** ≡ pick_disk_point3()을 이용하여 점 하나를 고를 때, rand_real() 함수는 평균 몇 번 호출될까?

더 효율적인 방법은 pick_disk_point4()이다. 이 함수는 두 번의 rand_real() 함수 호출로 점 하나를 뽑는다.

```
void pick_disk_point4()
{
    double x, y, r, theta;

    r = sqrt(rand_real(0, 1));
    theta = rand_real(0, 2 * PI);
    x = r * cos(theta);
    y = r * sin(theta);
    printf("%lf %lf\n", x, y);
}
```

pick_disk_point4()는 반지름을 정할 때, 큰 값이 더 많이 나오도록 뽑는다. 즉 구간 [0, 1]에서 반지름이 될 실수를 하나 뽑되 각 실수가 뽑힐 확률은 해당 실수의 크기에 비례한다. 예를 들어 반지름이 0.8이 될 확률은 반지름이 0.2가 될 확률의 4배가 된다 ('8.4 가중치가 있는 랜덤 함수'를 참고하자).

그림 9-8b를 다시 보면서 생각해보자. 반지름이 r_b인 원은 반지름이 r_a인 원보다 $\frac{r_b}{r_a}$배 더 자주 뽑힌다. 대신에 반지름이 r_b인 원은 r_a인 원보다 $\frac{r_b}{r_a}$배 더 길기 때문에, 원 위의 점 하나하나는 모두 같은 확률로 뽑힌다(원 위에서 한 점을 뽑을 때는 앞의 문제에서 보았듯이 극좌표계를 이용한다).

두 함수로 각각 10,000개의 점을 뽑아 찍은 결과(그림 9-9) 모두 고른 분포를 보인다.

[그림 9-9]

(a)    (b)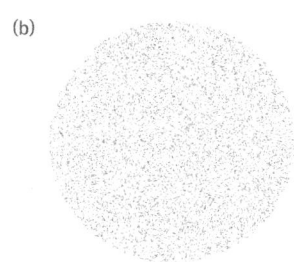

🔒 9.7 추가 문제

9.a 🔒 로또번호 추첨을 해주는 프로그램을 작성하라. 45개의 번호 중에서 6개를 뽑은 후, 작은 번호에서 큰 번호 순서로 보여줘야 한다. 추첨 결과는 매번 바뀌어야 하므로 srandom()이나 srand() 함수를 사용하자.

9.b 🔒 n명의 참가자에게 k개의 상품을 나눠준다. 각 참가자는 상품을 최대 두 개까지 받을 수 있다. n과 k를 입력받아서 상품 0, 1, 2, ... , k-1을 가져갈 참가자를 뽑는 프로그램을 작성하라. 단, 각 참가자가 상품을 받을 확률은 같아야 하고, 각 상품을 받을 확률은 독립적이어야 한다.

9.c 🔒 1936년 리터러리 다이제스트는 미국의 전화가입자와 자동차 소유자 명부에서 1천만 명의 표본을 뽑아 미국 대통령 선거의 지지 후보를 묻는 우편엽서를 발송했고, 236만 명의 답변을 받았다. 이를 통해 리터러리 다이제스트는 랜던 57%, 루스벨트 43%로 랜던의 우위를 예측했다. 하지만 개표 결과 38% 대 62%로 루스벨트가 당선됐다. 리터러리 다이제스트가 1천만 명이나 되는 표본을 뽑아서 조사를 진행했음에도 당선자 예측에 실패한 이유는 무엇이라고 생각하는가?

9.d 🔒 학생들을 대상으로 부정 행위 경험이 있는 사람의 비율을 조사하려고 한다. 부정 행위를 했는지 여부를 표시하는 설문지 대신에 다음과 같은 설문지를 작성하였다.

> (1) 동전을 던지십시오.
> (2) 동전이 앞면이라면, 부정 행위를 했으면 A, 하지 않았으면 B에 표시하시오.
> (3) 동전이 뒷면이라면, 생일이 짝수일이면 A, 홀수일이면 B에 표시하시오.

이 설문 결과로 부정 행위 경험이 있는 학생의 비율을 알아낼 수 있을까? 그리고 이 방법은 학생들이 솔직하게 대답하도록 도움을 줄까?

9.e 🔒 좌표평면 위에 그림 9-10과 같은 정삼각형이 있다. 정삼각형 내부의 점을 동일한 확률로 뽑는 함수를 작성하라. 《Triangle Point Picking》을 참고하라.

[그림 9-10]

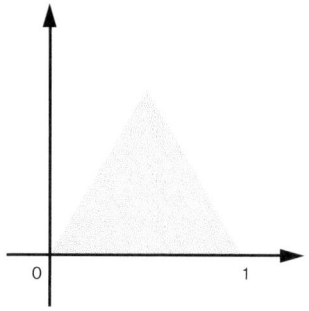

9.f ≡ 반지름이 1인 구면 위의 점을 동일한 확률로 뽑는 함수를 작성하라.

구에서 동일한 확률로 점을 고르는 방법은 『The Art of Computer Programming. Volume 2: Seminumerical Algorithms』, pp. 130-131, 《Sphere Point Picking》을 참고하라.

9.g ≡ n차원 점 $r = (r_1, r_2, ..., r_n)$의 각 좌표 값은 음이 아닌 실수이고 각 좌표 값을 모두 합하면 정확히 1이 된다. 즉, $0 \leq r_1, r_2, ..., r_n \leq 1$이고 $r_1 + r_2 + \cdots + r_n = 1$이다. 이런 n차원 점 r을 동일한 확률로 뽑는 함수를 작성하라.

9.h ≡ 두 집합 A, B의 유사도(similarity) sim(A, B)를 식 9-1과 같이 정의하자. 예를 들어서 A={1, 3, 5, 7}이고 B={1, 2, 7, 8, 9}이면 |A∩B|={1, 7}이고, |A∪B|={1, 2, 3, 5, 7, 8, 9}이므로 sim(A, B)=$\frac{2}{7}$이다. 1 이상 1,000,000 이하의 자연수 중 1,000개씩을 원소를 가지고 있는 집합 X와 Y가 있다. X와 Y의 유사도를 추정하고 싶은데, X와 Y를 동시에 보면서 합집합, 교집합을 구하는 과정은 시간이 오래 걸린다. 좀더 빠른 방법은 없는지 생각해보자.

[식 9-1]
$$\text{sim}(A, B) = \frac{|A \cap B|}{|A \cup B|}$$

(1) X와 Y의 원소를 각각 10개씩 표본을 뽑아서 X', Y'를 만들었다. 그리고 sim(X', Y')를 구했다. sim(X', Y')는 sim(X, Y)를 추정하는 값으로 적당한가?

(2) 놀라워 씨는 랜덤한 순열을 이용해서 집합 A의 특징(signature)을 짧게 나타내는 방법을 제안했다.

1, 2, ... , 1000000의 순열 중 하나를 임의로 뽑자. 이 순열을 처음부터 보면서 숫자가 집합 A에 나타나는지 확인한다. 순열의 i번째 수가 처음으로 A에 나타나면 i가 집합 A의 특징이 되고, S(A)로 나타낸다. 예를 들어서 A={1, 3, 5, 7}, B={1, 2, 7, 8, 9}이고, 임의로 뽑은 순열이 4-3-6-2-8-1-10-5-7-9라고 하자. A에 4는 없고 3이 처음으로 나타나므로 S(A)=2이다. B에 4, 3, 6은 없고, 2가 처음으로 나타나므로 S(B)=4이다.

놀라워 씨는 집합 X와 Y의 특징이 같을 확률은 sim(X, Y)라고 한다. 즉 P[S(A)=S(B)]=sim(A, B)가 성립한다고 한다. 정말일까?

9.8 일부 풀이

Q. 9.4 생각해보기

A. 현재까지 입력된 고객의 수 n과 평균 나이, 평균 사용금액, 평균 만족도 (a_1, a_2, a_3)를 기억하고 있으면 된다. 새로운 고객의 나이, 사용금액, 만족도 (x_1, x_2, x_3)가 입력되면 다음과 같이 업데이트한다.

$$(a_1, a_2, a_3) \leftarrow \left(\frac{na_1 + x_1}{n+1}, \frac{na_2 + x_2}{n+1}, \frac{na_3 + x_3}{n+1} \right)$$

표준편차도 이렇게 계산할 수 있는지 생각해보자.

Q. 9.6 생각해보기

A. 정사각형 내부의 한 점을 뽑는데, 이 점이 원 밖에 있으면 점을 다시 뽑고, 원 안에 있으면 그만 뽑는다. 정사각형의 넓이는 4, 원의 넓이는 π로, 정사각형의 한 점을 뽑았을 때 원 내부에 있을 확률은 $\frac{\pi}{4}$이다. 따라서 평균적으로 $\frac{4}{\pi}$번 점을 골라야 한다 ('8.1 편지배달' 문제를 떠올려보자). 점 하나를 랜덤하게 뽑기 위해 rand_real() 함수를 두 번 호출해야 하므로 $2 \cdot \frac{4}{\pi} \cong 2.55$번 호출한다.

Q. 추가 문제 9.c

A. 당시 미국에서 전화나 자동차는 일부의 사람들만 소유할 수 있는 물건이었다. 따라서 전화가입자와 자동차 소유자 명부에 있는 사람들은 유권자 집단 전체와는 성격이 달랐을 것이다.

여론조사를 위한 표본을 뽑을 때 이와 같이 치우침이 없는지 주의해야 한다. 먼저 부딪히는 문제는 여론조사 대상자의 전체 목록을 얻는 것이다. 표본으로 선택되었으나 만나지 못하거나 응답을 거부하는 사람들이 가지는 특정한 경향이 통계조사에서 빠지면서 치우침이 발생할 수도 있다. 조사 대상자가 질문에 대한 자신의 대답에 따라 불이익을 받을 수 있다고 생각하면 거짓으로 응답하는 경우도 있다.

『새빨간 거짓말 통계』에는 통계를 다룰 때 유의할 점에 대한 이야기가 많다.

Q. 추가 문제 9.g

A. [방법 1]처럼 뽑으면 안되고 [방법 2]처럼 뽑아야 한다. 왜일까?

> [방법 1]
> 구간 [0, 1]에서 n개의 실수 값 $t_1, t_2, ..., t_n$을 임의로 선택한다. $S=t_1+t_2+\cdots+t_n$이라고 하면, $r_i = \frac{t_i}{S}$로 정한다. 단, S=0이면 처음부터 다시 생성한다.

> [방법 2]
> 구간 [0, 1]에서 n-1개의 실수 값을 임의로 선택한다. 양 끝점을 포함한 n+1개의 점들로부터 n개의 구간이 생긴다. 이들 n개 구간의 길이를 r_i의 값으로 정한다. 겹치는 점들이 있을 경우, 어떤 r_i는 0이 된다.

Q. 추가 문제 9.h

A. (1) 적당하지 않다. sim(X', Y')의 값은 거의 0일 것이다.

(2) 놀라워 씨의 주장대로 P[S(A)=S(B)]=sim(A, B)가 성립한다. 순열에 나타나는 수는 집합 A, B에 포함되는지에 따라 다음 네 가지 경우로 나뉜다.

	A	B
경우 1	있음	있음
경우 2	있음	없음
경우 3	없음	있음
경우 4	없음	없음

A의 특징과 B의 특징이 같을 확률은 임의로 뽑은 순열에서, 경우 2, 경우 3인 수보다 경우 1인 수가 먼저 나올 확률이다(경우 4는 생각할 필요가 없다). 따라서 P[S(A)=S(B)]= $\frac{경우 1}{경우 1+ 경우 2+ 경우 3}$ 이다. 그런데 이것은 $\frac{|A \cap B|}{|A \cup B|}$ 이고 sim(A, B)와 같다.

이렇게 여러 번 랜덤한 순열을 생성하여, 여러 개의 특징을 뽑는다. 특징이 같으면 1, 다르면 0으로 보고 평균을 구하면 두 집합의 유사도를 예측할 수 있다. 이 방법을 이용하면 유사한 웹 문서를 찾을 때, 문서 전체의 단어끼리 비교하는 대신에 미리 뽑은 문서의 특징끼리 비교하여 간단하게 유사한 문서(비슷한 단어가 포함된 문서)를 찾을 수 있다. 웹 문서가 아주 많다면, 같은 특징들을 가지는 문서가 유사한 문서라고 추천할 수도 있다. 《Min Hash》, 《Locality Sensitive Hashing》을 참고하라.

두집합 A, B의 유사한 정도를 $\frac{|A \cap B|}{|A \cup B|}$ 로 나타내는 기법을 자카드 계수(Jaccard coefficient)라고 부른다.

참고문헌

한글서적

『C로 배우는 쉬운 자료구조』(한빛미디어, 2008) 이지영

『C로 배우는 알고리즘 1: 개념과 기본 알고리즘』(세화, 2006) 이재규

『게임이론: 전략과 정보의 경제학』(박영사, 2011) 김영세

『뇌를 자극하는 알고리즘』(한빛미디어, 2009) 박상현

『누워서 읽는 알고리즘』(한빛미디어, 2003) 임백준

『누워서 읽는 퍼즐북 : 뉴욕의 프로그래머 임백준의 퍼즐이야기』(한빛미디어, 2010) 임백준

『쉽게 배우는 알고리즘』(한빛미디어, 2007) 문병로

『인생을 바꾸는 게임의 법칙』(k-books, 2005) 한순구, 박찬희

『재미있는 영재들의 수학퍼즐』(자음과 모음, 2001) 박부성

『재미있는 영재들의 수학퍼즐 2』(자음과 모음, 2003) 박부성

번역서

『Code Complete』(정보문화사, 2005) 스티브 맥코넬 저, 서우석 역

『C 언어로 배우는 알고리즘 입문』(한빛미디어, 2005) 아사오 카사이 저, 진명조 역

『MIT 수학 천재들의 카지노 무너뜨리기』(자음과 모음, 2003) 벤 메즈리치 저, 황해선 역

『Programming Challenges: 알고리즘 트레이닝 북』(한빛미디어, 2004) 스티븐 스

키에나, 미구엘 레비야 저, 서환수 역

『Teach Yourself C』 (비앤씨, 2002) 피터 에이컨, 브래들리 존스 저, 정경희 역

『리눅스 커널의 이해』 (한빛미디어, 2006) 다니엘 보베이, 마르코 체사티 저, 박장수 역

『리스크』 (한국경제신문, 2008) 피터 번스타인 저, 안진환 역

『사고력을 키워주는 논리퍼즐』 (문예출판사, 2006) 레이먼드 스멀리언 저, 박만엽 역

『새빨간 거짓말 통계』 (더불어책, 2004) 대럴 허프 저, 박영훈 역

『생각하는 프로그래밍』 (인사이트, 2003) 존 벤틀리 저, 윤성준, 조상민 역

『아하! 바로 그거야』 (사계절, 2000) 마틴 가드너 저, 이충호 역

『프로그래머 두뇌 단련 퍼즐 44제』 (정보문화사, 2008) 데니스 샤샤 저, 류광 역

『프로그래밍 면접, 이렇게 준비한다』 (한빛미디어, 2007) 존 몽건, 노아 수오야넨 킨들러, 에릭 기게리 저, 서환수 역

원서

『A First Course in Numerical Analysis』 (Dover Publications, 2001) Ralston, A. & Rabinowitz, P.

『A First Course in Probability』 (Prentice Hall, 2002) Ross, S.

『Algorithm Design』 (Addison Wesley, 2005) Kleinberg, J. & Tardos, E.

『Algorithm Design Manual』 (Springer-Verlag New York, 2008) Skiena, S.

『An Introduction to Game Theory』 (Oxford University Press, 2003) Osborne, M. J.

『Applied Combinatorics』 (John Wiley & Sons, 1995) Tucker, A.

『Applied Combinatorics』 (Prentice-Hall, 1984) Roberts, F. S.

『Approximation Algorithms』 (Springer, 2001) Vazirani, V. V.

『Beat the Dealer: A Winning Strategy for the Game of Twenty-One』 (Vintage Books USA, 1966) Thorp, E. O.

『Computer Systems: A Programmer's Perspective』 (Prentice Hall, 2001) Bryant, R. E. & O'Hallaron, D. R.

『Computers and Intractability. A Guide to the Theory of NP-Completeness』 (WH Freeman and Company, 1979) Garey, M. R. & Johnson, D. S.

『Concrete Mathematics: A Foundation for Computer Science』 (Addison-Wesley, 1994) Graham, R. L., Knuth, D. E., & Patashnik.

『Cracking the Coding Interview』 (Createspace, 2008) Laakmann, G.

『Discrete Mathematics and its Applications』 (Mc Graw Hill, 2007) Rosen, K. H.

『Elementary Numerical Analysis』 (John Wiley & Sons, 2004) Atkinson, K. E. & Han, W.

『Entertaining Mathematical Puzzles』 (Dover Publications, 1986) Ravielli, A. & Gardner, M.

『Enumerative Combinatorics』 (Cambridge University Press, 1999) Stanley, R. P.

『Foundations of Algorithms using Java Pseudocode』 (Jones and Barret, 2004) Neapolitan, R. & Naimipour, K.

『Fundamentals of Data Structures in C』 (Silicon Press Summit, 2007) Horowitz, E., Sahni, S., & Anderson-Freed, S.

『Hacker's Delight』 (Addison-Wesley Professional, 2002) Warren, H. S.

『Head First Statistics』 (O'Reilly, 2008) Griffiths, D.

『Hexaflexagons, Probability, Paradoxes, and the Tower of Hanoi』 (Cambridge University Press, 2008) Gardner, M.

『How Would You Move Mount Fuji?』 (Hachette Book, 2007) Poundstone, W.

『Introduction to Algorithms』 (MIT Press, 2001) Cormen, T. H., Leiserson, C. E., Rivest, R. L., & Stein, C.

『Numerical Recipes in C: The Art of Scientific Computing』 (Cambridge University Press, 1992) Press, W. H., Flannery, B. P., Teukolsky, S. A. & Vetterling, W. T.

『Practical C Programming』 (O'Reilly, 1997) Oualline, S.

『Randomized Algorithms』 (New York: Cambridge University Press, 1995) Motwani, R. & Raghavan, P.

『The Art and Theory of Dynamic Programming』 (Academic Press, 1977) Dreyfus, S. E. & Law, A. M.

『The Art of Computer Programming. Volume 2: Seminumerical Algorithms』 (Massachusetts: Addison-Wesley, 1997) Knuth, D. E.

『The Art of Computer Programming. Volume 3: Sorting and Searching』 (Massachusetts: Addison-Wesley, 1998) Knuth, D. E.

『The Art of Computer Programming. Volume 4A: Combinatorial Algorithms, Part

1』 (Massachusetts: Addison-Wesley, 2011) Knuth, D. E.

『The C Programming Language』 (Prentice-Hall, 1978) Kernighan, B. W. & Ritche, D. M.

『Winning Ways for Your Mathematical Plays』 (Academic Press, 1982) Berlekamp, E. R., Conway, J. H., & Guy, R. K.

학술논문, 기사

「300년 만에 풀린 최석정의 마법진」, (1999, 12) 과학동아.

「A Game with a Complete Mathematical Theory」 Bouton, C. L. (1902). Annals of Mathematics 3, 35-39.

「A Hybrid Genetic Algorithm for the Hexagonal Tortoise Problems」 Choe, H., Choi, S.-S., & Moon, B.-R. (2003). Genetic and Evolutionary Computation Conference, pp. 850-861.

「A Puzzle for Pirates」 Stewart, I. (1999, 5). Scientific American, 98-99.

「Coin-Weighing Problems」 Guy, R. K. & Nowakowski, R. J. (1995). The American Mathematical Monthly 102 (2) 164-167.

「Engineering a Sort Function」 Bently, J. L. & McIlroy, M. D. (1993). Software: Practice and Experience 23(11) 1249-1265.

「Finding a Shortest Solution for the $N \times N$ Extension of the 15-PUZZLE Is Intractable」 Ratner, D. & Warmuth, M. K. (1986). National Conference on Artificial Intelligence.

「Games of Perfect Information, Predatory Pricing, and the Chain Store Paradox」 Rosenthal, R. W. (1981). Journal of Economic Theory 25, 92-100.

「Gaussian Elimination is Not Optimal」 Strassen, V. (1969). Numerische Mathematik 13 (4) 354-356.

「Quicksort」 Hoare, C. A. R. (1962). Computer Journal 5 (1) 10-15.

「The Angel Problem Games」 Conway, J. H. (1996). Games of No Chance 29, 3-12.

「The PageRank Citation Ranking: Bringing Order to the Web」 Page, L., Brin, S., Motwani, R., & Winograd, T. (1998). Stanford Digital Libraries Working Paper.

「What Every Computer Scientist Should Know about Floating-Point Arithmetic」 Goldberg, D. (1991). ACM Computing Surveys 23 (1) 5-48.

웹 페이지

《15 puzzle》 http://mathworld.wolfram.com/15Puzzle.html, Slocum, J. & Weisstein, E. W.

《√2를 계산해보자 - 수학으로 생각하기》 http://navercast.naver.com/science/math/503, 박부성.

《AKS Primality Test》 http://mathworld.wolfram.com/AKSPrimalityTest.html, Weisstein, E. W.

《C Programming FAQ》 http://www.cinsk.org/cfaqs/index-ko.html.

《Catalan Number》 http://mathworld.wolfram.com/CatalanNumber.html, Stanley, R. & Weisstein, E.

《Centipede Game》 http://en.wikipedia.org/wiki/Centipede_game.

《Coupon Collector's Problem》 http://en.wikipedia.org/wiki/Coupon_collector's_problem.

《Derangement》 http://mathworld.wolfram.com/Derangement.html, Weisstein, E. W.

《Euclidean Algorithm》 http://mathworld.wolfram.com/EuclideanAlgorithm.html, Weisstein, E. W.

《Extra, Extra - Read All About It: Nearly All Binary Searches and Mergesorts are Broken》 Official Google Research Blog: http://googleresearch.blogspot.com/2006/06/extra-extra-read-all-about-it-nearly.html, Bloch, J.

《Fibonacci n-Step Number》 http://mathworld.wolfram.com/Fibonaccin-StepNumber.html, Noe, T., Piezas, T. I., & Weisstein, E. W.

《Fibonacci Number》 http://mathworld.wolfram.com/FibonacciNumber.html, Chandra, P. & Weisstein, E. W.

《gnuplot》 http://www.gnuplot.info.

《Gray Code》 http://mathworld.wolfram.com/GrayCode.html, Weisstein, E. W.

《Guess 2/3 of the Average》 http://en.wikipedia.org/wiki/Guess_2/3_of_the_

average.

《Hadoop MapReduce》 http://hadoop.apache.org/mapreduce.

《Hypercube Line Picking》 http://mathworld.wolfram.com/HypercubeLinePicking.html, Weisstein, E. W.

《IEEE 부동 소수점 오류의 이해를 위한 자습서》 http://support.microsoft.com/kb/42980/ko.

《Kayles》 http://en.wikipedia.org/wiki/Kayles.

《Knight's Tour》 http://mathworld.wolfram.com/KnightsTour.html, Weisstein, E. W.

《Locality-sensitive Hashing》 http://en.wikipedia.org/wiki/Locality-sensitive_hashing.

《Matrix Chain Multiplication》 http://en.wikipedia.org/wiki/Matrix_chain_multiplication.

《MinHash》 http://en.wikipedia.org/wiki/MinHash.

《Pirate Game》 http://en.wikipedia.org/wiki/Pirate_game.

《Primality Test》 http://mathworld.wolfram.com/PrimalityTest.html, Weisstein, E. W.

《Queens Problem》 http://mathworld.wolfram.com/QueensProblem.html, Weisstein, E. W.

《Self-descriptive Number》 http://en.wikipedia.org/wiki/Self-descriptive_number.

《Sphere Point Picking》 http://mathworld.wolfram.com/SpherePointPicking.html, Weisstein, E. W.

《St. Petersburg Paradox》 http://en.wikipedia.org/wiki/St._Petersburg_paradox.

《Triangle Point Picking》 http://mathworld.wolfram.com/TrianglePointPicking.html, Weisstein, E. W.

《Why Numbering Should Start at Zero》 http://www.cs.utexas.edu/users/EWD/transcriptions/EWD08xx/EWD831.html, Dijkstra, E. W.

《Zebra Puzzle》 http://en.wikipedia.org/wiki/Zebra_Puzzle.

찾아보기

기호

π 320, 326, 351
0-1 배낭 문제 130
8퍼즐 181

ㄱ

가위바위보 235
가지치기 170
강제논리 192
거듭제곱 56, 295
게임 전략
　대칭 전략 239
계수정렬 271
과반수 원소 265
괄호 배열 144
구슬 282
구조체 33, 215, 313
　클래스와의 차이 37
그래프 48, 137, 208
　이분 그래프 194
그래프 분할 139
그래프 순회 48
그레이코드 68
기본 함수
　all_is() 39
　dequeuep() 39
　enqueuep() 38
　left_rotate() 38
　max() 20
　min() 20
　print_arr 36, 39
　right_rotate() 25
　swap() 23
　swap_arr() 24
기하분포 330, 361

ㄴ

나이트 순회 189
너비우선탐색 184, 188
누적확률밀도 함수 339

ㄷ

님 게임 203, 215, 359

ㄷ

다진 탐색 279
다항식 326
다항식 시간 알고리즘 323
단조감소 22
대칭 전략 239
동적 프로그래밍 89, 110, 130, 299
동전 가져가기 202

ㄹ

랜덤 함수 335, 337
랜덤화 알고리즘 334
리터러리 다이제스트 393

ㅁ

매칭 194
매크로 함수 21
맨해튼 거리 195
맵 리듀스 293
메모이제이션 51, 54, 65, 89, 130, 211, 221
멱급수 330, 366
멱집합 124
몬테카를로 방법 351
몬티홀 문제 346
문제
　0-1 배낭 문제 130
　8퍼즐 181
　Angel Problem 239
　가위바위보 235
　가지치기 170
　강제논리 192
　계수정렬 271
　구슬 282
　그래프 분할 139
　나이트 순회 189
　님 게임 203, 215, 359
　동전 가져가기 202

리터러리 다이제스트 393
몬티홀 문제 346
복면산 163
블랙잭 353
성비 358, 366
소수 317
수분할 62, 150
수직선 114, 282
아인슈타인 퍼즐 173
이진수 36, 134, 215
이집트 분수 318
정 20면체 370
제비뽑기 369
줄기-잎 그림 357
중복순열 140
지수귀문도 192
체스판 151, 160, 190
최대 공약수 317
최대 연속부분수열의 합 104, 116
최대 이익 투자 100
최장 증가부분수열 114
케일즈 219
콰이 196
쿠폰 수집가 문제 331
퀸 151
큐 36
토너먼트 242
틱택토 233
파스칼의 삼각형 74
팩토리얼 42
해적의 규칙 230
헥스 235

ㅂ

배낭 문제 130, 152
배열 회전 25, 153
백트래킹 169, 182
버킷 정렬 275
복면산 163, 194
부가 정보 273
부분수열 114
부분 정렬 260, 267
부분집합 121, 124, 127
부분집합의 합 99, 131, 152, 324
부분합 318
부정방정식 165
분수 300, 317
분포 세기 271, 272
분할 함수 254
불변량 161

불변식 161
불안정 정렬 251
뷔퐁의 바늘 실험 352
블랙잭 353
비둘기집 정렬 275
비복원 추출 355
비재귀적 44, 141, 298

ㅅ

사전 순서 143, 149
삼진 탐색 279
삼항연산자 21
삽입 정렬 248
상태 공간 그래프 183
상트 페테르부르크의 역설 362
섞기 380
선택 알고리즘 261
선형시간 130, 254, 261, 267, 268, 275
성비 358, 366
소수 317
소수 판별 324
수분할 62, 150, 194, 225
수열
  조세푸스(Josephus) 수열 76
  최장 증가부분수열 114
  카탈란 수 146
수직선 114, 282
순열 142, 149, 164, 184, 358, 376, 379
  중복순열 140, 168
순차 탐색 277
스택 36, 44
스택 오버플로 44, 110, 264
스트라센 알고리즘 293

ㅇ

아인슈타인 퍼즐 173
안정 정렬 251, 259
알고리즘
  그래프 순회 48
  너비우선탐색 184, 188
  다진 탐색 279
  다항식 시간 알고리즘 323
  랜덤화 알고리즘 334
  선택 알고리즘 261
  선형시간 130, 254, 261, 267, 268, 275
  스트라센 알고리즘 293
  유사다항식 시간 98
  유전 알고리즘 197
  유클리드 알고리즘 317
  지수시간 130

지역 최적화 알고리즘　197
역방향 추론　229
연결리스트　32, 46, 275
완전히 합리적인 존재　227
원형 큐　30
유사다항식 시간　98
유사도　394
유전 알고리즘　197
유클리드 알고리즘　317
이분 그래프　194
이진수　36, 134, 215, 221, 304
이진수 소수　304
이진 탐색　277
이진 탐색트리　147
이집트 분수　318
이항계수　49, 133
　　파스칼의 삼각형　74
일부 풀이　38, 77, 117, 152, 194, 238, 284, 322, 361, 396

ㅈ

자기 자신을 나타내는 수열　168
자료구조
　　그래프　48
　　연결리스트　32, 46, 275
　　원형 큐　30
　　큐　26, 36, 184
　　힙　261
자바
　　버그　286
자연상수　296
　　몬테카를로 방법　352
　　테일러 전개　364
자카드 계수　398
재귀 호출　43, 296
정 20면체　370
정렬　287
　　Stooge Sort　286
　　계수정렬　271
　　버킷 정렬　275
　　부분 정렬　260
　　불안정 정렬　251
　　비둘기집 정렬　275
　　삽입 정렬　248
　　안정 정렬　251, 259
　　제자리 정렬　254
　　퀵 정렬　253
제비뽑기　369, 372
제자리 정렬　254
조세푸스(Josephus) 수열　76

조합　122, 132
종료 조건　258
죄수의 딜레마　229
주사위　370
줄기-잎 그림　357
중복 계산　50, 54, 65, 87, 97, 211
중복순열　140, 168
중복조합　78, 122, 135
중복집합　135
지네 게임　229
지수귀문도　192, 197
지수시간　130
지역 최적화 알고리즘　197

ㅊ

체스판　151, 160, 190, 194
최대　244
최대 공약수　317
최대 연속부분수열의 합　104, 116
최대 이익 투자　100
최대 흐름 문제　194
최빈 값　281, 368
최소　244
최소 횟수 비교　244
최장 증가부분수열　114
추가 문제　36, 74, 113, 148, 189, 233, 280, 317, 357, 393

ㅋ

카드 카운팅　355
카탈란 수　146
케일즈　219
콰인　196
쿠폰 수집가 문제　331, 379
퀵 정렬　253
　　개선하기　262
　　분할 기준　342
퀸　151
큐　26, 36, 184
클래스
　　구조체와의 차이　37
키　273

ㅌ

탐색
　　삼진 탐색　279
　　순차 탐색　277
　　이진 탐색　277
　　이진 탐색트리　147
테일러 전개

자연상수 364
토너먼트 242
트리
  B-tree 279
  이진 탐색트리 147
틱택토 233

ㅍ

파스칼의 삼각형 74
팩토리얼 42
페이지 랭크 290
포인터 23, 32, 38
표본 393
표준정규분포 360
풀이
  수분할 194, 225
  이진수 221, 304
  제비뽑기 372
  중복순열 168
  체스판 194
피보나치 수 53, 77, 237

ㅎ

한계수익 102
한정분기법 130
해적의 규칙 230
행렬 56, 290
  계산하기 290
  곱셈 293
헥스 235, 239
호너의 규칙 327
호출 트리 50
확률밀도 함수 339, 391
힙 261

A

A4 용지 316
addition-chain exponentiation 299
all_is() 39
Angel Problem 239

B

B-tree 279

C

C99 49, 215

D

dequeuep() 39

E

enqueuep() 38

H

Hypercube Line Picking 341

L

left_rotate() 38

M

max() 20
min() 20

N

NP-난해 130, 139, 188
NP-완비 99, 152, 299

P

print_arr() 36, 39

Q

qsort() 44, 251, 259

R

rand() 335
RAND_MAX 335
right_rotate() 25

S

shuffle() 380
Stooge Sort 286
swap() 23
swap_arr() 24

T

typedef 33

V

void* 38

X

XOR 73, 215